盖洛作品

遗失在西方的中国史

中国五岳1924
神奇的五色圣山

［美］威廉·埃德加·盖洛 – 著

沈弘 – 审译

彭萍　马士奎　沈弘 – 译

沈弘 – 审校

THE SACRED 5
OF CHINA 1924

北京时代华文书局

图书在版编目（CIP）数据

中国五岳1924 /（美）威廉·埃德加·盖洛著；沈弘审译.-- 北京：北京时代华文书局，2021.7
（遗失在西方的中国史.盖洛作品）
ISBN 978-7-5699-4116-6

Ⅰ.①中… Ⅱ.①威… ②沈… Ⅲ.①五岳-概况 Ⅳ.① K928.3

中国版本图书馆CIP数据核字（2021）第063368号

中国五岳 1924
ZHONGGUO WUYUE 1924

著　　者 | [美]威廉·埃德加·盖洛
审　　译 | 沈　弘
译　　者 | 彭　萍　马士奎　沈　弘
审　　校 | 沈　弘

出 版 人 | 陈　涛
选题策划 | 余　玲
责任编辑 | 丁克霞
执行编辑 | 王凤屏
责任校对 | 刘晶晶
封面设计 | 今亮後聲 HOPESOUND 2580590616@qq.com
版式设计 | 赵芝英
责任印制 | 訾　敬

出版发行 | 北京时代华文书局 http://www.bjsdsj.com.cn
　　　　　北京市东城区安定门外大街138号皇城国际大厦A座8楼
　　　　　邮编：100011　电话：010-64267955　64267677

印　　刷 | 河北京平诚乾印刷有限公司　010-60247905
　　　　　（如发现印装质量问题，请与印刷厂联系调换）

开　　本 | 710mm×1000mm　1/16　　印　张 | 27.5　　字　数 | 370千字
版　　次 | 2022年1月第1版　　　　　　印　次 | 2022年1月第1次印刷
书　　号 | ISBN 978-7-5699-4116-6
定　　价 | 108.00元

版权所有，侵权必究

大山不拒纤尘

The Largest Mountain Does Not Reject the Smallest Dust.

"快活谷",或"快活三里"

致　谢

每一本书都有许多作者，但在扉页上署名的只有一个。

这本书得到了太多人的支持，其中有五个人的名字虽然没有在正文中出现，但他们慷慨的帮助令作者感激不尽。

"良言一句三冬暖"，中国还有一句古话，"礼多人不怪"，我斗胆没有征得同意便在这里提及他们五个人的名字：

康士坦斯·埃默森·盖洛，学士
威廉·托马斯·惠特利，硕士，神学博士
李兴林教授，硕士
王善奇，硕士

还有一位非常杰出的学者，由于政治原因，他的名字只能写在一个秘密的地方。借用华阴县县令陈大人的话来说：

躬逢其盛，得以厕身简末，附骥尾而益彰也。

威廉·埃德加·盖洛
游览五岳之后第五年的五月五日

代序

告诉世界一个"真实的"中国

——对20世纪初W. E. 盖洛系统考察中国人文地理的评述

沈弘 郝田虎

W. E. 盖洛（William Edgar Geil）是西方颇负盛名的美国旅行家和英国皇家地理学会会员，1865年出生于美国宾夕法尼亚州的多伊尔斯城，1890年从拉斐特学院毕业之后，曾当过几年宣讲《福音书》的传道士，但在他心中一直蕴藏着一个周游世界的梦想。于是在1896年，他请了长假，从纽约登船前往耶路撒冷朝圣，从此开始了他的全球旅行生涯。在此后的30年中，他的足迹几乎踏遍了非洲、大洋洲、欧洲和亚洲等。正如士兵战死于疆场、学者辞世于书房，这位不知疲倦的旅行家最终在一次重返圣城的旅程后病逝于威尼斯城。在其生命的最后20多年中，盖洛与中国结下了不解之缘。1903年，他途经日本首次来到中国，从上海坐船溯流而上，沿途考察了长江流域部分地区的人文地理，写下了《扬子江上的美国人1903》（1904年）一书，从此便一发而不可收拾。从那以后，中国成了他魂牵梦绕的研究对象，他又数次前来中国考察，走遍了大江南北、长城内外、三山五岳，陆续出版了《中国长城》（1909年）、《中国十八省府1910》（1911年）和《中国五岳1924》（1926年）等一系列重量级的著作。

在历史的长河中，写过中国的西方作家数以千计，我们为什么偏要挑中盖洛来作为研究对象呢？这首先是因为他作为人文地理学家的独特价值。盖洛在其一生中，曾享有许多头衔和美誉。首先他是一位著作等身的多产作家，出版过 13 部著作，还写了大量的日记、演讲稿、报刊文章和信札；早在 1905 年，他就被誉为"在世最伟大的旅行家"，见识过了五大洲、四大洋；他同时也被称作"伟大的演说家"，在世界各地做过几千场演说，听众达数百万之多；在关于他的传记中，作者总是称他为大字书写的"探险家"（the Explorer）。丁韪良在为《中国十八省府 1910》所撰写的序言中也将这位探访过非洲原始森林和太平洋群岛原始部落的探险家跟利文斯通和斯坦利相提并论。然而，盖洛有关中国的上述四部书吸引我们的并非那些华丽雄辩的语句辞藻，或是吊人胃口的历险故事情节，而是作者用照片、文字、图片、地图、谚语等一系列手段详细记录下来的 20 世纪初中国最精髓和最真实的人文地理、历史和现状。

作为一个受过现代教育训练的专业人士，盖洛所选择考察中国的角度是独特和具有先进水平的。他是早期系统考察长江流域人文地理的少数西方人之一，也是第一个全程考察长城、十八个行省首府和五大名山的人文地理学家。迄今为止，我们没有发现国内外曾经有过如此全面系统地考察中国传统和现代人文地理的第二人。他在考察过程中充分利用了各地的方志和当时已有的科学手段及摄影技术，仅上述四部书就精选了 400 多幅照片作为插图，其中包括长城所有的烽火台和 1909 年中国十八个省府的历史照片。光是这些老照片本身，便是如今研究中国人文地理的无价之宝。

一

由西方人来写中国，其难度是可想而知的。在 1842 年中国的门户被迫对西方开放之前，能够进入内地的外国人可谓凤毛麟角。而且中国幅员辽阔，地区与民族之间方言繁杂，况且当时盗匪出没，交通十分不便，所以即使在门户开放之后，西方人要真正做到周游神州大地，也是一件非常困难的事情。不过，这些还不能算是阻碍西方人了解中国的真正障碍。中国有五千年的悠久历史，文化传统博大精深，各地区的风土人情和各民族人民的生活习俗与西方人相去甚远，在中国长期闭关自守、东西方语言不通的情况下，要想打通东西方文化之间的障碍，又谈何容易！故而，在盖洛之前虽然也有相当数量有关中国的游记和论著问世，但是真正能够准确把握华夏民族的精神面貌和客观反映神州大地人文地理全貌的著作可谓屈指可数。而绝大部分作者往往受到各种客观和主观条件的局限，要么钻到故纸堆里，靠第二手的材料来编织这个东方古国的神话，要么就凭借自己浮光掠影的印象和即兴的想象发挥，来描述一个不甚准确，有时甚至是南辕北辙的中国形象，颇有点坐井观天的意味。例如，作为奇西克皇家园艺学会温室部主任的英国植物学家罗伯特·福钧（Robert Fortune），他自1843年起曾四次来华调查中国茶叶的生产、栽培和制作的情况，并先后出版了至少五部有关中国的游记。其中第一部书名为《华北诸省漫记》，可是茶叶怎么会跟华北诸省有关呢？假如你有兴致耐心读下去的话，就会发现这儿所说的"华北诸省"原来并非指河南、河北或山东、山西，而实际上是指江苏、浙江和福建等产茶的省份。

早在19世纪初，第一个来到中国的美国新教传教士裨治文（E. C. Bridgman）就已经发现，在有关中国的早期论著所描述的情况和他所亲眼看到的实际情况之间有很大的反差和距离。在其于1832年创刊并主编的《中国丛刊》首期发刊词中，他就大声疾呼要以该刊物为平台，向西方介绍一个"真实的"中国。怎样才能做到这一点呢？裨治文认为，关键就在于要把书本知识和实际的田野调查紧密地结合在一起。一方面，西方作者应给予中文典籍和方志以足够的重视，因为那里面包含了大量翔实可靠的信息；另一方面，还必须以实证的精神，对中国的地理、气候、矿产、农业、渔业、商业、宗教和社会结构等做深入细致的实地调查。无论多么微末的细节都不能忽视，都要认真加以记录，只有这样才能帮助西方人准确地了解这个古老帝国的状态和特点。

虽然盖洛与裨治文的年龄相差约一个甲子，但他们都具有相同的新英格兰新教背景和"扬基佬"典型的实证精神。在撰写其四部有关中国的论著期间，盖洛不仅大量收集（借助翻译）、阅读中文的典籍和方志，而且矢志不渝地坚持在描述某一地方或事物时必须身临其境、眼见为实的原则。即使是在回顾历史事件时，他也尽量设法借助摄影技术和历史图片、地图和拓片等手段，帮助读者回到事件现场。在考察长江流域时，他冒着生命危险，在语言不通，不得不借助当地苦力和向导的情况下，独自一人深入崇山峻岭和少数民族地区。在写《中国长城》时，他带着一支精干的考察队，从山海关一口气走到了西藏境内，沿途采风，记录下有关长城的各种民间传说和沿途各地的风土人情。原本大家都以为长城的最西端为嘉峪关，但盖洛在实地考察时发现，在嘉峪关以西的西宁或西藏境内，仍然有连绵不断的城墙向西延续，而这些城墙的存在在当时的地图上并未标明，就连西宁的地方志上也找不到相关的记载[①]。在考察了长城之后，他又马不停蹄地走访中国十八个行省的首府和京师，每到一处，必拜访当地的行政长官和文人学者（为此目的，他专门在上海定制了200张中国式样的名片），收集典籍方志，参观名胜古迹，采集民风民情。当他为最后一本书来华实地考察时，已经54岁，身体已经比较衰弱。然而他仍然坚持在妻子的陪伴下，一座又一座地努力攀登中国的五大名山，亲自考察当地的民俗和宗教信仰，并用相机来记录历

---

① 在该书第318页的插图中，作者附了两张记录这段长城的照片。盖洛在书中所说的"西藏"和"西宁"都是指青海，而不是特指现在的西宁市和西藏地区。盖洛所见的嘉峪关以西的长城也不是一路向西，而是呈半圆形向西南方向延伸。

史。这种为追求理想而不惜"破万卷书,行万里路"的坚毅精神乃是常人很难做到的。

盖洛在上述四本书中所包含的近500张老照片、图片、拓片和地图[1]加在一起,展现了在清末和民国初年时期中国文化、民俗、社会各界人物和地理风景的独特历史画卷。这是一笔极其珍贵的中国历史文化遗产。

这些老照片的价值就在于它们的时代感。照片的内容包括长江流域和长城内外每一个行省首府(包括京师)及众多城镇和乡村的建筑、街道、城墙、城门、庙宇、农舍、贡院、学校、官府、衙门,以及小桥流水、江河湖海、名山大川、悬崖峭壁、黄土高原和戈壁沙漠等自然景色。除了总督、巡抚、外国传教士、社会名流、钱庄老板、少数民族群众之外,还有街头的小吃摊、茶馆、店铺、鸦片馆、剃头挑子、小贩、工匠、乞丐、苦力、独轮车夫、江湖郎中、朝圣香客、算命先生、妓女、赌博摊子、花轿、婚丧行列,以及衙门里的公堂提审、寺庙里的和尚道士、乡间的水车和放牛娃也都纳入了盖洛的镜头。应该特别指出的是,许多这样的画面如今在别处已经找不到了。例如,盖洛在考察长城时,把当时尚存的每一座烽火台都编上号,并拍下了照片。其中有些镜头无论在中文或是西文的资料中都已绝迹。再以杭州为例,从19世纪末洋人绘制的地图上看,当时杭州城的城墙和十个城门、四个水门还首尾相连,相当完整。可如今除了一个水门的局部尚存,武林门、凤山门、涌金门、清波门等地名还在使用之外,清末那些城墙和城楼的身影已经消失得无影无踪。在中文资料中,我们最多只能找到描述这些城墙、城门的片言只语,直观的历史图片资料可以说是绝无仅有。但在《中国十八省府1910》

---

[1] 在《扬子江上的美国人1903》中有122张,《中国长城》中有116张,《中国十八省府1910》中有113张,《中国五岳1924》中有101张,共计452张,这还没包括第三部书中解释汉字寓意的插图,如加上那些插图,总数就接近500张了。

一书之中，我们却惊喜地发现了杭州凤山门、御街和大运河上的太平桥等早已消失的景点的老照片[①]，它们栩栩如生地为我们还原了20世纪初清末老杭州的本来面貌。盖洛在序言中告诉我们，该书的100多张照片是从1200多张照片中精选出来的。按照这个比例来计算的话，盖洛在中国拍的照片总数应该在5000张以上。

在历次考察过程中，尤其是在1909年访问中国的十八个省府时，盖洛敏锐地感受到中国正处于一个辞旧迎新的重大历史关头，因为他身边的一切事物每时每刻都在发生着变化：

> 许多个世纪以来，中国人一直在潜心研究和平的艺术，并从心眼里瞧不起那些动辄便要撒野的赳赳武夫。无论他们内心是怎么想的，中国人现在已经屈从于西方人的见解，并已经训练出大批的士兵。在新的教育制度中包括了许多类似西点军校和桑赫斯特皇家军事学院的武备学堂。在每个大城市都建起了兵营，而且往往是兵营刚刚落成，马上就住满了士兵。再也见不到弓和箭，也没有了翻跟斗和吼叫，取而代之的是用欧洲的精确瞄准武器所进行的系统性欧洲式操练……整个大清帝国都在武装起来，其方式并非心急火燎的，而是非常彻底和执着的。中国的资源是没有任何一个欧洲国家所能比拟的。

当然，这种变化并不仅仅局限于武备学堂和兵营。一路上，盖洛见到了旧的贡院被拆毁，在其废墟上建起了西式的学校和大学；公共图书馆和邮局取代了旧式的藏书楼和驿站；铁路正在替代大运河作为交通干线；工厂和煤矿在全国各地出现；纸币开始淘汰已经用了上千年的铜钱；

[①] 盖洛在《中国十八省府1910》的第32—45页共附了8张杭州的老照片。

学生们在谈论革命、民主、自尊、公民权和改革；就连巡抚和省府衙门都在筹备议会的召开。盖洛睿智地意识到他必须用相机把这些历史变革的瞬间定格在他的照片之中，因为这些都是"新的和有预见性的事实"，而"事实毕竟胜于雄辩"，"事实摆在面前，任何人都可以对此加以阐释"。就这样，我们通过这位"扬基佬"的相机镜头，看到了用宝塔替代钟楼、具有中国特色的教堂；看到了在泰山庙宇前从相机镜头前抽身逃走的尼姑；看到了不久以后便绝迹的中国开封的犹太家庭。如今，盖洛的预言已经得到了证实：这些貌似随意的快照现已成为难能可贵的珍品，而它们记录的历史瞬间则变成了永恒。

虽然在上面这本书中，汉口和江西东北部的两张地图放错了地方，但盖洛所收集的地图分别是当时最佳或最新版本的地图，其价值自然不言而喻。例如他所选的广州历史地图取自《羊城古钞》，而他选中的成都地图则是宣统元年三月绘制的《最新成都街市图》。其中有些地图甚至是盖洛的传教士朋友亲手绘制的，例如英国医师祝康宁（F.H. Judd）绘制的江西北部地图和莫泽（I.H. Moser）绘制的汉口地图。

上述这些插图在书中并非仅仅起了点缀的作用，而是书中必不可少的一个有机部分，而且在上述这些书出版之际就受到了评论家的赞誉和读者的欢迎。盖洛曾经宣称："这些插图本身就很能够说明问题，不需要多余的文字说明。"出版者也以同样的口吻来解释这些插图的意图和功能："作者试图避免重复讲述同一个故事。书中的插图不仅仅是为了充实文字，更是为了做一些实质性的补充。"作者与出版者的上述努力并没有白费，从为《扬子江上的美国人1903》（1904年）做广告而汇集的报刊书评中我们可以看到，当时对书中的这些插图好评如云："该书一个突出的特征是其精美的插图""插图印得非常漂亮""插图精美，引人入胜，大大增加了这本书的价值"。

二

盖洛是一位狂热的藏书家。从他的书中我们可以看到,每到一处,当他拜谒当地的督抚和文人学者时,必定会要求对方提供有关当地的古史、方志、地图和碑文古迹等信息。在《中国十八省府1910》一书序言中,盖洛对于这样做的动机做了解释:

> 当君士坦丁堡的学者们携带着古希腊的学问逃到西方时,没过几年,那些古老而受到敬仰的拉丁语教科书便被当作废纸从欧洲的大学里扔了出来。中国目前正在经历这么一个时刻。在过去两千年中被用来训练中国文人的那些典籍和更为短命的那些通俗小说和志怪杂记同样即将寿终正寝。西方的学问和垃圾正在将原来的那些书籍取而代之。过不了多少年,那些老的书就几乎看不到了,因为官方的毁书行动已经开始。在总督、巡抚、翰林学者、藏书家和书商的帮助下,我们收集到了一大批这样的老书,并在本书中选用了其中的少数范例,以便使读者能了解这些古书的风格。

丁韪良在其序言中也专门提到了这一点,并且预言:"这些文献必将成为一个汉学研究图书馆的基石。"

值得注意的是盖洛为收集地方志所做出的努力。在上述这本书出版以后,盖洛又再接再厉,开始为他的下一本书《中国五岳1924》收集素材。第一次世界大战的爆发使得盖洛不得不两次推迟对中国的访问,然而他却在研究中国的典籍上付出了更大的努力。他的传记作家威尔逊告诉我们,盖洛于1916年12月30日写信给他在北京的朋友惠志德博士(Dr. Wherry),向他索要描写五大名山的"地方志"。后来在《中国五岳1924》一书中,盖洛果然从《钦定古今图书集成》《泰安府志》等各种中文素材中引用了大量的图片、地图和文字资料。他的这种努力受到了英国汉学家翟林奈（Lionel Giles）[①]的高度赞誉：

> 我认为，该书最突出的特点就是引自中文素材的译文。书中所引用的大量文件中包括了诏令、序言、日记、传记等，这些材料以前从未见诸任何其他出版物，其中有些具有很高的历史价值。它们对于学者非常珍贵，普通读者对此也会颇有兴趣。显然完成这本书需要极其繁重的工作量和原创性的研究工作。它是你所写的最好的一本书。

我们完全赞同翟林奈颇为专业的评论，盖洛对于中文地方志的重视和研究在西方作家中确实是比较少见的，这也是他的著作具有学术价值的一个突出特征。

中文地方志为盖洛提供了有关各地区当地历史、地理构造和文化习俗的大量细微而翔实的信息。在《中国十八省府1910》一书中，他充分利用了这一资源来描述长沙的自然地理和城池建设、成都的物产、北京的政治史、杭州名称的演变、广州的人物传记、太原的轶事传说、安庆的地方诗歌、西安的家庭礼仪、济南的赋税制度、南昌的灾祸和迷信，等等。因为地方志跟别类注重系统性的书籍不同，往往是跟这个地方有关的东西，事无巨细，照单全收。以《昆明县志》为例，书中的各章节内容就分为"疆域""山川""风土""物产""建置""赋役""学校""祠祀""官师""贡物""工业""艺文""家庭""闺媛""古迹""祥异""冢墓"和"杂志"。

[①] 翟林奈是剑桥大学汉文教授翟理斯（H.A. Giles）的二儿子，出生于中国，后任职于大英博物馆图书馆，负责管理东方书籍。

盖洛在该书中对地方志中的"祥异",即超自然现象,表现出了特殊的兴趣。他所引用这部分内容的频率仅次于政治史。在这些超自然现象中,有一部分如彗星、地震和气象等使古代人感到困惑,但可以用现代科学来解释的自然现象。这些记载,由于有确切的日期,对于科学家和学者来说是具有很大的科学价值的。然而其他大部分的"祥异"内容都是天方夜谭式的神话故事。这些材料若在人类学家手中,可能会给《金枝》一类的书增添不少素材;然而盖洛选择这些材料是为了要说明中国人心态中根深蒂固的迷信。他把"风水"和"祥异"归类为"迷信和偏见",并且宣称:"迷信和偏见是中国文化遗产中的毒药。"他的这种说法在当时可谓是一针见血的。迷信和偏见的对立面,按照盖洛的观点,是科学和信仰,当然这里指的是基督教信仰。从这一深层意义上来看,盖洛对于迷信的猛烈抨击实际上又跟西方在华传教事业具有一定的联系。

但毋庸置疑的是,随着他研究和考察的深入,盖洛对于中国文化本身的价值越来越着迷。在《扬子江上的美国人1903》一书中,盖洛跟其他第一次来到中国的旅游者并没有太大的区别,最能吸引他的仍是些具有浓郁异国情调的人物和风景画面。但他在旅行过程中逐步了解并热爱上了这个国家和人民的历史、文学、生活习俗和民间传说。等他在写后面这几本书时,盖洛已经越来越自觉地把对于这片国土的客观描述跟在这儿生活的人民,以及地方志中所记载的传说故事联系在一起。在《中国十八省府1910》中,盖洛坦率地承认,他之所以对地方志感兴趣,完全是因为能够帮助他洞察中国人的心态:"说真的,对于事件的简洁记载偶尔也使人感到失望,但从中可以窥见人民的感觉,他们对事件的看法,他们的心态和伦理概念都通过这些记载而表露无遗。"盖洛与其他旅行家和游记作者的最大区别就在于他对于中国人内心世界的兴趣和探索。他为此目的而在智力和体力上付出的巨大努力使他真正成了一个人文地理学家。

《地理学词典》给"人文地理学"所下的定义是:"总的来说,这部分地理学所针对的是人和人类活动……人文地理学家必须描绘出……'一个秩序井然的、以人作为不可或缺的组成部分的世界图景'。"换言之,人文地理学的对象是某一地区人类活动的各个领域,其中包括经济、政治、社会、家庭、宗教、教育、文化、文学、历史,等等。盖洛在书中的描述大致可以分为共时和历时这两个范畴,他不仅想抓住现在的瞬间,而且也努力挖掘深层的历史,这样就能在华夏文明的深厚底蕴上凸显出处于往昔和未来转折点上的中国社会状况。他在《中国十八省府1910》一书的序言中指出:

> 在很多年过去之后也不太可能有其他人再次重复同样的旅行,因此我们并不想把此书写成一本旅行指南。然而我们注意到了在这个重要的历史时刻,各种事物的不断变化,并试图对此现状做一个印象主义的描述。而且我们这样做的目的是想通过记录这产生了翻天覆地变化的十年中的一年,而使这本书具有永久性的价值,从而能跟我们研究中国的其他著作一起被世界各大图书馆收藏。

通过文字和图片的媒介,盖洛成功地记录了20世纪初处于一个重大历史变革时期的中国。而且正如他自己所说的那样,上述这几本书现在确实已经被世界各大图书馆收藏。

作为西方现代科学和实用主义的鼓吹者,盖洛在阐释中国文化时,往往能够提供一个独特的视角。例如他对古代中国人建桥的工程技艺推崇不已。他所拍摄的老照片中有许多是表现石拱桥和悬索桥的,如贵阳的大南桥、杭州的太平桥和云贵少数民族地区相当普遍的悬索桥等。他在提及跟成都有关的诸葛亮、李白和李冰这三位名人时，认为其中最伟大的应是水利专家李冰，因为他所建造的都江堰为当地人民的生活带来了切实的好处。按照中国人的传统观念，诸葛亮和李白的知名度可能要比李冰高得多，因为后者作为工匠艺人，在中国古代社会中地位向来很低。盖洛出人意料的观点使我们联想起另一位推崇中国科学家的西方人，即《中国的科学与文明》的作者、英国汉学家李约瑟（Joseph Needham），他们所提供的新视角可以帮助中国人重新审视和评价我们的传统文化。

在中国的历次旅行和实地考察中，盖洛曾经有过许多重要的发现，如上面提及的他在西宁和西藏境内发现的长城环线，这一发现就使得在西方的中国地图上又增添了长达 200 英里[①]的长城。他还收集、请人翻译，并引用了大量的碑文拓片，许多这样的石碑现在已经不复存在，或是因为石头的风化，或是由于人为的毁坏，如今我们只能通过盖洛保存的碑文照片来了解这些碑文的内容。虽然盖洛自己并不具备翻译这些碑文的能力，但他扮演了文化和文明的传播者、收藏者、编纂者、保存者和保护者的角色。在保护人类文明的努力这一方面，他代表的是典型的美国精神。正是由于这种精神，才使得这个国家能够拥有世界上最好的大学、图书馆和博物馆。

三

除了对老照片和地方志给予了特殊的重视之外，盖洛对于中国的谚语和通俗文学也情有独钟。他在中国旅行和考察的过程中，总共收集了数千条在社会上流传甚广的谚语，因为他认为这些民间的口头禅包含了中华民族的智慧，往往能够直观地反映社会各阶层的伦理概念和心态。

---

① 1 英里 ≈1.6 千米。

作为演说家和作者，他自己也非常喜欢在演讲和写作时引用这些比喻和意象使人耳目一新的中国谚语。然而，他也清楚地意识到自己在这方面所做努力的局限性："我们对各地谚语的搜集是历次收集中规模最大的，大量的新材料足以充满三卷书，从中挑选实在勉为其难。"他所提及的"大量的新材料"最后并未正式结集出版，然而盖洛设法将这些中文谚语及其英译文附在他描述中国的论著页端上发表。在《扬子江上的美国人1903》一书中，他将这些谚语附在每一个章节的开端。这个做法显然很受欢迎。到了第二本《中国长城》和第三本《中国十八省府1910》时，他就在每一个单数页的页端上都附上了谚语。在《中国五岳1924》中，他在序言之前用一整页的篇幅来刊登一条谚语。这四本书中所刊登的谚语总数达到了407条。

这些谚语的来源大致可以分为下面这几类：

1. 口头相传的谚语。"嘴上没毛办事不牢""每一根草有一棵（颗）露水珠儿""老天爷饿不死瞎家雀儿""女人心海底针""灯草弗做支拐""哑巴吃饺子肚里有数""会的不难，难的不会""人敬有的，狗咬丑的""人是铁饭是钢"。

2. 文献典籍。盖洛收集的许多谚语来自《古诗源》《三字经》《三国志》等一些常见的古书，例如"水清无鱼"来自《汉书》中的"水至清则无鱼"；"将相本无种，男儿当自强"来自《神童诗》；"少所见自多所怪"，原本是东汉牟融所引用的古谚语，清朝的沈德潜将其选入了《古诗源》："少所见，多所怪，见橐驼言马肿背。"它最后变成了一个成语——"少见多怪"。

3. 成语。"对牛弹琴""画蛇添足""鼠目寸光""掩耳盗铃""望梅止渴""狐假虎威"。

4. 对联。"人恶人怕天不怕，人善人欺天不欺"，原来就是刻在云南府（昆明）阎王庙的立柱上的。

5. 名人名言。例如《扬子江上的美国人1903》第327页上有一个很长的对句，据说它就是由乾隆皇帝所题写的。

盖洛在收集中国谚语这一方面并非最早的开拓者，在他之前有好几位汉学家着手做了这方面的工作。正如卫三畏在《中国总论》（1895年）中所指出的那样：

> 有关中国谚语的全集迄今仍未有人编纂过，就连中国人自己也没有试过。德庇时（J. F. Davis）于1828年出版过一本《道德格言》，其中收了200条谚语；童文献（P.H. Perny）于1869年发表了441条谚语；卢公明（J. Doolittle）在他的《英华萃林韵府》中收集了700条谚语、广告语、对句和对联。除了这些之外，沙修道（W. Scarborough）于1875年又出版了2720条谚语，附上了索引，并像上述几个人一样，提供了原文。

沙修道出版的谚语经过林辅华（C. W. Allan）的增订，于1926年再版。林辅华起初在汉口传教和在长沙的协和神学校任教，1926年又调往位于上海的广学会担任编辑工作。他是盖洛的朋友，曾经向后者提供过有关武汉新式教育发展状况的信息。

从收集和出版中国谚语的时间和数量这两点来看，盖洛的工作与上述几位先驱者相比似乎有些相形见绌，这也许就是他不将其收集的谚语专门结集出版的原因。然而我们认为，盖洛在书的页端上印谚语的方法具有鲜明的个性和醒目的效果。在阅读这些文本的同时，读者无时无刻不意识到单数页页端印着的那些中国谚语的存在。它们言简意赅，质朴平实，然而非常吸引眼球，能给读者留下深刻的印象和回味的空间。值得一提的是，传记作家威尔逊显然是受到他这种做法的感染和影响，也喜欢在传记每一个章节的前面都附上一句中国谚语。

在盖洛的书中，还收录和引用了大量的通俗文学作品。所谓通俗文学，就是那些通常印刷粗糙，售价低廉，为广大下层人民所喜闻乐见，但不登大雅之堂的文学作品。盖洛对这些作品感兴趣，是因为它们能够帮助他了解社会的底层。在《中国十八省府1910》一书描述济南的章节中，作者专门提到了这些作品：

然而当文人圈子中的人向孔子顶礼膜拜之际，总是存在着另一个识字阶层，他们的阅读兴趣是不以"文化"为转移的，而且那些廉价的书坊总是准备刊印一些迎合他们趣味的书。《天路历程》和《司布真布道文》在文学史和著名出版商的书单中是找不到的，但它们在小贩的地摊上卖得很快，就连德莱顿作品的销量也无法跟它们相比。布兰克的杂志也许没有永恒的价值，但其销量会使黑格尔和朗费罗感到汗颜。我们决定搜索一下这个大省府为老百姓所提供的真正的精神食粮。我们逛遍了这儿的书铺，结果买下了大量的图书。

从体裁上分析，盖洛收集的通俗文学作品中包括了小说、传说、故事、童谣、民谣、催眠曲、墙壁诗，等等。在考察长城的旅途中，盖洛偶尔在他下榻的嘉峪关旅店墙上发现了一些很有意思的诗歌作品，便将它们抄下来，并用于《中国长城》一书之中。后来当他来到开封时，又在一个存放着149个宋代名人牌位的殿堂里看到一首写在墙上的诗歌。当然，他又将它抄了下来，并在《中国十八省府1910》一书中提供了该诗的两种译文。这样的作品具有自生自灭的特性，其原文很多都没有被保留下来，在这种情况下，盖洛书中的英译文文本就成了它们唯一的载体。

四

尽管盖洛主观上的确是想通过各种努力来告诉世界一个"真实的"中国,然而我们也要清醒地认识到,由于受到时代和个人等各种因素的影响,盖洛在其书中所描绘的中国形象,跟其他许多早期西方汉学著作一样,也是有其局限性的。如果按照我们现在的学术标准来衡量的话,不难发现他书中的缺陷和错误,有些甚至可以说是比较严重的错误。

首先,作为一个虔诚的新教基督徒,他对于中国的佛教和道教等本土宗教的描述和分析不可能是非常客观和不偏不倚的。他在《扬子江上的美国人1903》一书中写道:虽然有些中国人做了坏事,怕受到报应,不敢上寺庙烧香,但在大多数情况下,恶人还是厚着脸皮去寺庙烧香的。紧接着他就补了一句:"说谎和发假誓是所有异教宗教的特征。"其实,现在大家都知道,这样的事在基督教教会里也是屡见不鲜的。盖洛在书中对于佛教和道教内部的腐败所做的揭露,以及对于迷信的抨击,从中国当时的历史背景来看,应该说基本上还是正确的。然而每当他把中国的宗教跟西方的基督教做对比时,其对基督教的宗教热忱和对中国宗教的偏见便暴露无遗。在考察中国十八个省府的旅途中,他在成都见到很多道教和佛教的寺庙被政府征用改建成学校时,便联想到在意大利和法国这些欧洲国家里传统的罗马天主教会也正在失去其往昔的权威。于是他便发了下面这些议论:

> 然而(道教和佛教的)寺庙跟我们的教会是不可以相提并论的。前者本身从来就没有过任何神圣的东西,即缺乏神圣的本质,并且向来被用作各种不同的用途,尤其是作为临时的旅店。

他这么说在当时可能还有一定的道理,然而对于一个现代的读者,尤其是道教徒或是佛教徒来说，这样的观点是无论如何也不能接受的。

然而必须指出的是，尽管盖洛可能对道教和佛教持有偏见，但他所拍的老照片中还是给各地的寺庙、道观、和尚、道士留了很大的篇幅。盖洛亲自前往江西龙虎山上清宫采访道教首领张天师以后，给他拍摄了一张罕见的照片。

其次，作为以探险、旅行和演说为主要职业的人文地理学家，盖洛在历史研究和文学、文化研究等方面并没有经过系统而严格的学院式训练（在当时的美国也不可能有这样的汉学学术训练），同时要在一个相对很短的时间内处理一个规模过于庞大的题目，也难免会犯一些初级的错误。例如中国古代的皇帝都有自己的年号，这些年号跟皇帝的名字是有区别的。"元符"是宋哲宗的年号（1098—1100年），"河清"是北齐武成帝的年号（562—565年），可是在《中国十八省府1910》中，盖洛分别把前者误解为人名，而把后者误解为"黄河变清"。还有一种情况是不同皇帝的年号有时候听起来十分接近，如明世宗年号"嘉靖"（1522—1566年）和清仁宗年号"嘉庆"（1796—1820年）前后相差近300年，但在同一本书中，盖洛将《长沙地方志》原文中的"嘉庆十五年"（1810年）换算成了"1536年"（即"嘉靖十五年"）。

实际上，这些错误很可能是由盖洛的助手翻译得不严谨所造成的，但是作为在扉页上署名的唯一作者，盖洛还是应该对这样的错误负全部的责任。这就引出了下一个相关的问题，即盖洛的汉语造诣。

跟丁韪良等长期居住在中国的汉学家或传教士不同，盖洛似乎并没有真正掌握汉语这个研究中国文化所不可或缺的基本工具。因此在其整个对中国的考察和对地方志、谚语和通俗文学的研究过程中，他都不得不依赖于朋友、翻译、助手和向导的帮助。这样一来，就大大增加了在各个环节出现错误的机会。

正是由于盖洛最初来中国考察时具有教会的背景，在书中说过一些要依靠基督教来改造中国的话，所以在很长一段时间内，他的著作被打入冷宫，国内很少有人知道他考察中国的情况和所发表的作品。然而改革开放以后首先来到中国徒步考察长城和漂流长江、黄河的外国人有不少是通过他的作品而对中国产生兴趣的。要想在世界文化中开辟一个中国的视角，我们中国人首先要有一种开放和容纳百川的胸怀，要善于学习和吸收其他文化的优点，以及正视西方人对中国文化的研究和看法。正是基于这一点，我们今天对盖洛考察20世纪初中国人文地理的著作进行研究应是具有重大现实意义的。

参考文献

Bridgman, E. C. "Introduction." *The Chinese Repository*. Vol. 1, No. 1, 1832.

Fortune, Robert. *Three Years' Wanderings in the Northern Provinces of China*. London: John Murray, 1847.

Geil, William Edgar. *A Yankee on the Yangtze*. New York: A. C. Armstrong and Son, 1904.

---. *A Yankee in Pigmy Land*. London: Hodder and Stoughton, 1905.

---. *The Great Wall of China*. New York: Sturgis & Walton, 1909.

---. *Eighteen Capitals of China*. Philadelphia and London: J. B. Lippincott, 1911.

---. *The Sacred 5 of China*. London: John Murray, 1926.

Monkhouse, F. J. *A Dictionary of Geography*. Chicago: Aldine, 1965.

Perny, Paul. *Proverbes Chinois*. Paris: Firmin Didot frères, fils et cie, 1869.

Scarborough, W. *A Collection of Chinese Proverbs*. Rev. and enl. by C. Wilfrid Allan. Shanghai: Presbyterian Mission Press, 1926.

Williams, S Wells. *The Middle Kingdom*. Vol. 1. 2 vols. New York: Paragon, 1966. Reprint of the 1895 rev. ed.

Wilson, Philip Whitwell. *An Explorer of Changing Horizons: William Edgar Geil*. New York: George H. Doran, 1927.

沈德潜：《评选古诗源》卷一，会文堂书局。

引言

充满神奇色彩的"五"

对中国人来说,"五"是一个最不寻常的数字。晚上仰望天空时,中国人看到的是五大行星,即木星、火星、土星、金星和水星。在观察自然界中的颜色时,他们将其分成五种:青[①]、赤、黄、白、黑。构成世界的是五大元素[②]:木、火、土、金、水。在果园里,人们欣赏苹果树、梨树或者樱桃树的树干或花和果实,也会联想起"五"这个数字。在对空间进行分析时,则有五个方向:东、南、中、西、北。在人体这个小世界中也是如此,构成人体的是五个部分:肌肉、脉络、肥肉、骨头和皮毛。人的体内有五大脏器:肾、心、肝、肺、胃;躯干上也有五个分支:头、双臂、双腿。

依此类推,其他所有东西显然都可以用五来划分。在音乐方面,白种人往往谈起八度音程,其实中间包含了十二个音,而中国的乐声音

[①] 这种颜色,人称"大自然的颜色",最令人难以捉摸,根据不同情况,可以指绿色、蓝色、黑色或灰色。——原注

[②] 即五行。

阶只分五个音级①。中国人还讲究五味：酸、甜、苦、辣、咸。在古代那些具有半神话色彩的帝王中，中国人认为有五个帝王最值得记住。在4000年的历史中，中国人还认识到可以把贵族分为五个等级。

对中国人来说，有五种恒久或主要的美德，②而对人的惩罚相应也有五种。中国历法取决于所谓的天干和地支，很多这样的事情都记载在"五经"中，而当今中国的国旗上也有五道条纹。③

因此可以预期，在提到中国的高山时必然只会用"五"这个数字。而且在诸多圣山中，必然会有五座最为出名，它们也自然要和五大元素、五个方向、五种颜色联系起来。故而我们发现：

东岳泰山对应木和青色，
南岳衡山对应火和赤色，
中岳嵩山对应土和黄色，
西岳华山对应金和白色，
北岳恒山对应水和黑色。

这里可以用"五"这个数字来概括几座名山的神圣之处，虔诚的信徒们会去这些地方朝拜并且履行自己的宗教义务。

玉皇大帝为五岳安排了属下的五位神仙，委托他们各管一方，处理那里的人间事务。在此基础上，道教徒创造了奇妙的神话。如果为五岳和四水献上合适的供品，黄鸟这一大地的精灵就会出现。按《述异记》④的说法，盘古死后，他的眼睛变成了太阳和月亮，他的两只脚变成了江

---

① 即宫、商、角、徵、羽五音。
② 即仁、义、礼、智、信。
③ 该书写于1926年，在这儿指的是中华民国初期的旗帜。
④ 中国古代神话典籍，相传为祖冲之所著。

河和海洋，头发变成了树和草，左手变成东岳泰山，左臂变成南岳衡山，腹部变成了中岳嵩山，右手变成西岳华山，右臂变成北岳恒山。

很久以后，佛教传入中国，这一新的宗教不仅试图在这五座圣山上寻找落脚处，就像布谷鸟在别的鸟巢里下蛋一样，而且把其他一些高山当作了自己的圣地。但它毕竟是外来宗教，这一宗教的外来性特征十分明显，其结果是只有四座山峰成为佛教圣山。① 外来宗教的庙宇跟我们没有任何关系，我们朝圣的目的地就是那古老而具有鲜明本土性的五岳。

无论在动机上有多大的差别，我们都是遵循了千百年来已经根深蒂固的一个习俗，即朝圣的习俗。但这样做的根本原因是什么呢？

每一种宗教似乎都有一些圣地。如果某一宗教有明确的创始人，人们显然就会对跟他有关的地方感兴趣。因此在西奈、巴勒斯坦、尼泊尔、阿拉伯、波斯和山东，都有一些具有重要历史意义的地点。重要性仅次于宗教创始人的是伟大的传教士，再次就是当地的圣徒，他们工作过的地方也会受到人们的注意。所以，犹太人往往会被吸引到摩苏尔② 城著名的那鸿③ 墓，巴比伦附近的以西结④ 墓，以及巴士拉的以斯拉⑤ 墓。后来又出现了两位闻名东方的宗教领袖，在罗马皇帝哈德良⑥ 镇压犹太人的反抗后，他们为恢复犹太教做出了很大贡献。所以，第比利亚斯湖边的梅耶拉比墓和梅龙湖边的西蒙·本·约凯拉比墓，也顺理成章地成为

---

① 这四座佛教圣山分别是五台山、峨眉山、普陀山和九华山。
② 摩苏尔（Mosul）是伊拉克的一个北部城市。
③ 那鸿（Nahum）是犹太人的先知。
④ 以西结（Ezekiel）是公元前6世纪希伯来预言家，曾号召犹太人出走巴比伦以回归敬神和信仰。
⑤ 以斯拉（Ezra）是公元前5世纪希伯来预言家，在犹太人出走以色列以后把他们领回耶路撒冷。
⑥ 罗马皇帝哈德良（Hadrian，117—138年在位）曾试图取消罗马和罗马行省间的差别。在122年去不列颠巡游期间，他下令建造了著名的哈德良长城。

圣地。同样，麦加和麦地那与穆罕默德①的名字紧密地联系在一起，就是因为后者出生在那儿，生前曾在那儿传道，后来成为那个地方的统治者，最终在那儿去世。在所有这些情况下，仅仅是对于逝者的好奇心或崇拜便足以吸引人们到那些地方去参观，这是很自然的。此后每经过一个世纪，人们都会赋予这些地方以新的联想，所以感兴趣的东西也越来越多，最终整个城市可能会完全变成一个历史博物馆。大多数情况下，到某处参观的人渴望从中得到抚慰，随着圣祠和文物的不断增多，人们普遍会对当地特有的圣迹深信不疑。

就拿坎特伯雷②来说吧，我们且不提那儿的罗马大道，朱特人③的文学遗产，所有其他世俗的遗迹，以及1825年制造的蒸汽机车，这个地方最古老的教堂是专为纪念法国武士兼牧师马丁而建的，另一座教堂是威尔士人为纪念罗马士兵潘克拉斯修建的，此外还有意大利传教士奥古斯丁④的许多遗物。这里还有一些著名大主教的纪念物，其中有邓斯坦⑤和奥非基，后者被丹麦人残忍杀害后，丹麦国王克努特⑥极其隆重

---

① 穆罕默德（Muhammad）是伊斯兰教的阿拉伯先知，40岁时开始作为真正的宗教的上帝的先知传教。穆罕默德在622年以后在麦地那建立了一个政教合一国家并使阿拉伯半岛皈依伊斯兰教。

② 坎特伯雷（Canterbury）是英格兰东南部的一座城市。建于11—16世纪的坎特伯雷大教堂是英国教会首席大主教的住地。那儿也是圣徒托马斯·贝克特1170年被谋杀的地点。

③ 朱特人（Jutes）是日耳曼族的一个部族，5—6世纪时入侵不列颠，定居在不列颠南部和东南部以及怀特岛上。

④ 奥古斯丁（Augustine，354—430）是意大利裔高级教士，他受教皇的派遣，将基督教教义传到了英国，并于598年被任命为坎特伯雷的第一任大主教。

⑤ 邓斯坦（Dunstan，924—988）是英国高级教士，任温彻斯特主教时曾与坎特伯雷大主教一起试图将丹麦与英国合并为一个国家。

⑥ 克努特（Canute，约994—1035）是英格兰（1016—1035年）、丹麦（1018—1035年）和挪威国王（1028—1035年）的统治者，其统治起初非常残暴，但后来又因其睿智和宽容而出名，成为许多传奇故事的主人公。

地将其埋葬在这里。另外，其他一些殉教者，如托马斯·贝克特①、托马斯·莫尔②，以及托马斯·克兰麦③，也都葬在这里。就因为有这样一座历史博物馆，这个肯特郡的小镇游人川流不息。现在小镇上的人以接待朝圣者为生，对此又有谁会感到奇怪呢！但是曾经有一段时间，人们来到此地，并不只是出于好奇，也不是仅仅为某种情绪所打动，或者是为了重温一段历史，而是把这儿视为圣地，他们到这里不单单是为观光，更是来朝圣。他们旨在加深自己的宗教情感，陶冶自己的情操；他们被告知来此朝圣是获得上帝恩惠的一个手段，这样一种善行在上帝对他们做最后审判时会起作用。有些人因此把朝圣看作自己的使命，年复一年，从一个圣地漫游到另一个圣地，希望借此积累自己的美德，直到后来整个朝圣的体系受到了伊拉斯默斯④的嘲笑。在遭到一个离经叛道的暴君⑤的破坏后，坎特伯雷的旧秩序终于寿终正寝。

当今这个时代，这样一种根深蒂固的本能在东方人身上也体现出

---

① 托马斯·贝克特（Thomas Becket，约1118—1170）是英国著名的殉教者。作为坎特伯雷大主教，他因持己见分歧而失宠于国王，并在坎特伯雷大教堂里被四个爵士谋杀。1173年他被教会封为圣徒。

② 托马斯·莫尔（Thomas More，1478—1535）是英国政治家、人文主义学者和作家，因反对强迫英国臣民承认亨利八世的权威在教皇之上的法令而被囚禁于伦敦塔，后以叛国罪名被斩首。他的《乌托邦》一书构想了一种理想政府之下的生活。莫尔在1935年被教会封为圣徒。

③ 托马斯·克兰麦（Thomas Cranmer，1489—1556）是坎特伯雷大主教（1533—1553年），曾参与修订了公祷书（1552年），并着手进行了其他宗教改革。在信仰天主教的玛丽一世统治期间，他被判有罪，被烧死在火刑柱上。

④ 狄赛德留斯·伊拉斯默斯（Desiderius Erasmus，约1466—1536）是荷兰文艺复兴时期学者，罗马天主教神学家，他试图使古代的古典经文复兴，恢复基于《圣经》的朴素的基督教信仰，消除中世纪教会的一些不当行为，他的作品包括《基督教骑士手册》（1503年）和《愚人颂》（1509年）。

⑤ 这个暴君就是指亨利八世（Henry VIII，1491—1547），他于1534年跟罗马教廷闹翻之后，宣布自己为英国教会的最高领袖，并且没收了包括坎特伯雷大教堂在内的许多英国修道院和教会财产。

来，就像乔叟①讲述朝圣者故事的那个时期一样。日本人曾不辞辛苦地到33座山去朝拜，以表达对观音菩萨的崇敬。在某些人群中，完成了这样一连串的朝拜活动就标志着一个人度过了少年时代，开始步入成年，很久以前中国的故事中似乎也反映出这种愿望。中国佛教徒长途跋涉到尼泊尔的圣地取经的经历被详细记录下来，堪与同时代到圣地朝拜的早期基督徒的经典著作相媲美。只有中国的习俗可以追溯到更早的时期，由此引出一个更深层的问题：在佛教侵入中国之前，中国的香客们经常到哪些地方去朝圣？原因又是什么呢？

　　如今的印度教徒崇拜水，尤其在两河交汇处。但黄种人并不在黄河或其他经常吞没他们家园的大江大河边上举行宗教活动。过去人们曾经向河流献祭，但是现在，人们朝拜时不再选择河流，他们经常去的地方是山峰。如果我们提出这样一个问题：这些山是怎么出名的？我们会发现这儿没有穆罕默德或佛陀②之类的人物，这样我们就必须寻找更深层次的原因。穆罕默德和佛陀释迦牟尼游历过的地方成为圣地，而在中国没有一个堪与他们相提并论的宗教人物。中国的许多地方原本没有什么显赫的名声，却在很久以前就被看作圣地。在世界其他地方，我们可以发现朝圣场面显然是把现代的基督教思想移植到一个非常古老的种族身上，这种情况绝非罕见。在布列塔尼③，农民们在2000年前人们就曾朝拜过的巨石阵前举行赎罪仪式。在格拉斯顿伯里④，尽管有关于圣杯和神

---

① 杰弗里·乔叟（Geoffrey Chaucer，约1340—1400）被认为是英国的诗歌之父。他的代表作《坎特伯雷故事集》（1387—1400年）讲述一群香客去坎特伯雷朝圣的故事。
② 佛陀（Buddha，约前563—约前483），印度神秘主义者和佛教创始人，他在35岁大彻大悟后开始传教。
③ 布列塔尼（Brittany）原是法国西北部的一个省，位于英吉利海峡和比斯开湾之间的半岛上。500年，被盎格鲁-撒克逊人驱逐出家园的布立吞人定居于此。1532年该地区正式并入法国。
④ 格拉斯顿伯里（Glastonbury）是英格兰西南部一市镇，位于布里斯托尔西南部。附近广布铁器时代村落的遗物。这里是传说中亚瑟王的阿瓦朗岛旧址。

圣荆棘①的传说，它的名字本身就可以证明墨林②的玻璃房子就在这里，并且这里还是传说中的天堂岛阿渥伦③——曾经有一个善良的少女掌管着这个地方，她使受伤的人恢复健康，并且永远过上幸福生活。沙特尔④曾是德鲁伊特教⑤宗教仪式的中心，吸引了众多的朝圣者，很久以后才有传教士进入此地，开始讲述关于圣母的新故事。在穆罕默德之前，麦加是整个阿拉伯的神殿——供奉阿拉伯三百六十五位神灵的地方。尽管他曾努力摆脱这种影响，但最终不得不做出让步，保留了祭品和为其他地方的穆斯林所不知晓的野蛮做法。

中国的那些圣山也是如此，其中一些圣山表面上那一层薄薄的佛教表皮很容易剥去。剥去这层表皮之后里面就是我们有很多东西要说的果实本身，但这仍然不是本质。在核心部分我们发现了某种远比老子的思想或后人关于老子的说法更古老，也远比孔子搜集整理的文献更古老的东西，某种属于更原始的宗教的东西。这些山并非因为道教徒的存在而扬名，其本身便有一种古已有之的神圣气息。人们相信山神、风水变化的影响和山中鬼怪的存在，而那时还没有思想家想到要对这些信仰进行梳理并做出合理的解释。远在尧帝受命来掌管群山或皇帝开始于每年夏至那天在地坛举行祭奠仪式之前，人们便本能地向各地的山神献祭，尤其在他们要穿越或攀登这些山之前更是如此。他们在做必要的准备时有自己的一套迷信做法，往往要进行斋戒和洁身礼，以便能顺利通过山口，至于和尚、道士们有组织地在山上建庙修路，那是很久以后的事情。

---

① 西方的一个传说中，约瑟夫（Joseph of Arimathea）受到钉死耶稣的古罗马的犹太总督彼拉多的迫害，逃离耶路撒冷，他把圣杯藏在白色的锦绣衣服下面，路上又从白色的荆棘丛中砍了一根木棒做手杖。
② 墨林（Merlin）是亚瑟王传说中亚瑟王的顾问，是一个魔术师和预言家。
③ 阿渥伦（Avalon）是亚瑟王传奇中的天堂岛，在西海，亚瑟王终老于此。
④ 沙特尔（Chartres）是法国北部城市，位于巴黎西南方。市内13世纪的大教堂为哥特式建筑的杰作，以其彩色玻璃和对称螺旋体著名。
⑤ 德鲁伊特教（Druidism）是古代高卢人与不列颠人的一种宗教。

具有"五齿之智"的学者现在是否应该更认真地来研究一下中国——这个庞大、专制和不朽的中国呢？某个似乎牙齿还没有长出来的人却花了不少时间去探讨短暂而浅薄的激动所引起的转瞬即逝的泡沫。这一研究显然还不够深入，并不足以阐释中国农民古朴的思想，但这一努力将继续下去，它表明了占世界上五分之一的人口长期以来的发展趋势。作者并不敢声称已就此得出科学的结论，但本书或许会使更有才干的研究者认识到在中华大地上所蕴藏的可能性，因为那儿生活着世界上最伟大的人民。

目 录

第一部分
青色的东岳泰山

第一章　泰山脚下的五个数字　　003

第二章　攀登泰山的五个阶段　　049

第三章　岱顶的五个部分　　112

第二部分
赤色的南岳衡山

第一章　朝圣　　151

第二章　南岳脚下的神街　　163

第三章　登上南岳　　181

第四章　英雄与神仙　　201

第五章　石油圣经学校　　207

第三部分
黄色的中岳嵩山

第一章　神圣的城市　　213

第二章　周围的风景　　234

第三章　嵩山的历史　　247

第四章　与嵩山相关的其他名人　　252

第五章　两种君子，以及第三种　　261

第四部分 **白色的西岳华山**	第一章	乘坐火车、轿子和驴子	267
	第二章	睡仙	285
	第三章	从峪口到青柯坪	395
	第四章	从青柯坪到金殿	311
	第五章	参拜白帝的最佳场所——山顶	331

第五部分 **黑色的北岳恒山**	第一章	乘坐牢固的马车	351
	第二章	八角形的圣城，儿童的都市	362
	第三章	获得《恒山志》的那天晚上	373
	第四章	攀越神溪	383
	第五章	从永生旅店到黑门	397

后记　　　　　　　　　　　　401

第一部分 青色的东岳泰山[①]

泰山

[①] 第一部分中有关泰山的众多引喻，在查证地方志的出处上得到了一位专家，即泰安学院泰山研究中心的周郢老师的慷慨帮助，特在此对他表示非常感谢。

第一章　泰山脚下的五个数字

（1）帝王从北方都城来东岳朝圣

泰山是天下第一山，身处天下第一城的人必然要到此一游。这是历代最高统治者的惯例，而效仿前代帝王的举动一直被认为是值得提倡的事情。

很多皇帝都曾从都城来到东岳，他们可能是代表天下臣民来祭祀泰山并且表达自己的虔诚。其中有四位帝王的题词被铭刻在摩崖石刻和石碑上，它们的拓片和译文在下面将会有详细的介绍。有六位帝王的东岳朝圣值得我们略加注意，他们都是在过去的18个世纪中完成此行的。

至于4000年前尧帝的朝拜，没有可靠的文字记载流传下来，但这一传说至少可以证明人们对泰山的崇拜具有极其悠久的历史。在《泰山志》第十一卷中有汉章帝元和二年二月二日（公元85年3月）的诏书，此时正是罗马皇帝图密善①在位期间，而耶稣十二使徒中的健在者年龄都已超过了70岁。

诏曰：

朕巡狩岱宗，柴望山川，告祀明堂，以彰先勋。其二王之后，先圣之胤，东后蕃卫，伯父伯兄，仲叔季第，幼子童孙，百僚从臣，宗室众子，要荒四裔，沙漠之北，葱岭之西，冒酚之类，跋涉悬度，

---

① 图密善（Domitian,81—96年在位）是开始统治不列颠的罗马皇帝。公元89年以后，他因专横暴戾的统治最终导致自己受到得到皇后和廷臣默许的一位被解放的奴隶的刺杀。

陵践阻绝，骏奔郊畤，咸来助祭。祖宗功德，延及朕躬。予一人空虚多疚，纂承尊明，盥洗享荐，惭愧祇慄。《诗》不云乎："君子如祉，乱庶遄已。"历数既从，灵耀著明，亦欲与士大夫同心自新。其大赦天下。诸犯罪不当得赦者，皆除之。复博、奉高、嬴，无出今年田租、刍稿。戊寅，进幸济南。三月己丑，进幸鲁，祠东海恭王陵。庚寅，祠孔子于阙里，及七十二弟子，赐褒成侯及诸孔男女帛。壬辰，进幸东平，祠宪王陵。甲午，遣使者祠定陶太后、恭王陵。乙未，进东阿，北登太行山，至天井。夏四月乙巳，客星入紫宫。乙卯，东驾还宫。庚申，假于祖祢，告祠高庙。

500年以后，性情暴躁的隋文帝杨坚即位，尽管他的势力没有达到广东附近的沿海地带，但他可以说是首先把各个王国重新统一为一个庞大帝国的皇帝。在他统治时期出现了饥荒，在当今陕西省所在的那一地区情况更为糟糕。这位皇帝下令将那里的人向东南迁移到河南，靠近他的都城洛阳；不难想象，灾民的遭遇是多么悲惨。杨坚认为这场灾难是上天表示出的愤怒，他便承担起责任，代表自己的人民公开承认罪过。大家都知道嵩山就在都城的附近，移居河南的难民必须从那儿经过，但是嵩山似乎还不够神圣，难以满足皇帝的目的。尽管自己家中可能就有同样好的东西，但往往是距离远一些的更具有吸引力。杨坚决定长途跋涉去泰山朝圣，为自己国家赎罪而献上祭品，祈求结束当时的灾情。此后第三个月，他的祈祷得以应验，庄稼获得了丰收，麦收刚开始就有许多流浪汉返乡，就像《旧约》中的拿俄米①那样。

不久以后隋朝灭亡，下一个朝代唐朝的疆域已经扩展到了现在的边界。杰出的高宗皇帝开始遍访所有的圣山。这一次他也同样根本没有考

---

① 拿俄米（Naomi）是《旧约·路得记》中路得（Ruth）的岳母。

第一部分 青色的东岳泰山 | 005

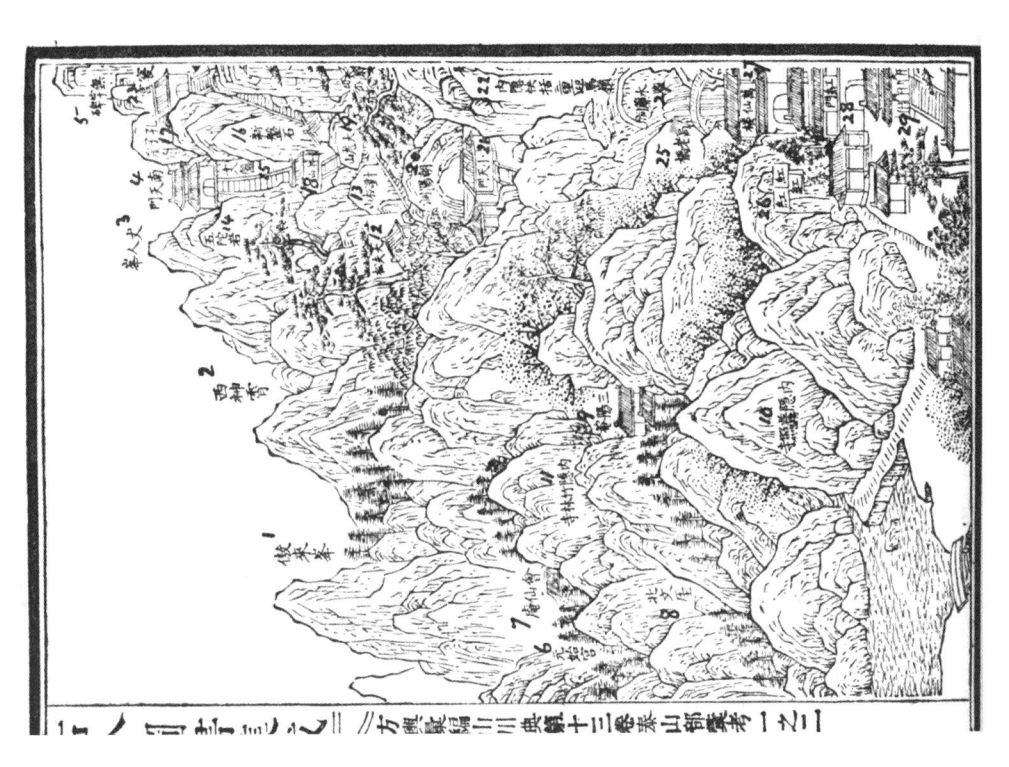

东岳泰山图

虑在地理上的便利。他从新立的都城长安（即现在的西安）出发，朝大海的方向前行，就此开始了去泰山朝圣的旅程。他登上泰山的山顶后，在那儿举行了神圣的祭祀大典。此行还引出了一个颇具人性化的故事，完全不像古代史书中所常见的官样文章那样死板。一个关于"和睦家族"的故事传到遥远的都城，据说有一个上千口人的家庭，从未发生过吵架这样的事情；女人们都没有嫉妒心，孩子们不会去抢夺别人的玩具，甚至连他们家的狗都不去偷主人朋友家的骨头或对着他们吠叫。这个家庭与皇宫形成了巨大的反差，高宗慕名前去打探这一幸福家庭的奥秘。在向大圣人孔夫子的墓地致礼以后，他觉得可以把自己的帝国事务放在一边，去访问那个和睦家族的族长。他很坦率地表白自己想知道这一奇迹是怎么出现的。这个家长在一卷纸上写了一百个字，并将它交给了这位威严而又焦虑的客人。第一个字是"忍"字，最后一个字也是"忍"字；不，应该说这同一个字重复了一百遍；家庭和睦的秘诀就是一个字——"忍"。

五代时期的一位皇帝有过一次不寻常的冒险经历。在他来东岳朝圣时，随从中有一个叫敢当的文人[①]。就像从尼古拉斯到拿破仑的其他许多皇帝和从福尔[②]到麦金利[③]的许多总统都会遭遇到的那样，有刺客企图刺杀皇帝。但敢当敏捷地从他的长袖中取出一根铁棒，挡住了刺客的攻击，自己也为此付出了生命。为了表示对这个忠诚臣民的感激，皇帝让人为敢当竖起了一块石碑。随着时间的推移，许多地方纷纷仿制这个石碑，越来越多的人缅怀敢当保护皇帝的事迹。在他献身400年以后，几乎每个城市都可以看到刻有"石敢当"三个字的石碑。后来，人们对

[①] 此处作者误把敢当视为文人（原文为scholar），大概是因为古籍中称其为"士"。但历史记载和传说中的敢当是五代时的一个勇士。"士"在古代并非专指文人学者，也包括武士。

[②] 弗朗索瓦·费利克斯·福尔（Faure，1841—1899）是法国第三共和国时期的总统（1895—1899年）。

[③] 威廉·麦金利（McKinley，1843—1901）是美国第25任总统（1897—1901年）。他在纽约州的布法罗市被无政府主义者刺杀。

他本人的记忆逐渐淡漠,并因为这些石碑原先都是用泰山上的石头做成的,所以在石碑的字前加上了"泰山"这两个字,所以这些石碑上都刻着具有象征意义的"泰山石敢当"这五个字,意为"这块泰山石可以辟邪"。以后它们的作用越来越密切地和这座圣山的魔力联系起来,最终人们认为它们的作用超出了上面这五个字本身。今天如果有一个人从十字路口走来,看见正前方的路上竖着一块石碑,上面绘了一个龙头图案,并且刻了那五个字,意思是行走如飞的魔鬼在这儿已经被制服,不会再对人造成伤害。此时见多识广的文人就会回忆起1000年前他的前辈是多么勇敢,他自己也会决心在危急关头要表现得同样警惕和奋不顾身。其他还有多少人能在死后享有这样的待遇,即在每个城市都有其纪念碑,并且在多年以后还有人在不停地为其立碑呢?谁能像泰山的敢当那样拥有上万块墓碑呢?

　　无畏的敢当献出生命已经上千年了,这期间中国历经各个朝代的兴衰。当远在西方的一个小岛上苏格兰的斯图尔特王朝摇摇欲坠时,中国的明朝统治者正被迫对付叛乱,顺治帝率领旗人越过长城平定了叛乱。有一个幽默的说法,顺治帝在平叛以后觉得很疲惫,环顾四周,想寻找一个舒适的座位,结果他找到了,那就是北京紫禁城里的御座。明朝灭亡了,顺治帝,成为第一位入主华夏的满族皇帝。他在位18年,死后和先人葬在一起,这位满族皇帝长眠在富丽堂皇的墓中。在他死后,一个关于盆中男孩的离奇而有趣的故事开始流传了起来。①

　　一个神仙携带着放有一个男孩的木盆从天而降,将其小心地放在鸭绿江水中。当这个木盆沿江漂流时,另有一个来自天上的保护神仔细照管着它,这也是肉眼凡胎的人所看不见的。在威力无穷的神仙引导下,

---

① 顺治皇帝6岁登位,入关时不过7岁,如何平叛?又何来勇敢善战?此处关于顺治帝的文字,当指的是其教父多尔衮。

广西石面村附近的泰山石。盖洛，摄于 1909 年 11 月

这只脆弱的小舟沿鸭绿江静静地向黄海漂去。一个贵妇人及其侍女们看见奇怪的小舟漂过来，里面还有一个婴儿在开心地嬉笑。她喊来侍从，把小舟拖到岸边，从凶险的急流中救出了上天赐予的珍贵礼物。她小心地照料他，把他带回家中，让他接受满族的教育。这就是这位顺治皇帝的身世。他勇敢善战，从关外起兵进入长城，并在旗人的簇拥下，奠定了中国大地上的满族政权。

就这样，新的统治者试图让这样一个故事流传开来，以便让人相信他们的出身是神圣的，并且得到了神仙的呵护。随后另一个机遇降临到了康熙帝身上，他是这一皇族入关后的第二位帝王。在鼠年正月十五日，有人呈上奏章，恳请他到泰山朝圣和焚香。他谦逊地做出答复，称其祖上积德甚厚，然而功劳并不在自己身上。他虽然不辞辛苦地巡游过北京周边地区，但从未去过东南沿海地区，在征得皇太后和母后的许可之后，他将弥补这一缺憾。于是鼠年九月二十八日，他便乘坐青龙御驾从北京动身，半个月后抵达泰山。他并不满足于只在山脚叩头，而是沿着古老的盘山道拾级而上，登上极顶，亲手触摸了秦代的"无字碑"，然后又到达了"孔子小天下处"。他在山顶上住了一夜，欣赏月色，赋诗自娱。接着灵感降临，他突然想到把百姓对泰山的虔诚转化成对清皇室效忠的一个方法。于是学者们奉命搜集以前皇帝游泰山的记载，占卜者则为他选择从北京出发和到达泰山的吉日。学者们为他提供这方面的原始材料，他据此巧妙地写出一篇祭文，不仅提到了自己的神圣出身，而且在清朝政权与东岳泰山之间建立起一种自然的紧密联系。就这样，题为《泰山龙脉论》的美文便适时间世了，作者就是圣祖，即仁慈的康熙皇帝。

> 古今言九州山脉，但言华山为虎，泰山为龙。地理家亦仅云泰山特起东方，张左右翼为障，总未根究泰山之龙于何处发脉。朕细

考形势，深究地络，遣人航海测量，知泰山实发龙于长白山也。长白绵亘乌喇之南，山之四围，百泉奔注，为松花、鸭绿、土门三大江之源，其南麓分为二干，一干西南指者，东至鸭绿，西至通加，大抵高丽诸山，皆其支裔也。其一干自西而北，至纳禄窝集，复分二支。北支至盛京，为天柱隆业山，折而西为医巫闾山。西支入兴京门，为开运山，蜿蜒而南，磅礴起顿，峦岭重叠。至金州旅顺口之铁山，而龙脊时俯时现。海中皇成、鼋玑诸岛，皆其发露处也。接而为山东登州之福山、丹崖山，海中伏龙，于是乎西南行八百余里，结而为泰山，穹崇盘屈，为五岳首。此论虽古人所未及，而形理有确然可据者。或以界海为疑。夫山势连属而喻之曰"龙"，以其形气无不到也。班固曰："形与气为首尾。"今风水家有过峡有界水。渤海者，泰山之大过峡尔。宋魏校地理，说曰："傅乎江，放乎海。"则长白之龙放海而为泰山也固宜。且以泰山体位，证之面西南而背东北，若云自函谷而尽泰山，岂有龙自西来而面反向西乎！是又理之明白易者晓者也。

这最后一点所指的是中国地理学家关于各大山脉天然走向的说法。但康熙帝在探究一条山脉走向方面表现出非凡的洞察力。该山脉一直向黄海延伸数里，只有几座高峰露出海面，实际上不管在满洲还是在山东，这些山都是一个整体。这个结论非常大胆，是否就像把约旦谷地、死海、阿卡巴湾、红海，以及从维多利亚的尼亚萨湖①到坦噶尼喀湖②的一系列湖泊都看作互相连接的一个长峡谷那样呢？康熙帝在他的前世是否曾经目睹岩浆从苏格兰西部高地滚滚涌出，在海面上裂变形成现在的

---

① 尼亚萨湖（Nyanza）位于非洲东南部。
② 坦噶尼喀湖（Tanganyika）是在非洲东部坦桑尼亚境内。

岛屿，而且，它还要攀缘而上，从咆哮的海面之下攀缘而上，一直攀上爱尔兰岛海岸，才再度进入人们的视线，成为贾恩茨考斯韦角①呢？无论是在阿盖尔区的斯塔法洞穴，或是在阿尔斯特的海岸上，那岩浆都像是一条吐着漫天烟雾的火龙。

康熙帝在地质方面具有敏锐的洞察力，在神学方面也颇有天赋。正是他颁布了著名的《圣谕广训》，②他的继任者雍正皇帝则下令在全国范围内，每半个月就要公开诵读。如果百姓都能相信他们所崇拜的圣山不过是发端于满洲，沿地面和水下向前爬行的巨龙的龙头，他们就会更加心甘情愿地接受一个大清皇帝的统治。

因此，当他去见先人以后，他的遗体躺在皇家陵园里，而他的后人则在同一座古老的圣山举行了同样的国祭。出于对宗教理想的极其尊重，清皇室选派皇帝的第五个儿子前去朝圣，皇四子弘历特地修书一封，作为对于他的指令：

> 吾弟力学敦修，不敢自懈于圣人之道者，有年矣。今奉命往祭阙里，瞻宫墙之数仞，则欲得其门而入，以见宗庙百官之美也。对圣貌之巍巍，则思温厉恭安，如在其上而自省其躬修也。游礼乐之区，想见金声玉振之气象。是行也，不益以增其向往服行之心，而为有生一大快乎？皇父犹有后命，吾弟祭阙里毕，即往致祭岱宗，吾弟往哉。昔孔子尝登泰山而小天下，孟子述之。盖谓得登圣人之堂，与闻圣人之精深广大，则诸子百家群言，皆小也。犹之登泰山之高者，得观嶔岑峻极，则崶巇培塿，皆不足言也。吾弟既登圣人之堂，又登泰山之高，诚敬之日积，仰之日深。视瞻之广

---

① 贾恩茨考斯韦角（Giant's Causeway）位于北爱尔兰北部，是一个由柱形玄武岩所构成的海角。

② 参见盖洛的《扬子江上的美国人1903》一书。——原注

阔，胸次之豁然，古文人学士所谓游名山大川以助其文思笔力者，又乌足云哉。①

后来皇四子弘历正式登基。现存《泰山志》第三卷记录了他对这次虔诚的祭祀的殷切期望，不只表现出对其兄弟的关照，也显示出此行对其年迈的母后别有意义。这份诏书是乾隆三十五年（1770年）四月发布的：

  上谕：前以富明安面奏山左臣民，情殷望幸。且泰安岱庙及碧霞祠宇，俱重修经修理落成，明岁正属圣母八旬圣寿，慈意亦欲亲诣拈香。因允其所请，并谕令富明安一切务遵俭约，断不可稍事华饰靡费。谅该抚自当体会朕意，善为经理。惟入山东境内，前往泰山、曲阜，陆程尚有数日，前经富明安奏明，添设行宫数处，以供顿宿。因念圣母年高，瓦屋较毡庐更为合适，且可省运带行营城分之繁，姑允所请。然所经不过一宿憩留，但期墙宇粗完，扫除洁净足矣，断不必点缀水石，布置亭台，徒致耗费物力。再，泰山径路，陡峻萦纡，将来圣母临幸时，但诣岱麓神祠瞻礼，并不远跻崇岳，毋庸于山顶另建行宫。至朕登岱经由道路，只须就现成山径略为除治，足资策骑，总不得仿照从前搭盖天桥，重劳工作。着传谕该抚，务须遵旨，撙节妥办，不得稍涉踵事增华，以负朕意。钦此。

难道只有200年前的清朝帝王才可以去东岳朝圣吗？在首善之区（北京），我们也制订过到作为帝国屏障的长城去进行考察的计划；同样

---

① 此书信收入清《泰山志》卷三。

泰安城北门外通往太宗牌坊用来朝圣的石板路上,一位泰安的农民在休息。

岱庙的阎王殿。由于屋顶已漏水，人们便用席子罩在阎罗菩萨上面。盖洛 摄

是在这里，我们探访大江①这一贸易通道之行得到了清皇室的许可和保护；现在也让我们从这儿动身去考察作为五岳之首和古代宗教中心的泰山。沿着农夫、帝王、红灯照和赤眉军的足迹，我们终于到达了东岳泰山，这一天正好是五月五日②。

（2）泰安，平安之城

每一座圣山的山脚下都有一座城市或小镇，城镇与山之间具有一种非同寻常的关系。每一座圣城的城墙之内都会有一座庙宇，庙宇与这座山之间也有特别紧密的关系。对于泰山来说，泰安这座城市就是依附于泰山的，泰安城内也有一座关于泰山的岱庙。请注意中国的这个习俗是多么具有特色。南太平洋一带也有一座圣山，那是一个由滚滚岩浆喷出的火山，但它的名下没有城镇和庙宇。在意大利，维苏威火山③也够声名显赫了，但庞贝古城非因它而得名，在那不勒斯也没有任何为它而建的庙宇。罗马的七座山非常有名，但罗马城是建在山上，而非在其脚下，城内庙宇繁多，但没有一座是专为帕拉廷山④而建的。在中国我们可以发现，每一座名山的脚下都会有一个城镇，都是围绕属于圣山的庙宇而发展起来的。

---

① 大江是20世纪初人们对长江的称呼。
② 按中国的风俗，农历每年的三月三日、五月五日、九月九日都是登山的吉利时间。笔者在《中国十八省府1910》一书中另有描述。——原注
③ 维苏威山（Vesuvius）是一座活火山，海拔1281米（4200英尺），位于那不勒斯湾东海岸的意大利南部。公元79年的一次猛烈的喷发摧毁了附近的城市庞贝。
④ 帕拉廷（Palatine）是古罗马的七座山中最重要的山，传统上认为是最早的罗马殖民地的方位，它是许多帝王宫殿的所在地，包括由提比留斯、尼禄和图密善建造的一些宫殿。

位于泰山南部山脚下的城市称作泰安，①意即太平安宁。这让人联想起一个古代巴比伦名称——耶路撒冷，②意为平安之城，这座建在巴勒斯坦的五座山上的圣城已经有几千年的历史。泰安这座城市的历史也相当悠久，但无法与西亚的城市相比，因为它不过是泰山的附属物。泰安城有记载的历史大约有1000年，但此前一个神圣的村落已经在这里存在了数千年，留有多处遗址。400年前，泰安城经历了一次重修，用石墙代替了土墙，城墙周长约7里，城壕宽30③，深20英尺，四面都有城门。它的最后一次重修是在乾隆十三年，先前我们已经注意到了这位皇帝对于古文物的虔诚。自乾隆时代之后，泰安城的四面城门分别被称为迎暄门、泰安门、岳晏门和仰圣门。我们从西面的岳晏门进城，接着登上了朝北的城墙。

可拉④的子孙们曾这样描述他们的平安之城：

---

① 泰安府这个城市原来叫作太岳镇。在宋代的开宝五年（972年），咸丰县城就建在这个地方，后来该县城从那儿搬走。在大中祥符元年（1008年），这个镇的名称改为封符（Feng Fu），在旧城东南三里处建立了新城，旧城随即被遗弃。在金代大定二年（1162年），该城又被移回了原址……并且在那儿一直存在到明朝。明代嘉靖时期，济南府守备王允星受命用石头重建城墙和城楼，以取代土建的旧城墙。"城墙周长七里又六十五尺……高二十五尺，厚二十尺。城壕宽三十尺，深二十尺。"

据记载，该城有四个城门，其名称分别为："东门，清封；西门，王封；南门，咸封；北门，登封"（这儿的"封"跟表示祭祀天地的"封山"头一个字相同）。

1553年，城墙修缮完毕；1639年，在城墙的四个角落又添加了四个周长为三十英尺的角楼，其塔楼高达五十英尺。城市坐落在泰山脚的斜坡上，其东北面是一片荒地。1654年，百姓们被鼓励在此建房，于是城外便出现了一个郊区。1748年，即乾隆十三年，泰安知县收到了重建城墙的御令，其高度、厚度和广度均与以前一样。城门的名字改称如下：东门是迎暄门，西门是岳晏门，南门是泰安门，北门是仰圣门。后者面对圣山……他还在四个城门之上加盖了城楼，以及四个护城河桥。1774年，由于城墙上的雉堞年久失修，官府向士绅和民众征税，用以修缮。——原注

② 耶路撒冷（Jerusalem）是巴勒斯坦中部的一个城市，它是古代巴勒斯坦的首都，基督教和伊斯兰教的圣城。

③ 1英尺≈0.3048米。

④ 可拉（Korah）是《圣经·旧约》中的人物。

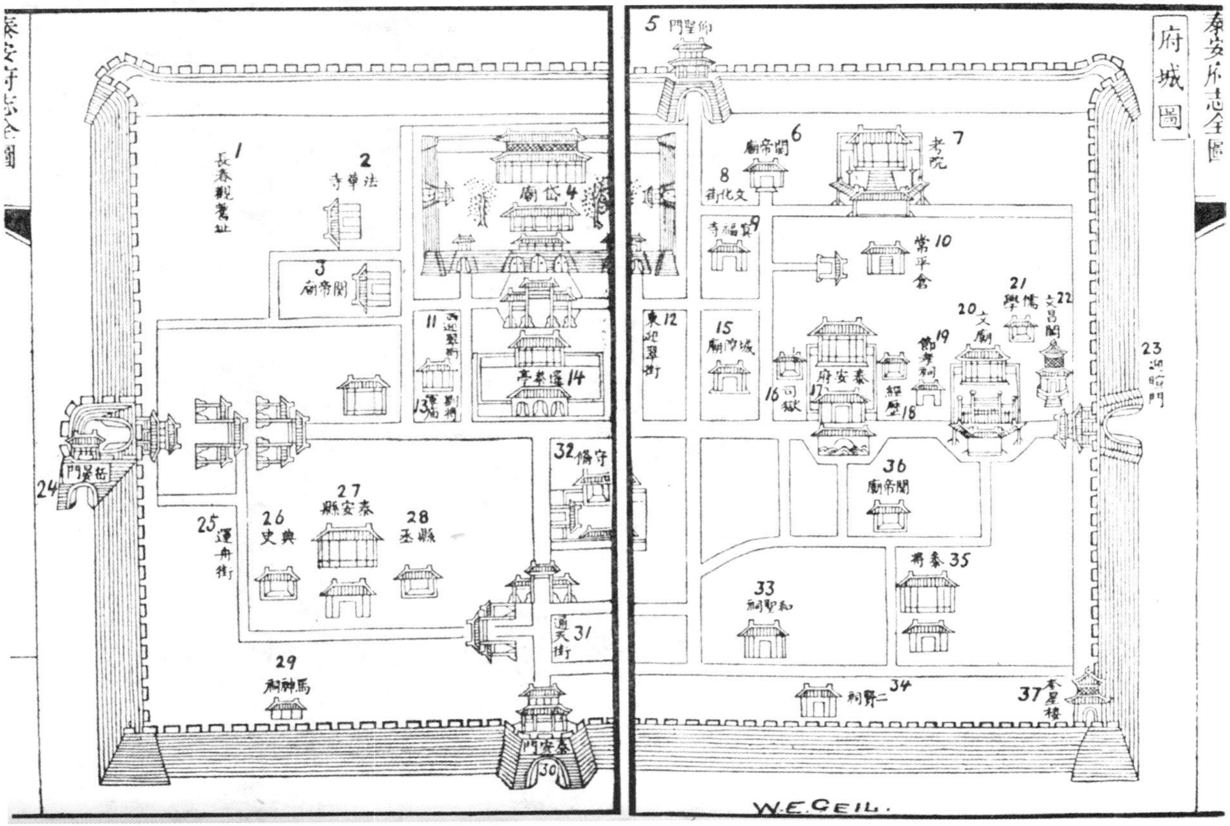

泰安府城图

图中的地点名称：1. 长春观旧址；2. 法华寺；3. 关帝庙；4. 岱庙；5. 仰圣门；6. 关帝庙；7. 考院；8. 文化街；9. 昊福寺；10. 常平仓；11. 西迎翠街；12. 东迎翠街；13. 刘将军庙；14. 遥参亭；15. 城隍庙；16. 司狱；17. 泰安府；18. 经历；19. 节孝祠；20. 文庙；21. 儒学；22. 文昌阁；23. 迎暄门；24. 岳晏门；25. 运舟街；26. 典史；27. 泰安县；28. 县丞；29. 马神庙；30. 泰安门；31. 通天楼；32. 守备；33. 和圣祠；34. 二贤祠；35. 参将；36. 关帝庙；37. 奎星楼。

泰安岱庙的五峰楼

岱庙最高处庭园内的汉代古树。盖洛 摄

在锡安山①下漫步游览,流连忘返,仔细辨认那儿的各个塔楼,察看那儿的堡垒,端详那儿的宫殿,这样以后你就可以把这一切告诉下一代人。

这真是一个绝妙的建议,我们不由得把它和眼前这个东方的平安之城联系起来。在城墙上绕着走一圈并不让人感到疲劳,因为总共只有十里的路程,还可以俯瞰全城,只有在英国的伦敦德里②、切斯特③、约克和美国一些已经被遗忘的西班牙人所建城堡里才可以这么做。西城门上面的亭子吸引我们立刻按动照相机的快门,随后我们朝泰山方向眺望,直到刷在路面上的一些汉字引起了我们的注意。是不是有英雄人物埋葬在这儿,为此在路上铺了墓碑或纪念铜像呢?答案恰恰相反,在反日爱国热情迸发的时候,人们将那个暴发户国家的名字写在地上,任人践踏。不知美国南方几个州有胆识的制鞋商有没有意识到,如果在鞋底印上敌方的国旗,可能就会销路大增呢?泰安城墙的东南角有一座奎星楼,这是城墙上的观景亭,尽管衰败不堪,但人们站在上面,可以把泰山的风景尽收眼底。如果放眼城墙内喧闹的城市,还可以看到许多其他景致,而黄色琉璃瓦屋顶的岱庙显得格外令人注目。泰安在本质上是一座圣城,人们对于宗教的兴趣高于一切。这跟广州有天壤之别,那是一个商业中心,其显著标志是庞大的货栈及当铺的摩天大楼。这个城市是多么拥挤啊!整个面积不过200英亩,庙宇又占了很多地方,却有两万人在这儿居住。

"泰安好似一个香炉",一个来此游览的诗人曾如是描述。很久以后,

---

① 锡安山(Zion)作为犹太人的象征,是耶路撒冷城的一块圣地。
② 伦敦德里(Londonderry)是北爱尔兰西北部的一个自治社区,位于贝尔法斯特市西北。它建在546年圣哥伦巴所造的一所修道院遗址上,现在是一个港口和制造业中心。
③ 切斯特(Chester)是英国中西部的一个城市。罗马人曾在此修筑城堡。

飞机使得人们可以真正地鸟瞰泰安城，证明这个比喻是十分恰当的。看过这一地区的地图后，想象力丰富的人们禁不住会觉得泰山就像一座矗立在此地的巨大神像，而泰安城则是一个香案，上面放着一个铜制香炉，香炉里插着几根香。在此地的一座庙宇里，望着烟雾从香案上的香炉中袅袅升起，人们不由会产生幻觉，此时会轻易觉得香案变得越来越大，直到覆盖住整个城市；而眼前奇怪的神像也变得越来越大，直到像泰山一般大小。其实，泰安城真算得上是这座圣山的香案，而对于泰山的祈祷文从来都是献给一国之神的。下文可以见证皇室对岱庙的关注：

上谕：

山东泰安州神庙，奉祀东岳泰山之神，历代相传，灵显昭著。佑庇万民，俾国家享升平之福者，明神之功德，其来久矣。远近人民，感荷默佑之恩，焚香顶礼，罔不虔肃。其庙宇重修于康熙十二年，距今五十余年矣。兹据巡抚费金吾奏称：庙宇盘道，有倾圮颓坏之处，应加缮葺。山路亦当修整，着发内帑银两，命内务部郎中丁皂保、赫达塞前往督工，敬谨修理，务使庙貌辉煌，工程坚固，速行告竣，以副朕为民报享之至意。

特谕，钦此。

雍正七年（1729年）

值得注意的是，从国库提取的银两没有清楚地列出清单，这就为腐败打开了方便之门。这件事从侧面说明了发生在雍正时期的"移花接木"行为。用于其他目的的银两会使人手痒，别以为用来为寺庙疗病的钱就能幸免。

王思任的游记为我们描绘了这个地方的另一幅图画："人身七尺，眼仅寸余；所见者百里而域：泰山有丈目，即可以通万里，乃其躯四千丈，当如何视由旬耶？"如果这只是一道算术题，我们可以语气温和地指出，其实视距和眼睛的尺寸并没有多大关系。还可能会进一步补充说，一个六尺高的人在乡间平地望不到三里之外——远远达不到100里。最后可能这样回答：4000尺的高处，目力可达77英里，足可以看到西北方向的黄河和西南方的大运河。王氏把泰山看作巨人要比康熙皇帝把它视为一条龙更加恰当。这种说法可能还会有另外一种奇怪的功效：朝圣者在登山过程中一向小心谨慎，决不会吐痰，他们是否担心这个巨人会进行报复呢？要是火山吐出岩浆，可能真的会把朝圣者和整个泰安城全部吞没。

有一个人和这位诗人同姓，他叫王叔明（Wang Chow）①，从事另一项艺术，即绘画。作为山水画大师，他在明代洪武年间名噪一时。人们往往会忘记中国画家的技艺是何等高超，以及日本画家是如何从他们那儿得到灵感的。王叔明在泰安有一所官邸，庭院后面是一座面对泰山的塔楼，王氏将其改成了画室。他将一块白布挂在墙上，开始面对圣山作画，确信此作将使自己名垂青史。但是一个人欣赏美景时的艺术感悟有时候并不意味着在描绘这一景致时就会得心应手！王叔明在画布前辛苦工作了整整三年，深深体会到自己没有能力再现眼前的壮观景象。日复一日，他目睹月亮一次次升起、降落，并且照亮了东岳泰山。然而一次次的失败让他沮丧万分。有一天，当雪花刚刚开始飘落的时候，一位姓陈的画家②来看他。王叔明早就发现再现雪花嬉闹的意境是可能的，现在他迫不及待地想把飘飞的雪花这一意象传达到画中。其中有值得他孜孜以求的特殊象征意义，因为白色是哀悼死者的颜色，而泰山是天下灵魂的归宿。他要让一层朦胧的白色绉纱覆盖泰山！王叔明向陈氏袒露了

---

① 又名王猛，明朝洪武年间任泰安知府时绘《岱宗密雪图》。
② 似乎应是松江学正张廷采。

自己的灵魂，提出了自己的构想，同时承认自己无法在画中体现这一构想。陈氏思考片刻，随后，就像阿基米德①一样，突然大喊一声："有了。"他将一张小弓加以改进，用白垩和鬃毛调制好颜料，把它先涂在弓弦上，然后拉动弓弦，让颜料随意洒溅到画上。画家在一旁看得目瞪口呆，对于突然在画中完美地显现出"变成了白色的空气"大为惊异，对此表示赞许，并决定就此定稿。在此后许多年中，这幅《岱宗密雪图》备受推崇。在画廊中，或者像王、陈二人那样独居塔楼时，欣赏美景，要比像诗人李太白在山坡遇雨时灵感尽失不知要好出多少倍；孔子的农家弟子曾参在泰山脚下停留十日，因为积雪无法前行时，并没有感到丝毫不便，反倒通过音乐和对家乡的思念来寻求安慰，这与王氏有多大不同啊！

泰安的地方志记录了一个年轻小伙子和一个老妇人的故事。那个年轻人叫张志伟，其父胸有大志，为他取了这样一个名字。小家伙很小便学习识字，据说到6岁时就能读"五经"，由于"五经"包括了数千个汉字，因此有这样的记忆力是很了不起的。或许他只是记住了这些字的发音，并不能辨认这些字。12岁时，他入了道教，居岱麓会真宫。显然他走的是自己的道路，其理想与父亲的愿望大相径庭，他并不渴望世俗的高位，而是致力于追求知识和美德。因此他听从命运安排，最终凭借生活中的高尚行为而引起皇帝的注意。元朝开国皇帝赐其穿紫袍的权利，后令其改名为张志纯，意为"渴望纯洁"，进而赐号"崇真保德大师"。

他的故事记录在《泰安志》中，与毛仙姑相提并论。毛仙姑自幼接受道教礼仪的熏陶，后立誓出家为尼，筑庵于徂徕山，潜心修行，偶尔作诗。她于延祐二年十一月十九日（1315年12月15日）圆寂，临终留下短诗一首：

---

① 阿基米德（Archimedes，约前287—前212）是古希腊数学家、物理学家和发明家。

> 混处修持三十年，
> 是非海里了真缘，
> 如今撇下皮囊去，
> 拍塞灵空用自然。

她在当地享有极高的声誉，时任泰安定军节度使为其建了一座纪念碑，并刻上碑文。此后，这一山谷便被称为"毛老谷"，或"娘娘谷"。

在地方史志中还记录了周龙甲为林杭学的《泰山辑瑞集》所写的极有见地的序言。

> 夫泰山古多循良之官，如陈俊忠勇、李固恩信、皇甫镇静、韩韶赈恤、申恬德威并行、韦安石政平操洁，此其彰明较著者也。顾著述不传，千载而后，亦相与谓之曰能吏而已，孰有如果庵文章治行卓然不朽者乎？

这里我们遇到一个大问题：做事和传教哪个更为重要呢？大卫① 在他那个时代干过许多大事，在他长眠以后，如果不是留下了《诗篇》②，又会有谁去在意他呢？一个人毕生仁慈、乐于助人固然值得赞许，可是如果他没有教义流传后世，其影响会消失得多么快啊！过去的成就不正是在文学作品中才得以永远保存下来吗？这一点我们可能会接受，即使我们可以对我们的朋友林国安的真实作品，即一部泰山的祥异集，一笑置之。

另一个收入《泰安志》，为人们所铭记的重要人物是"老盘腿"，人

---

① 大卫（David），基督教《圣经》中记载的古以色列国王。
② 指《圣经·旧约》中的《诗篇》（*Psalm*）。

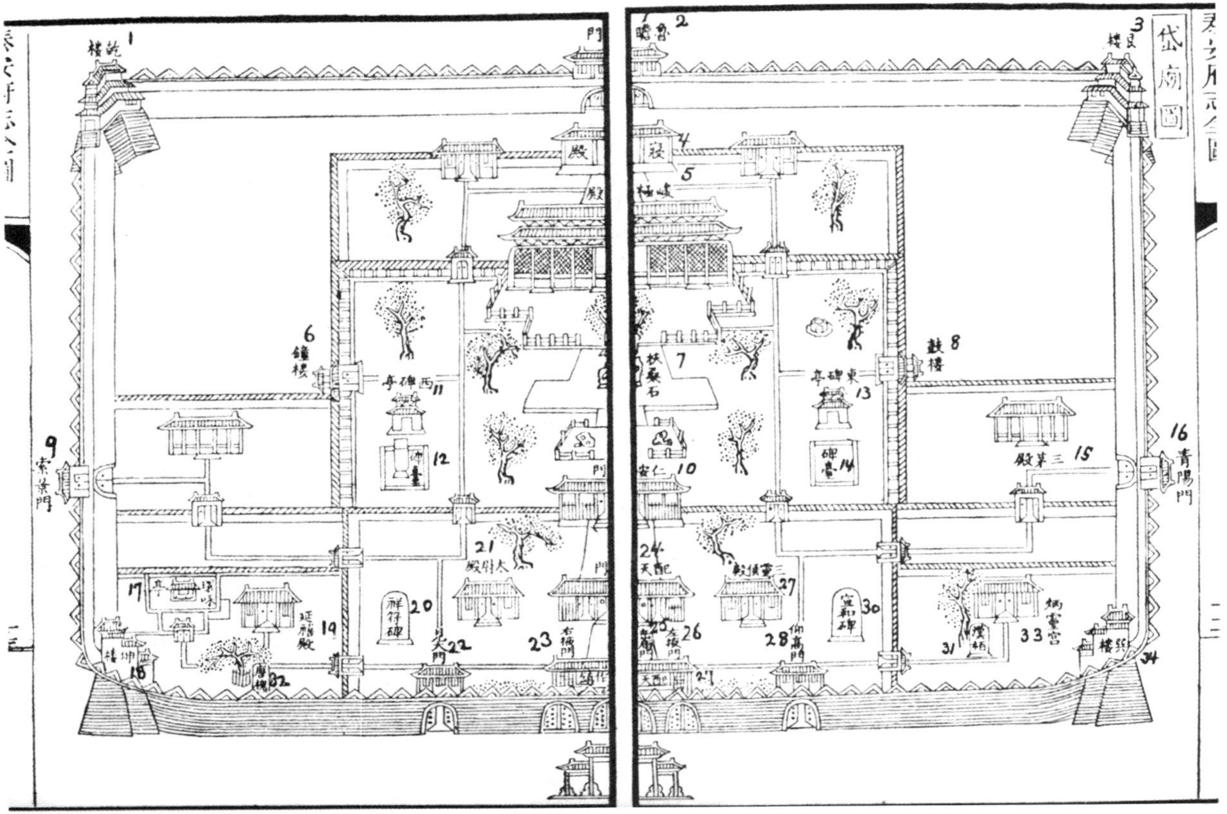

岱庙图

图中的地点名称：1. 乾楼；2. 鲁瞻门；3. 艮楼；4. 震殿；5. 峻极殿；6. 钟楼；7. 扶桑石；8. 鼓楼；9. 素景门；10. 仁安门；11. 西碑亭；12. 碑台；13. 东碑亭；14. 碑台；15. 三茅门；16. 清阳门；17. 道咏殿；18. 坤楼；19. 延禧殿；20. 祥符碑；21. 大蔚殿；22. 见大门；23. 右掖门；24. 配天门；25. 岳庙门；26. 左掖门；27. 配天作镇；28. 仰高门；29. 三灵候殿；30. 宣和碑；31. 汉柏；32. 唐楼；33. 炳灵宫；34. 巽楼。

们也称他为叩头僧。大家都不知道他来自何方，但他总是安坐于泰安灵派侯庙①中。晚上他盘腿而坐，通宵不寐，白天则漫游闹市街头，到处磕头，告诫人们要追求美德。"我告诫好人们"是他的口头禅。在耶路撒冷城存在的最后几年里，也出现过这么一个疯疯癫癫的人，整日大步流星地走在大街上，嘴里不停地喊着"苦呀！"。但泰安的这个叩头僧是一个与众不同的疯子，如果有人跟他搭话，问他要告诫人们什么，他就会这样回答：

> 我参方五十年矣，盖载内，胎生、卵生、湿生、化生，唯人为贵。具此灵性，便可立地成佛。莫能宝山历尽，虚过一生。②

他预测到了自己的圆寂之日。

"我告诫好人们"，他大声疾呼。就在人们参拜圣山的主要场所，这位僧人忠言逆耳，告诫善良的人们仅仅朝圣是起不了作用的。

我们在城墙上徘徊良久，从城楼上注视着小城，翻阅着地方志中有关的记录。城市的中心是它的庙宇，其中岱庙尤为重要。我们不要把岱庙和明堂混淆起来，后者是天子祭奠祖先的太庙，而且位于十里之外的地方。

《礼记》中是这样说的：

> 昔者周公，朝诸侯于明堂之位。天子负斧依南乡而立。三公，中阶之前；北面东上，诸侯之位，阼阶之东，西面北上，诸伯之国；西阶之西，东面北上，诸子之国；门东，北面东上，诸男之国……③

---

① 位于今岱庙西灵芝街南，始建于后晋天福六年（941年），元、清曾重修，今已无存。
② 见《新续高僧传》。
③ 引文出自《礼记·明堂位》。

这听起来好像是在告诉我们泰山"大学"下属五个"学院"的名称!

此后,岱庙经历了一次又一次的修复和重建。在我们面前有六道这一方面的御旨,其中的一道圣谕极为慷慨,对内务府下拨的用于岱庙修缮的银两不加限制。下面我们要完整地引述皇帝的一次巡游过程,包括整个的祭祀仪式。只要看一条简短的"圣谕"就足够了。它是于乾隆四十一年七月十一日颁布的,这一年正好是1776年。这道"圣谕"和发生在地球另一半球上的事件① 形成很有趣的反差。

惟神奠位东藩,表雄左海。瞻岩作镇,首隆五岳之封;触石为霖,广沛崇朝之泽。宗长之灵威无外,巍峨之气象弥尊。兹以两金川小丑削平,大功底定。振郊台之朱鹭,远荷宠麻;分躔野于苍龙,益滋鸿贶。谒岱既申夫典礼,告成再展夫明禋。荐此馨香,伏惟昭鉴。

人们往往会把注意力集中在有五个南门的岱庙上,那儿还有像乡村集市一般的院落,里面有许多出售小饰物、护身符、封禅图、旅行手册、巫术图和碑匾摹拓品的摊点,以及西洋镜和舞女的演出,但我们不该忘记,泰安还有其他许多非常有趣的地方。

洪章曾提醒读者,岱庙和泰安城不过是泰山的附属物,要欣赏泰山,正确的方法是绕山走一圈。在为汪氏《泰山志》② 题写的序言中,他说:"洪厓子章尝涉泰山之郊,顾瞻周回,神爽飞越。及得《志》读之,喟然叹曰:大哉!巍巍乎其天下之具瞻,而两间之巨镇乎?"

他不知道怎样才能表达出自己对于泰山之秀美和雄伟的赞美,正如

---

① 1776年,美国爆发了反抗英国殖民统治的独立战争。
② 很可能是指明代汪子卿所著《泰山志》。

唐代一位诗人①所言：

> 横看成岭侧成峰，
> 远近高低各不同，
> 不识庐山真面目，
> 只缘身在此山中。

因此，人们值得西行数里，换一个角度去观察东岳泰山，实际上，森罗殿②的景观也是令人难忘的。就这个地方本身来说，也是很值得一看的，义和团最早的组织，俗称"拳团"，就是在这一地区持红灯相聚、操练，由区区十个人逐步发展起来。义和团之所以能够发展壮大，是因为团民们都相信通过念一些咒符，可以做到刀枪不入。在义和团失败以后，他们即使在这里也蒙受了耻辱。我向寺庙的住持打听拳民因屠杀外国人而遭受什么样的惩罚，他便领我到森罗殿，去看那里的许多塑像，魔鬼正在把炙热的方形铁帽子戴在受难者头上。其原因就是他们失败了，但义和团这类团体正是在这种迷信气氛中产生的。

（3）得天独厚

人们最喜欢称山东省的泰安地区为"得天独厚"。我认为，这一颇有意义的称号用来描述齐鲁③大地可谓恰如其分。我们也曾认为"美国是上帝自己的国度"，所以这也促使我们去发现上述称号有什么根据。

是因其外部的风景而得名的吗？

---

① 应为宋代诗人苏轼，下面这首诗是描绘庐山景色的作品《题西林壁》，与泰山无干。
② 似乎指的是泰山南麓蒿里山、社首山之间的蒿里山神祠，又名森罗殿，创建年代无考。元、明时期曾经重修，后被毁，现已无存。泰山南麓岱宗坊东的蕻都庙（始建于明弘治十四年，清末废，已无存）和蒿里山神祠同为泰山两大地府神殿。
③ 按照《贸易史》的说法，泰山南面的地区称作鲁，北面的地区称作齐。——原注

确实，这儿有许多美丽的景致，可是攀登过落基山脉的人不会把天下第一的称号送给泰山；圣·劳伦斯运河①环绕一千多个岛屿，去过那里湖泊的人不会为微山湖所折服；密西西比河的大堤远远高出两岸的地面，在那儿乘过船的人看到高出两岸地面的黄河河道时会觉得不足为奇。

那么是因为这片土地出产的东西吗？

这儿的盐矿比美国大草原上的盐碱地也好不了多少，但应该说这儿的确出产我们所没有的东西。小麦我们都知道，荞麦我们也不陌生；可这些东西到底是什么呢？当然，这里也产水稻，其中一种红米品种有点新奇，但还不值得人们大惊小怪。这种羽毛般的草本植物是小米，人们已培育出黑白黄三个品种。它和另一种谷物有些相似，即黄色或黑色的稷，因其不在我们的食谱上，在英语中找不到它的名称。在所有的作物中，有两种最为我们注意，但它们最能打动我们的不是味觉，而是其他感官。黄色的油菜花使得周围的风景都亮丽起来，并且香气袭人，方圆九里之内都可以闻到这种宜人的气息。蜀黍②是普通人的粮食，但这种黑、白、红三种颜色相间的作物或许对来这个地区定居的德国人来说是有些吸引力的。可是芝麻的魔力又在哪里呢？它使我们想起了充满传奇色彩的时代，脑海里又出现了阿里巴巴和卡西姆的形象，还有莫尔基娜③用沸油对付强盗的故事。但中国的传说不是比巴格达的传说更有传奇色彩吗？看看泰安的一个食谱："取一些黑芝麻，煮沸九次，在阳光下曝晒九次，然后研碎揉入面粉中，做成饼，吃了以后，就会长生不老！

---

① 圣·劳伦斯运河（St. Lawrence）位于加拿大境内，深水航道全长 3769 公里，是世界最长的运河，船泊通航可从大西洋抵达五大湖水系。
② 应该指出"蜀黍"俗称高粱，或高小米。有一种白色的品种称作玉小米。——原注
③ 这三人均为著名阿拉伯文学作品《一千零一夜》中"阿里巴巴和四十大盗"这一故事的主要人物，卡西姆（Cassim）是阿里巴巴（Ali Baba）的哥哥，莫尔基娜（Morgiana）是卡西姆的使女。

芝麻会打开长寿之门！"

道教著作《福地志》宣称泰山上有许多灵芝和翡翠。《山海经》说："泰山上多玉，其下多金。"我们还应该提及《岱志》中的说法，"昔有者今无，或昔无而今有。志惟载其所有耳"，反之亦然。我们的地形学只关注实际存在的东西。

说完芝麻之后，似乎没有必要再去提白菜、黑豆、红皮土豆、绿色黄瓜、杂色甜菜、甘薯、大豆、洋葱、生姜、荷花、山药和其他众所周知的蔬菜，包括番薯，或俗称红芋和白芋的洋芋。地瓜就更不用说了。然而上述东西都不足以解释为何这个地方被称作"得天独厚"。

这里的水果也大都是常见的，其中桃子原产于本地，此外还有杏、樱桃、李子、梨、枣、栗子等。最珍奇的当数文官果①，不知道是因为它的外壳特别硬，还是因为在"文官"的壳破裂以后，会发现里面有一个"武将"，或者是因为文官果是一个口感很甜的果物品种。

在《泰山志》中收录的众多神秘草药中，有一种叫赤箭，即使刮风时，它也会昂首而立，在一片死寂中发出沙沙的声音。这种药草并不常见，但一旦人们发现它，就会用石头结果它的生命。这就像是蛇在草丛中沙沙作响，一看见就应该杀死，而它那箭一般的毒牙也会被连根拔下来。可能它就是天麻，可以入药，其幼芽被称为赤箭。另一种奇异的草本植物可以治火气重，通常称作祛火，尽管它还有一个更高雅的名字——亮天。

最名贵的药物是茯苓，由寄生在松树上的菌类调制而成。据《博物志》②记载，松树源自石精，沙子进入岩石缝隙之中，由此而生长出松树！3000年以后，松树又变回石头！（参看美国的化石松林）茯苓的

---

① 文官果又名文冠果，为我国特产树种，分布于我国东北及华北地区，是观赏兼油用的珍贵树种。
② 晋代张华著。

声誉让我联想起薄荷，薄荷创造的奇迹让我吃惊，当我还是"扬子江上的扬基佬"①时，就曾在云南发现这一点。

茯苓，和平的万灵药！它是这样调制而成的，先把松树砍倒，锯成五尺长的几段，然后埋在圣山上。在这儿，它可以获得以下两种属性之一：一方面，它可能会逃走。因此需要留神，别让它逃走。茯苓就像一个骗子！但另一方面如果经过了36个月圣山神奇力量的转化，它的颜色就会变白，随后就可以挖出，按五尺长的原状卖给药材商，后者再将其切成薄片。这种药材身上具有泰安这个平安之城的威力，因此它可以给病人带来安宁。茯苓会带来安宁！调制茯苓这种给人安宁的良药还有另一种方法，不过所需的时间要更长一些。这需要让松油渗入泰山上的圣土里，经过圣山1000年的提炼之后，便就形成了"茯"。至于这种调制方法，似乎从来没有人目睹过，况且也不可能确定它的真实年龄。《博物志》中说，茯苓是松树脂埋藏在泥土中1000年后形成的，再过1000年就变成琥珀。目前在泰山上仍然有茯苓，但已经没有琥珀。（注意，关于琥珀的这种说法还是相当准确的）

有一个著名的炼丹师名叫崔文子②，他"世好黄老"，能用泰山百药来配制成"黄赤散丸"。当一场瘟疫在齐鲁大地肆虐的时候，他奔波于各个市镇之间，手持一面三角形红幡，以药救人。"病人喝了他的药顷刻就得以康复"，《神仙鉴》称获救的人数多达一万。"黄老之术"是很有意思的。"黄老"是黄帝和老子（《道德经》的作者）的简称，他俩被视为道教的鼻祖，名字经常一起出现，实际上，老子所生活的时代要比黄帝晚2000年。

生活在这一块福地的生灵有哪些呢？是它们使得这儿有这样一个令

---

① 作者在关于中国的另一本书《扬子江上的美国人1903》中对此有详细的描述。
② 崔文子是汉代的泰山人，被道教尊为真人。

人骄傲的称号吗？很多小溪从岩石河床上哗哗流过，这些溪流中的鱼声名远扬——有银白色的，有红色的，还有黑色的；但许多打鱼人会满足于曾经垂钓过的池塘或其他的许多小河。更值得一提的要算那种能活1000多年的白蝙蝠，它们以"岩汁"为生，但没人真的见过这种白蝙蝠，无论是活的还是标本。至于猫头鹰、野鸽、声音像山僧一样优美的八哥和让捕食者感觉十分安全的红色瓢虫，似乎没有多少特殊之处需要描述。关于用两只脚行走的野兔的故事，即两只前腿不会行走，而两只后腿一跳就是20尺的故事，似乎让人联想起澳大利亚的袋鼠。那几乎可以肯定是跳鼠。当然，黄鼠适合在黄河盆地里生活，白狼经常光顾泰山，但它们还算明智，懂得远离人们摆放供品的地方。应该说，这里的动物和植物一样，都不足以使这个地方成为神的福地。

这样，此地之所以得天独厚，那肯定是因为这里的人了。就《阿维斯陀》古经①的研究者而言，如果说一个农民"谨慎而勤奋地耕作要比重复祷告一万次获得更多宗教上的功德"，这样的说法似乎是完全可以接受的。可我们不是在波斯，山不过是作为一个背景，茎块、野花、风景和鸟兽等只是附属物，人在这个大舞台上才是主角。作为一个本地人，孟子曾经提醒我们注意另一个著名的本地人孔子说过的话："里仁为美，择不处仁，焉得智？"②这无疑是本地居民自己做出的解释，谁会比他们更了解这些呢？这里的人非常质朴，他们的风俗很纯粹，生活很节俭。他们喜欢儒家的学说，接受两个大学者孙复和石介③的处世态度，并且看重节制和贞洁，鲁地的民众是"直人"。我被告知，四川省这个"天府之国"主要归功于李冰，他"受到了人民的真心爱戴"。收入了"至

---

① 《阿维斯陀》古经（Zendavesta）是一套完整的拜火教经文。
② 见《孟子》第七章，意为："里巷中有仁爱的风俗，人们便认为这个里巷好。选择住处时不知道选择这样的里巷，怎么说能是聪明呢？"
③ 二人是黄宗羲《宋元学案》中所指泰山学派的主要人物，他们在宋仁宗景祐年间在泰山开设书院，开此地书院教育之先河。

善之人至理名言"的《心鉴》①一书常常提到那些至少在这一福地生活过一段时间的名人的箴言。②

这一福地是中国历代许多伟人曾经长期或短期居住过的地方。两位大圣人，即孔子（前551—前479）和孟子（前372—前289年）都出生在此地。鲁班，木工的祖师爷，也是生活在这里。如果说后世的皇帝有了天桥，而鲁班，就像犹太人雅各③一样，早就有了云梯，而且那是他本人发明的，还可以自动升降，最长可以通往木星！他做工时极为俭省，身边从来都不会出现废木片。他留下的"不要浪费"这句值得称道的格言，至今仍然受到人们的推崇。如果听说这个地方发明了新东西，我们并不会感到奇怪。早在大将军刘备的时代，诸葛亮（在《中国长城》一书中我们有过介绍）就生活在这块福地，就是在这儿他制成了木牛流马，用来为军队运送粮草。也就是说，生活必需品应该被视为是神圣的，使用时须小心保护。很可能燔柴这一原始的拜神方式也是从泰山开始的。

《山海经》一书给予了泰山应得的荣誉，声称泰山出产贞木。另一位哲学家指出山东人之所以喜欢礼和乐，是因为他们呼吸着这座圣山的宁静气息，泰山吸入阴气，随后呼出阳气，这对人是有益的。至于齐地，那里也有山脉存在，虽然高大，但并没有任何特别的神圣场所，因而人们喜欢财富和具有爱国精神。

在叙述这座大山的情况时，还有一个人不该遗忘，那就是雪蓑先生。他的成就揭示了真正值得注意的特征。他精通三项艺术——音乐、诗歌

---

① 结合原文注释，此书似指唐昝殷撰成于9世纪中的《食医心镜》，在其流传的过程中，因避宋代帝讳，将书名的"镜"改为"鉴"字。其内容论述各种疗病的食物及医方。

② 山药是与英文中的"yam"相对应的一个奇特名称。它最初是叫"薯蓣"，后来因为要避帝讳（唐太宗和宋英宗）而改称"薯药"和"山药"。——原注（文中内容不涉及山药）

③ 雅各（Jacob）在《圣经·旧约》中是亚伯拉罕的孙子，以撒的次子，亦被认为是犹太人的祖先。雅各的梯子是指雅各在梦中见到的供天使从天上下来的天梯。

和书法，在书法方面成就最大。有一天，他信步走进住在泰山上的李先生家花园里，随手拔起一棵有特殊气味的韭葱，试着当作毛笔，在墨中蘸了一下，写出几个大字。……另一天，他正在游览棋天观（一座道观）时，人们纷纷向他求字。他选了一处高崖石壁，把木头绑在一起，做成梯子，攀到一个很显眼的高处。他刷刷地写了四个大字，下了梯子，把绑在一起的木头解开，抬头看了看，装出一副吃惊的样子，喊道："漏掉了一个点，该怎么添上呢？"他解下头巾，像绳子一样搓成一团，浸在墨中。随后，他大喝一声，将头巾向石墙掷去，不偏不倚正好落在那个字的适当位置。上面写的四个大字是：

玄之又玄。

直到此时，人们才开始把他视为奇人。从此以后，他和李先生告别隐居的生活，整天在山中寻觅各种药草，配制药剂。

在所谓的典籍中，可以发现有数不清的传记和掌故都涉及鲁国，在欧洲人知之甚少的编年史和地方史志中也是如此。我们是否再来看一个较新的例子？

一个村庄里住着三兄弟，其中一个威望甚高，被大家尊称为上神。另一个兄弟的儿子酷似父亲，大家都叫他张氏，擅长格斗，有一副好拳脚，使一把长矛。这时村里出了一个恶人，如果谁冒犯了他，家里的粮仓和房子就会被一把火烧掉。有一天他和张氏之间发生了冲突，被张氏用长矛刺伤。这个恶棍伤得不轻，有性命之忧。地方官接到报案后，下令进行调查，通知张氏带着长矛出庭。在审问过程中，地方官问张氏是怎么伤人的；张氏历数这个人的恶行和引起这次打斗的特殊缘由，在讲到高潮时，张氏一边口中说着"我就是这样做的"，一边将长矛刺向那个恶汉，恶汉当即毙命。地方官看到张氏这样做显然是为了让大家免遭祸害，于是断定恶徒罪有应得，下令将其埋葬了事。从此村中又恢复了太平。此地民风古朴，张氏就是以这种方式使一方得到安宁的。此后，受其他因素影响，他们全家人皈依基督教。村里没有再出什么乱子，地方官也备感轻松。这个地方确实是"得天独厚"。我们倾向于相信美国学者狄考文①的观察：有确切的证据表明，山东省的人民身上有一种宗教素质，这在中国其他地方是找不到的。

（4）帝王的朝圣

在清朝的皇帝中，康熙帝和他的孙子乾隆帝是最有名的两位，两人都活过了"耳顺之年"，在位时间都超过60年，有机会给自己的臣民留下印象。康熙于1662年登基。两人都能够实施强有力的改革措施，但值得注意的是，他们在改进印刷术方面都不成功，白白铸造了金属字模，而他们的臣民们仍抱着雕版印刷不放。这一失败颇值得关注，它清楚地表明，无论是在国家管理方面，还是在日常生活中，中原人都不肯向异族统治者屈服。这两位皇帝与泰安之间的关系说明了同样一个事实，即外族皇帝不得不向历史悠久的信仰妥协，离开紫禁城和皇家寺庙，到古老庄严的泰山去朝圣，还要听从司仪的指令，按照当地古老的习俗，举行传统的祭拜仪式。热衷于改革的人往往受到传统重压的摆布而陷于迷茫！这跟那些鞑靼首领无法容忍任何妥协，采取铁血政策，所到之处尸横遍野的做法有多么大的差别啊！他们怎么也不肯屈从过去的传统，哪怕不得不根除它。康熙帝和乾隆帝可以被看作两个距今时间较近和很有代表性的君主，他们与泰安之间的渊源广为人知，并且有详细的历史记载。这儿应该再说几句，以便能更完整地认识康熙帝，正是他"使得这

---

① 狄考文（Calvin Wilson Mateer）是美国北长老会传教士，从1863年起便开始在山东登州传教，创办了登州文会馆，即齐鲁大学的前身。他曾为中国培养了众多的人才，被公认为是一个著名的学者和教育家。

个帝国免于落到中国或西方某些宗教偏执狂手里"。

他对于文学的赞助也是众所周知的，正是他授意编写了一部标准的《康熙字典》、一部作为词汇索引的《佩文韵府》，以及一部堪称百科全书的《图书集成》。这在一定程度上应归功于他曾接受过外国传教士的指教，并且学到了"知识分类的优势"。这儿我们千万别忘了，在西方人的祖先尚未摆脱野蛮状态的时候，中国人就已经懂得了"知识分类的优势"。中国最早的词典是公元前数百年编纂的。许慎伟大的《说文解字》是于公元100年左右出现的，它收入了9000多字，此外还有唐、宋、元等朝代的许多百科全书都保存至今。这些百科全书大多是按类别编排的。康熙帝像孔子一样注意收集各种信息，他写出了著名的《圣谕广训》，其译文在《扬子江上的美国人1903》一书中可以找到。但康熙帝更艰巨的任务在于巩固和壮大他在14岁时所继承的帝国，他的王朝谈不上有什么古老的威望，因为他的父亲是统治中国的第一位大清皇帝。

在北方，他需要对付一个新的民族和一种新的文明。俄国远征军从遥远的莫斯科出发，穿过西伯利亚，他们在阿穆尔河上游建立城堡，声称对该地区享有主权；而以前那里的人都是以客人的身份前来归顺，或返回故里，或在中国定居。俄国方面对康熙帝的力量不敢小视，因此彼得大帝谋求与北京的帝王建立外交关系，同意以阿穆尔河作为两国边界。可是康熙帝还是发起了反击，沿着较南的纬度向西推进了很远的距离，历经艰难险阻，穿越戈壁滩，康熙帝相信是泰山之神保佑他躲过了劫难。此次行动也使得康熙帝的权力延伸到了西藏，中国内地的佛教徒和这一高原上的喇嘛之间存在着某种精神上的亲缘关系。我们在提及下列事件时没有按照其在历史上的先后顺序，但另一次远征使出生于内地的将军吴三桂及其手下富有爱国热情的滇军归顺了清政权。然后，由于陆地的幅员有限，他又把目光转向了一个著名的海盗身上，先后五次派了六十艘舰船到南海恢复通商自由。在征服或约束了外敌以后，康熙帝这位伟大的帝王开始着手加强对域内的统治。在和平的艺术方面，他并非不愿意向南欧的传教士们学习，尽管他严厉地制止了他们对于大清帝国内政的干预，当一群传教士诉诸一个外国人来进行有关中国风俗的意义和价值的裁决时，他断然地镇压了他们。康熙帝牢牢掌握着自己国家的命运。他的统治看起来是公正的，并且对穷人也是有利的。在私生活方面他对自己的要求是严格的，只是间或去打猎取乐。他的后裔用慷慨、勇敢、仁慈和明智这样的字眼来称颂他。这就是我们要考察他和泰山之间特殊关系的一个皇帝。

康熙帝内心的想法如何，除了他本人之外很少有人知道。推测下面这些人的信仰将会是一件很有趣的事情，如达赖喇嘛、大乌理玛[①]、哈里发[②]、布罗格拉姆主教[③]及俄国沙皇等。或许我们可以从对西方一位伟大帝王的描述中选一些片段，并且发现这一描述对大多数统治者都适用，对康熙皇帝更是如此：

> 他们懂得并且重视宗教的作用，因为它与世俗政府是相关的。他们重视某些节日对公众行为的教化作用。他们注意把占卜艺术作为制定政策的很方便的工具，还认为宗教是联系社会成员的最坚实的纽带，看重宗教对现世或未来生活的劝诫作用，认为作伪证的罪行肯定要受到复仇之神的惩罚。尽管他们相信宗教的一般作用，但是他们认为不同的敬神方式会达到同样有益的目的。

---

① 乌理玛（Ulema）是伊斯兰教神学家，大乌理玛（head Ulema）就是这些神学家中的首领或权威。
② 哈里发（Khalif）是伊斯兰教国家政教领袖的尊称。
③ 布罗格拉姆主教（Bishop Blougram）是19世纪英国诗人勃朗宁一首诗歌作品（"*Bishop Blougram's Apology*"，1855年）中的主人公，他在这首长诗中为自己的天主教信仰做了辩护。

遵循这一原则，康熙帝以一种极为庄严和别具一格的方式对泰山进行了朝圣，朝圣的队伍浩浩荡荡地从位于北方的都城北京出发，去往泰安这个平安之城，后者是保护和拥有岱庙的省城，而岱庙又是和古老而久负盛名的东岳泰山密切相关的寺庙。整个参拜过程是严格按照《礼记》中的条例来进行，并且作为圣谕颁布的，我们相信这些条例都得到了严格的执行。大概英国的君王到威斯敏斯特①去接受加冕的时候，也会有这样的盛典。但中国人对帝王举行的这种仪式更为重视，其根据是他们认为每隔五年就应该举行一次此类的拜神活动。据记载，历代统治者，不管是王公还是君主，国王还是皇帝，不论身居长安、杭州、南京、北京，还是一些小的都城，都会来朝圣。国界、都城和朝代都会有更替，但在任何情况下，泰山的祭祀活动一直是必不可少的。

1684年，神圣罗马帝国②皇帝利奥波德③开始以维也纳作为帝国的首都，并且表现出不容忍异端邪说的倾向。这个时期的西班牙国王卡洛斯二世资质愚钝。法国的路易十四正准备废除南特敕令④。英国的查理二世是个秘密的天主教徒，很难想象他会进行朝圣。印度莫卧儿帝国的

---

① 威斯敏斯特（Westminster），英格兰东南部大伦敦的一个市区，位于泰晤士河岸。它包括英国政府的主要官邸，尤其是沿着怀特霍尔街与唐宁街的官邸，以及如西敏寺和白金汉宫等有名的建筑物。

② 神圣罗马帝国（962—1806年）是一个松散的欧洲政治同盟，在962年由罗马教皇加冕的奥托一世是其首位统治者。它一直延续到1806年，当时拿破仑逼迫弗朗西斯二世放弃了神圣罗马帝国皇帝的头衔。

③ 利奥波德一世（Leopold I）是匈牙利国王（1655—1705年）、波希米亚国王（1656—1705年）和神圣罗马帝国皇帝（1658—1705年）。在执政的大部分时间里，他一直都在和土耳其及法国打仗，从而巩固了自己在帝国中的权力和地位。

④ 南特（Nantes）是法国西部一城市，其历史可追溯到前罗马时代。法国国王亨利四世于1598年在这儿颁布敕令，限制新教的胡格诺人（Huguenots）宗教和公民自由。由于这个南特敕令（Edict of Nantes）挑起了法国国内天主教徒与新教徒之间的矛盾，路易十四于1685年终于将其废止。

皇帝奥朗则布[①]当时正处于征服德干高原的过程中。康熙帝就是在这一时期颁布了他的"圣谕"：

诏曰：

国祭。康熙二十三年九月十九日（1684年10月27日）。

帝王诞膺景命，统御万邦。道重观民，政先求莫。是以虞廷肆觐，肇举省方，周室怀柔，式歌时迈，诗书具在，典制丕昭。朕仰荷天庥，缵承祖烈，抚兹兆庶，期底时雍，夙夜孜孜，懋求治理。以富以教，靡敢怠遑。犹虑蔀屋艰难，罔由上达。故于直隶郡县周览巡幸，勤施补助。更念山左等处，土宜俗尚，不加循省，曷克周知，矧历逢甲子，世际升平。聿图泰运之恒新，在措苍生于豫大，乘时命驾，咨彼民依。但乐利只慰夫一方，而德泽未敷于九有，朕心歉焉。用是特昭公普，以宏仁庶，奏诚和之盛治。

江南、浙江、江西、湖广省份，自用兵以来，供应繁苦，宜加恩恤。康熙二十四年所运漕粮，着免三分之一。自康熙十三年起，至二十二年，拖欠漕项钱粮，着自康熙二十三年起，每年带征一年，以免小民一时并征之累。东巡经过地方，宜俱加恩恤，著将康熙二十四年应征丁银，尽行蠲免。泰山经过致祭，其四岳四渎等祀，应遣官致祭，察例举行。凡官吏兵民人等有犯除十恶等罪不赦外（凡常赦所不原者，不在赦内）。其余自康熙二十三年九月二十四日昧爽以前，死罪军罪以下，已发觉、未发觉、已结正、未结正，咸赦除之。有以赦前事告讦者，以其罪罪之。直隶各省修理文庙银两，照旧存留，以供整葺。直隶各省解费脚价银两，仍复存留，

[①] 奥朗则布（Aurangzeb）这位印度莫卧儿帝国的皇帝（1658—1707年）在其统治时期扶持了印度的穆斯林势力，并且扩展了疆土。

照额支给。祭祀行香习仪及祈晴、祈雨、乡饮酒礼等项银两，仍复存留，以供支用。岳镇四渎庙宇倾颓者，该地方官设法修葺，以昭诚敬。内外文武官员现应议处者，俱着宽免。内外文武大小各官，除各以现在品级已得封赠外，凡授职升级及改任者，着照新衔封赠。

各处孤贫口粮已复存留经管，地方务须从实给散，以赡穷独。

於戏！时臻熙皞，弥隆宽恤之恩；

户乐清宁，丕笃绵长之庆。

布告天下！

咸使闻知！

这是他宣布去泰山祭祀的大致进程，包括它会带来好处的一个概括性谕令。现在我们不妨留神一下康熙帝在后来专门颁布的诏书中是如何对祭拜东岳泰山的仪式做详细补充的：

康熙二十三年（1684年）。

凡经过地方，各有加恩。

自亲王以下，宗室觉罗、内大臣侍卫、内务府、武备院、上驷院、銮仪卫各官及各旗护军统领、前锋统领等官，至各衙门扈从官及各执事人员，俱预行派出，节次随行。

驾发京师日，卤簿大驾，陈设如常仪，随从、不随从王以下文武各官，各跪送随行如常。

所过鸿胪寺官先期传知百里以内地方官，率本地乡绅士民，迎于十里之外，本地镇守满汉官军，整队伍迎于十里之外，分文武东西，候驾至，跪、迎、送，如常仪。

十月壬寅至于岱宗。前期，太常寺用白纸糊版，黄纸镶边，墨书祝版，不书御名。太常寺官具补服捧送庙中，安设祝案上。……

那一次朝圣泰山及祭祀仪式为康熙帝的孙子乾隆帝留下了一个很好的先例，但我们在此已省略了大部分的祭祀过程。1748年和1770年，乾隆帝也两次来泰山举行国祭，现存的一些长长的诏书对祭祀仪式做了详细的描述。这次祭祀活动与以前有所不同，主要是在庙宇一带搭起了黄色帐篷，供皇帝在里面安歇，而且仪式上增加了许多音乐和舞蹈，所有的颂歌名称也都列了出来。

在为五年举行一次的祭祀程序所制定的规则中，有两条颇有人情味。在献祭以后，皇帝要去看望年龄在百岁或百岁以上的老人。按规定，各地还要呈上搜集到的民歌，并缴纳所有贡物的样品，将典型的时尚示范天下，这样做是为了让皇帝知道他颁布的有关敕令是否得到了贯彻。

乾隆三十五年，皇帝授意在岱庙东侧立碑[①]，碑文摘要如下：

然自七十二家之说兴，而昭姓考瑞，大号显名，铺陈极平迁之书，相如之文，世世封土作石感，琢玉成牒，甚者以上山恐伤木石，以遇风雨为德未至，以举火辄应为得行秘祠。盖有柴望一变为封禅，由封禅再变为神仙，而汰侈益无等矣。我朝鉴于成宪，祗慎明禋。……

岁庚寅为朕六十庆辰，至辛卯，恭逢圣母八旬万寿，于时九宇胪欢，百灵介祉。维岱大生，秉苍精化醇之气，用克推演鸿厘，绥祚我皇极。

---

① 此碑立于乾隆三十五年（1770年），位于岱庙天贶殿偏东，原有亭，民国十八年为孙良成部所毁。

> 而重闱湮闉，岁渝弗饬，灵成竭副焉。爰诹将扩而新之，其岁月详岳顶记中。以是庙太常宿县之所，因为迎神送神歌，俾主者肄而落之。

虽然这些关于祭祀仪式的程序极为复杂，堪与英国的禧年①感恩节相媲美，但需要记住的是这里所记录的全部祭祀活动都只是在岱庙——泰山脚下泰安城内的一座庙内进行的。我们很快就可以有机会看到皇帝们是如何登上盘山道，然后在山顶上的庙宇中进行祭拜的。这两个祭祀程序有很大的差别，正如乘坐豪华马车的维多利亚女王在圣保罗大教堂西门外聆听教堂内的唱诗班和主教们引导着礼拜活动，与女王在西敏寺内坐在她自己的靠背椅上，或在寺内的圣坛前鞠躬，是两种截然不同的状态。

（5）泰山的缩影

金荣②先生的权威著作《泰山志》刊行已经有一个多世纪了，他在这儿"盗用"了一个早在1550年即已有人采用过的书名③。金荣的这一著作长达二十卷，刊行后人们对它评价甚高，并于1898年又加以重新刊印。但我们在这里还是引用原先的版本，我们这里有书中最有趣部分的译文。在关于泰山的"五大车书"中，它也许算得上最好的一本。凭借书中复杂的"记述眼光"，我们可以在不保留丁尼生所谓"七零八碎"的情况下，来说明金荣的网撒得有多么广。

---

① 禧年（Jubilee），即五十年节，原指犹太教《圣经》中以色列人遵守的每50年一次的休息年，这一年中奴隶获得释放，抵押出去的土地归还原主，土地休耕。
② 作者在这里对金荣的姓采用的是意译（Dr. Gold）。金荣，字戟门，安徽休宁人，乾隆五十九年任泰安知府，官声甚好。
③ 似乎是指明代汪子卿编撰，吴伯朋裁定，刊印于嘉靖三十四年（1555年）的《泰山志》，共四卷。

就像其他效忠的官员一样，他的著作前面有《天章记》两卷，即清朝皇帝的"圣谕"和诗文；《盛典记》一卷，记述皇帝们对于泰山非同寻常的祭拜；还有《图考》一卷。该书的正文部分首先描述泰山的地势情况，包括《岱志》《支山志》《川泉志》，然后是《祠庙志》《秩祀志》《封禅志》，接下来是描述泰安城漫长发展史的郡邑志，最后以《人物志》结束。《金石志》出人意料地填写了一个空白，这表明金棨在个人兴趣方面颇像一个碑铭研究家。在《逸事记》即一些奇闻怪事的记载之后，全书以一卷叙录结束。

该书的三个前言分别写于不同年份，我们由此可以判断这一著作似乎传播得很快。第一个前言的日期定得很精确：嘉庆六年（1801年）冬季最短的一天。该前言是主管帝国教育的翰林院祭酒阮元在其官邸所写的。他之所以产生兴趣是因为他于1794年被任命为山东学政使，在泰安举行的考试结束后，他便登上泰山观赏风景。

> 山经地志，史家之书也，山莫大于泰山，史亦莫古于泰山。泰山之必当有志，重于天下山经地志远矣！……①

这位学政使曾亲自登山观赏风景，收集碑刻的拓片，希望能有博闻强记的学者写出一部里程碑式的巨著。此时金棨已被任命为泰安知府，在他的治下当地的犯罪率下降，官司减少，百姓安居乐业，风调雨顺，五谷丰登。这样他得以有闲暇找机会走遍泰山各处。他的同情心被唤醒，因为旧的《泰山志》已经不能够反映泰山的实际情况，于是他决定自己

---

① 见《泰山志》阮元序。

为泰山作志。他以聂钐①著、朱孝纯②绘制地图的《泰山道里记》和《泰山金石考》两书作蓝本，并且参考了许多其他的权威著作。至于聂钐，他是一个兢兢业业、埋头苦干的旧式文人，凡是跟泰山有关的东西，他都要进行仔细地考察。他辛勤工作30年，也未博得功名，在《泰山道里记》的序言中，他称自己"竭半生之精力，以考一山之迹"，在告诉读者他将全书"提挈道里为纲领，分之为五"之后，又说"自乙酉迄壬辰，四易稿而始定"。我们应该向这位了不起的古人脱帽致敬！金棨对聂氏本人及其著述极为推崇，在自己的书中频繁地引用这部此前最具权威性的著作。金棨本人对于泰山的描写可谓前无古人，他的文体恰到好处，正好体现了史学家著书所必备的三个要素——准确、完整、简练，用一个字来评价：好！

七年后，山东督粮道孙星衍③官封大夫，他可谓是一个功成名就之人。在嘉庆五年中秋节之后的第五天，他为金棨的著作写下了第二篇前言。他提供了珍贵的信息，说关于五岳并没有特别古老的方志；南岳在唐代和宋代曾被两次论及；明代《朔松》之类的著作中也曾对中岳做过描述，但这些并非上乘之作。在他看来，现存最早对泰山做详尽描述的是明代汪子卿的《泰山志》，是经官方审查后付梓的。接着他就对著书一事做了精彩的评论：

> 大抵前人志书征引诸书，不载出典，又不能搜讨碑碣佚文，仅据旧编增广新闻。而泰安每一守至，辄改作志书，题咏滋繁，掌故删落，是志乘之通病。

---

① 聂钐，字剑光，生于康熙五十四年（1715年），卒于乾隆末年，清泰安汶里人。
② 朱孝纯（1735—1801），字子颖，东海郯人（今山东郯城西），工诗善画，今存其作品《泰山图志》和《泰山金石记》。
③ 孙星衍（1753—1818），字伯渊，江苏阳湖人，乾隆间进士，著有《寰宇访碑录》。

过去这种错误并不仅仅出现在中国。

> 金素中郡伯，以名人莅任，下车即以儒术饰吏治。既臻政通人和，乃取旧志，征实更新之。所载故迹，具有古书名目，是正桀误。搜寻金石，增广遗文轶事凡数十百条，间以己意为之考辨。时郡伯以贤能调守济南，历四载而书始成。

然后是作者最具典型性的反思：

> 世之为政者，莫不以理积案、整顿地方为己任，而视文学为不急之务。夫不知书，亦必不视案牍，案牍积则事多丛脞。不考古则不更事，不更事则不能通今，将谓之不学无术，尚得勤政耶？

一个献身于研究古代经典的人就是这么说的。但这可能会让我们产生一个疑问，那就是100年前，英国的学者或官员是否愿意把四年的工作余暇全部用来撰写关于某一郡县、某一座山，或某一圣迹的专著。

第三个称颂这部巨著的人是作者的继任者鲁蔼吉知府。他是在嘉庆十五年（1810年）十月的望日说下面这番话的。鲁氏的序言写于1810年11月11日。望日就是指阴历月份的第十五日，因为这一天月亮和太阳相望。除对金棨出色的政绩略做评论外，他还补充道："此《泰山志》将和泰山并立于天下。"对金棨来说，能得到同僚如此高的评价着实不易。而金棨本人在辞官定居常州后，自己出资刊印此书，并请常州知府转发泰安，移交岱庙道人收藏。他为此写了一封信，进一步介绍了自己的写作方法和刊印该书的经过，在常州知府转给泰安知府的公文中引用了此信：

> 书作于乙卯，成于戊午。会敝府量移省会，未及镌梨。及庚申罢郡侍养南归，始就编纂，付诸剞劂。又以惊心风木，息影枌榆，数阅星霜，时怀铅椠。自维衰朽，难效驰驱，而惟此方策，合贮名山，弃诸茅衡，恐沦酱瓿。兹特将《泰山志》辑成书二十卷，书板四百三十三片，贮为八箱，赍呈冰案，敢求钧檄，移会泰安府，转发泰安县，饬岱庙住持道士具领收贮，以垂久远，不胜厚幸。等由准此，拟合备文移送，为此合移。

显然，金棨又回到了在江苏的故园，因为当时官员都不能在本省任职。他"亲老告养"的请求是真是假我们无从知道，按惯例，某人在得到自己的辞职请求会被接受的暗示时，为了保全面子往往会采取这种做法。常州知府在引用了金棨的信之后，继续写道：

> 贵府请烦查照，转行泰安县，将移至书籍板片饬交岱庙住持承领收贮，俾征稽考，仍望赐覆施行，须至移者。

这一公文的日期是1808年，很显然，在不到两年的时间里该书第三次被刊印，附上了上述最后一个序言。很显然，常州知府也没有忘记"窃书无罪"这句古话。

这儿暂且将作者及其赞助者放在一边，我们可以来看一下该书本身值得注意的一些地方。该书的写作总纲包括一个书目，下面分成传统、经典、历史、传说、前人记录及府、县史志和方志等几类。书中有出生于泰山本地的名人的传记，但外来的人，如隐士、道长、和尚等都被归入了附录。作者对于碑刻和铭文给予最高程度的重视，下了很大力气去搜罗所有作品，并不遗余力地做了拓片。作者剔除了那些不雅的内容，并且纠正了以往的谬误。

在他所搜集的这些作品中，逸闻无疑占很大比重。但在一座圣山上，必定会有人为一种神圣的精神所打动。因此，他关于善男信女和正直官吏的素材共分四类：隐居冥思的老人、喜欢思考而不懂俗务的文人、渴望长生不老的秀才，以及道士与和尚。关于女子的逸闻①不太容易看到，但这种忽视女人的偏见并非中国作品所特有，英国的《国家传记辞典》中，妇女又占多大比例呢？

金荣的书中有一卷图考，我们认为后来的地图绘制员应该画有更多的地图，就像我们的祖先对这门艺术所感的兴趣一样，我们向人们询问是否有其他的地图。后来有人提供了两套地图集。其中一套是由一家很有声望的机构出版，可以说是不错的当地规划图总汇，清晰地标出了泰山的主要景点，并有文字对景点加以说明。但另一套地图相当独特，因为它从宗教角度绘制出了五岳的地理状况。这一类的东西西方也曾有过，但约翰·班扬②的图表是讽喻性的，其内心的精神历程是在一个想象的自然场景下发生的。而在这儿，五岳是真正存在的，从神灵方面对它们进行探究，也就赋予它们宗教的力量，或者说几乎是一种神奇的力量。谁若穿上一件画有这么一张地图的衣服，就能够活到300岁，而且它可抵御所有的恶鬼；谁若在家里挂一张这样的地图——我们忘了说一个重要的前提条件——应该是满怀虔诚地在家里供奉这样一张图的话，谁就会得到祝福和好运。

该书用一整卷的篇幅来讨论这些具有魔力的地图。看来五岳中的每一座山都各有其神灵，在这里被描绘的这些神灵形状是前所未见的。这些经典的形象于万历头虎③被刻画在碧霞祠内大厅里的一块石碑上，这

---

① 参见关于中岳的注释。——原注
② 约翰·班扬（John Bunyan,1628—1688）是英国传教士和作家，著有《天路历程》。
③ 万历头虎即1576年。三虎（1602年）在时间上就跟盖伊·福克斯的黑色火药阴谋很接近了。——原注

一时间比较接近盖伊·福克斯①实施黑色火药阴谋的时间。这块石碑告诫人们,虚幻的图像是不能瞎画的,这些神灵的形象是独一无二的真实画像。

我们就用一篇散文体的赋来结束我们对于泰山方志文献的评论,它揭示了人们是可以从神奇的真形地图中得到祈福和保佑的。这篇赋的标题为《五岳真形图歌》:

> 五岳足迹谁能遍,五岳真形谁所见。
> 岱宗山下岳祠东,镌瑶刻玉穷鬼工。
> 紫泥拓就珊瑚色,高堂日射扶桑红。
> 璇宫银阙森髣髴,群仙玉女纷相从。
> 禹鼎沉沦多不若,山林佩此百神却。
> 丹灶思寻勾漏沙,灵岩定采天台药。
> 陟岳寻仙思汉武,茂陵寂寞一抔土。
> 倘许吾曹有仙骨,君现真形与君语。

---

① 盖伊·福克斯(Guy Fawkes,1570—1606)是英国臭名昭著的阴谋家,因参与黑色火药阴谋而被处死,此阴谋计划在1605年11月5日刺杀詹姆斯一世并使议会崩溃,以报复英国罗马天主教的迫害。

第二章　攀登泰山的五个阶段

（1）从泰安城到岱宗坊

我们身处圣城泰安，抬头仰望圣山泰山，开始考虑攀登此山的事情。城市和高山的名称是否听起来有些相似呢？这有点令人感到困惑。"泰"的意思是太极、极端和至高无上。我们是在一个伟大的城市里，而这个城市就在一座伟大的山岳脚下。这座山是如此独特和无与伦比，它所在的整个省都因之得名，即山东。甚至省份名称中的第二个字也与圣山有关，"东"即东岳的东。

然而泰山之所以扬名天下，主要还得归功于孔子。尽管读书人都以他为楷模，但并非孔子的每一句箴言百姓都会响应。现在中国人人皆知的泰山这个名字，最早似乎是在周朝开始使用的，"四书"中曾经提到过它，从那以后，这个名称便被人们所广泛采用。

岱宗这个更为古老的名称常常用在诗歌当中，文人墨客们至今仍然对这个称呼情有独钟。他们这样做仅仅是为了炫耀自己的学问，以示自己与众不同吗？我看并非如此。他们欣赏的是笼罩在"岱宗"这个古老名称上那个历史和浪漫传奇的光环。"文人说'岱宗'是因为它非常古老和高雅。"普通人认识不到这一点，他们不愿用这个词来称呼神圣而庄严的泰山，就像艾伦比[①]手下的士兵不愿用"摩里阿"（Moriah）这个

[①] 艾伦比（E. H. H. A. Allenby, 1861—1936）是英国的陆军元帅。在第一次世界大战中，他作为英国远征军的总司令，于1917年12月9日攻占了耶路撒冷。

词来称呼耶路撒冷那样。学者们对"岱宗"这个词的意思理解并不一致，而《风俗通义》①把"岱"解释为子宫或初始，将"宗"解释为第一。这个意思在英语中可以译成"First Beginning"（元始）或"Mount Genesis"（创世山）。它似乎暗示每年之初都是泰山上的树液首先开始流动，树枝开始萌芽。这一名称是否还有更为野心勃勃的含义呢？

> 当中国秉承上天的旨意
> 于元始从黄海中崛起时，
> 泰山已是群山之首，众神
> 齐聚于此，香客顶礼膜拜。

"元始"不由让我们联想起残暴的秦始皇。或许他把这座山当成了自己的一个盟友，因而宣布自己是"始皇帝"。其实泰山上面就有这样一块醒目的刻石，上面写着：

> 玄之又玄。

它让我们联想起古埃及的几个神秘的象形文字：

> "Ze ser Seserou."
> （圣中之圣。）

我们来仔细观察一下"岱"这个字的形状。《五经注疏》中说它的意思是"代替"。这个象形文字实际上是由上下两个字组成的，其组成

---

① 古代典籍，为东汉应劭所撰。

部分的象形意义是一个人、一支梭镖，还有一座山。一个人手持梭镖站立在山上，我们会由此得出什么结论呢？是指一个哨兵吗？还是指一个"替天行道者"？无论这个字的象形意义是什么，我们都知道它对于无数人来说具有一种特殊的神圣感，因为这儿寄托着来生。不管是朝圣者的人数，还是它给各地带来的影响，均是难以估量的。想必几千年来总共该有几十亿人曾经会聚在这座圣山的脚下。来自全国各地的朝圣者犹如一条条小溪汇集成滔滔黄河，在无形的河岸之间向上流淌，一直到达神圣的泰山顶峰，后者就像是天上的一个岛屿，他们在那里祭拜上帝这一至高无上的天神。随后，人流又向下涌去，回到山脚处，然后又分成一条条涓涓细流，呈放射状流向全国各地，带着一种焕然一新的精神去滋润各地。"泰山给普天之下的人们带来一种新气象"——这绝不是一种无聊的吹嘘。

我们效仿几千年以来那无数的朝圣者，开始为登山做了适当的准备。

对于即将开始神圣之旅的人来说该做哪些方面的准备呢？因为攀登神圣的山就是一次神圣的朝拜过程。

游客在泰安度过一夜大概不会觉得失望，或许即使在这样一个圣城里，也可像一个生性喜欢纵情声色的官员那样，招来舞女，饮酒作乐。另一方面，虔诚的朝圣者可以在这个夜晚净化自己的心灵，并如巡抚朱克达（Chu K'o-ta）那样默念："一大早，我就穿戴整齐，去岱庙祭拜。"他穿着朝服在岱庙敬神之后，精神为之一振，然后又登上通向圣山顶峰的阶梯。至于我自己，我是在前一天晚上翻开了《圣经》，从《以赛亚书》第四十四章开始，上面写的是：

> 上帝如是说："我是首先的，也是末后的；除我之外再没有真神。除我之外，岂有真神吗？诚然没有磐石；我不知道一个。"制

造雕刻偶像的尽都虚空。他砍倒香柏树，把一份烧在火中，把一份烤肉吃饱，并用剩下的作了一神，就是雕刻的偶像。他向这偶像俯伏叩拜，祷告说："求你拯救我，因你是我的神！"他以灰为食，心中昏迷，使他偏斜，他不能自救，也不能说："我右手中岂不是有虚谎吗？"①

然后，我又想到古代的人们针对这同一个问题是怎么回答如何做准备的。一个"诗篇"作者曾经问道："谁将登上主的圣山，并站在主的圣地上呢？"对于这个问题，他受到启迪之后的灵魂做出了回答："他必须有一双干净的手和一颗纯洁的心；他的灵魂未曾追求过虚荣，并且从未发过伪誓。这样的人才会得到主的保佑，并进而得到主的拯救。"我们记起了那个伟大的朝圣者，想起他是怎么坚定不移地向耶路撒冷前进，结果最后一次进城之后，发现那里的圣庙已经被亵渎，而真心崇拜上帝的人并不受欢迎。自古以来，教士们都是如此盲目。

从圣城到登山盘路大约有三里的路程。从其他任何地方出发很可能要更远，因为一个恪守旧习惯的道士轻易不会从北门出城。那样会让邪恶的幽灵或力量进入城门或附身，因而他总是走东门或西门，然后再转身向北。但是在泰安，神圣的泰山就在城的北面，城北门的出口正好可以接受泰山播散出的祥瑞之气。这样朝圣者可以先穿过岱庙，然后再穿过名为岱宗坊的大门。如果奢侈一点，他还可以乘坐一种独轮车，也称手推车，直至一天门坊②，那里建有一组庙宇，到了这里就意味着朝圣者登山过程的开始。

朝圣的路线有很多。从大马士革和开罗到麦加的朝圣路线（没有朝

---

① 译文部分参照了中国基督教协会的《新旧约全书》（南京，1999年）。
② 位于岱宗坊以北红门宫前，建于明嘉靖年间。

神圣泰山上的尼姑们从美国佬的镜头中逃走

世界上最有名的一座牌坊——泰山脚下的岱宗牌坊。盖洛 摄

圣过的穆斯林早就死光了）已为人们所熟知，就像古代从温彻斯特到坎特伯雷的朝圣路线一样。但在这儿，人们不必跋涉几百里，只须向上攀登几里的路程。这恰似从印度尼西亚的米纳西女神庙出发，去攀登马都拉①城上方的小山。如果我没有记错的话，那条路是给装了顶棚的，从山脚下的神庙向上望那条有顶棚路的景象是很壮观的，但是只有虔诚的教徒才可以攀登。而在这里，通向极顶的道路是开放的，大门不会对任何人关闭，无论后者有什么样的国籍、肤色、宗教信仰和目的。山路就建在几千年来不断被人践踏的石头或不断与草鞋或裸露的皮肤接触已被磨光了的岩石上。山路最陡峭之处有 10~12 英尺宽的巨大台阶，都是由单块的巨石构成。上了年纪的人或生性傲慢的人可以坐着轿子上山，游客穿着皮鞋走台阶，而朝圣者则赤着双脚，在圣地上行走，而更谦卑的人则跪着爬行。看着一个虔诚的香客从岱宗坊一路默默地走来，经过十八盘，来到暴烈的秦始皇所立的无字碑前，是一种奇妙的感觉。大概他心里在想，自己吃多大的苦头，就会得到多大的祝福。

可以说，乾隆皇帝在其执政的第 35 个年头②，也就是美国脱离英国，走上独立发展道路的前六年，亲自登上泰山这件事上做得是多么的无私啊。因为乾隆虽然没有下跪，没有赤脚，也没有穿着鞋子走盘路，但他让别人用轿子抬着自己沿着险峻的山路前行，给了别人积德的好运气，而且他还让尽可能多的人分享他的恩典，每到一处，轿夫们都要轮换。一方面，他让人在峡谷处搭上天桥，尽量让路途轻松一些。这固然可能会使苦力们省些力气，但同时却会减少他们在精神方面所积累的德行。可能我们错怪他了，他或许是想到建天桥就意味着需要一些做工者，这样那些人就有了在天国积累财富的机会。至少，他的考虑是很周全的，

---

① 马都拉（Madura）是印尼爪哇东北部一岛屿。
② 即 1770 年。

他让轿夫穿着同样的服装，他肯定向懂得封禅的学者咨询过，保证服装从色彩到式样都适合这样的场合。

他乘着轿子来到白鹤泉边，那里有建起的行宫。随后他又来到积云阁，在那里小憩片刻，是要祈祷吗？在玉皇庙里他坐了一会儿，其感受与坐在轿子中大不一样。至于抬轿的人都做了些什么，文献上没有记录。在回马岭他有机会再次稍做停歇，查看了那张神奇的真图，并举行了适当的仪式。在朝阳洞，壮观的景色可尽收眼底，稍感疲惫的皇帝坐下尽情观看。经石峪的石凳吸引人们再次停下休息，在这儿皇帝思考的并不是死亡，而是王国的兴衰。至此登山的第一阶段告一段落，这里有修建的另一座行宫，名为云轩。可能在这里要用点便餐，吃的东西自然都产在山里。第二阶段的第一站是"更衣亭"，对此，官方的解释显然是人们要穿上朝圣所需的服装，实际上是要换上厚一些的衣服，因为山上的风可能会寒冷刺骨，而皇上的贵体不会轻易挪动脚步，如果不小心就会着凉。下一段接力是要到达天柱峰后，人们又在那儿的座位上稍做休息。此后到达的一个地方名为升仙坊，可能要在这里过夜，因为下面要到达的就是日观峰，大家都是在那里观看日出。到那个时辰，岱庙也要举行晨祭。接下来要经过仰止亭，前面就是歌舞楼，山上的歌舞队就在那里迎候。随后再盘旋而上，到达泰山极顶，在那里可以看看摩崖碑，然后到梳洗院小坐。名单上也提到了爱身崖（又称"舍身崖"——译者注）。登封台附近建有另一行宫。在那里皇帝大概要屈尊亲自挪动脚步，登上十九级台阶之上的甘露泉。我们可以猜想，皇室行列的行动一定步履缓慢，极为威严。

皇帝登山的程序在很多方面是可以模仿的，当然没有人来为我们修建天桥，我们也不可能指望有什么行宫。毫无疑问，乾隆登山路线中所有停留之处都以风景和泉水见长。但我们了解普通游客的登山经历是明智的。翻开《泰安志》，我们可以看到350年前的日记，记述的是两个

泰山回马岭牌楼。摄于 1919 年 5 月 24 日

大盘路经过关帝庙。盖洛 摄

官员在假日沿盘路而上的登山过程。

  今晚月明风清，你我去登泰山，观赏圣山奇景。次日晨，我们并肩策马出城。向北望去，泰山为烟雾缠绕。叶、傅二先生相陪，北行二里，到达白鹤泉，见泉水自岩缝汩汩涌出：干旱时节水流即会变小。西面百步之处原有梳洗楼，现仅存废墟；梳洗楼建于何时，无人知晓。向北二里处有王母池，泉涌汩汩，四季不竭，村民祈雨时即从池中取水。（这就是说人们将自己所需东西的样品奉献给上天！）

  北面五十步靠吕岩处有一仙人石像。宋王朝时此处曾有塔建起，而今青草丛生，仅存废墟。到达山脚时，太阳突然从云层中升起，其光芒直刺眼脸：景致远近是如此不同！群峰矗立。我们惊叹于连绵的景色。李御史说："我似乎该知足了。"（是不是沿陡峭的山路攀登让他气馁了呢？）

  从山脚到回马岭有十余里。在群山之间，山谷和岩石之中，湍急的溪水喷溅、奔流，形成壮观的瀑布，闪烁着，消失在河流中。列队骑行，我们到达山脊脚下。山路坡度太大，车马难行。我们换乘轿子，进入密林，穿越岩石，险处有石阶。我们到达宋真宗曾露宿过的御障岩。草木丛前有一小溪，水流清澈，绿色的小鱼在水面游弋。一道人给我饼子喂鱼。但在我扔了一块石子之后，鱼儿都已游走。我们走在黄岘岭，昔日秦始皇曾在此处栽下五棵树，它们枯死之后，后人重新植树代之。此处树木皆有千年树龄，枝干卷曲，宛若意欲展翅飞去的青龙……

  我们到达南天门，远远望去，好似梯子悬于山坡。这是险要之处。我们换上小轿子，向东攀行数里……到达一处庙宇①。我们整

---

① 即碧霞祠。

理衣冠，去拜山神之女：每年春天，人们从四面八方赶来；如果心不诚，即刻就会遭到惩罚。我听说过，知道这是真的。庙后有一刻于唐朝的石碑，字有巴掌大，已为风雨所蚀。向东十余步可见为秦始皇而刻的另一石碑，看似方形，其实并非如此，碑高五尺。我刮去碑上苔藓，看见二十二行碑文，每行十二字，许多字已无法辨认。

西行几步即是太平顶——泰山最高处。这是一块巨石，十尺见方，边缘锋利，颜色鲜艳。我们四人坐在岩石上，感到有些疲惫。我们中的两人攀到顶上，景象美不胜收，山峰参天，山花争艳，山崖翠绿，鸟兽啼鸣。可以指点无数山河，登泰山可以小天下。我们高兴地四处走动，茫然不知在山上还是在天上。

从龙口泉下行四十步，沿着陡峭的小路，我们到达深谷上的悬崖。我伸头望去，不由毛骨悚然。一道人告诉我们，献身者即从此处跳崖，然后成仙。道人欺骗，害人性命，我们深以为耻；我们将告诉州官封闭此处道路……悬崖西面有五座山峰。太阳已经落山，我们只好停下。返回庙宇，先是饮酒，而后每人题两首诗于墙上。树林中有伐木人和牧童，宛如画中之人。天色已晚，无法再游六逸堂旧迹。①

由此可知，即使是其他人也喜欢骑马或者坐轿。这个善良的官员对人们的迷信很是愤慨，认为这应归咎于僧侣的教唆。从许多轶事可以看出人们是如何看待一些预兆的。当唐明皇驾临山东，到东岳封禅时，前面突然窜出一只野兔，皇帝迅即放箭射杀。此时一个近臣高举野兔从上面跑下，载歌载舞，"圣君力比天神，举世罕见"。不就是射杀一只野兔吗！

---

① 因查不到原文，只能依据英文直接译出。

泰山大盘路沿途景色之一。盖洛 摄

汉武帝在山下碰见一个老人，头顶上笼罩着一团白光，高达五尺，老人声称自己在85岁时即行将就木，有人建议他禁食五谷杂粮，靠嚼草根和喝水为生，睡觉时枕一种神奇的枕头，这种枕头由32种东西组成，以二十四当二十四气，以八当八风，他因此而获得再生。现在已经180岁了还可以日行300里。汉武帝赐他钱物然后继续前行，途中又遇到了一个僧人，此人奉劝武帝不要在当日登山，否则脚会受伤。皇帝继续前行，果然伤了左脚脚趾。尽管此事他没有声张，他还是为僧人建了一座庙。

我们此行在一定程度上就是为了验证登山途中会体验到多少恐惧、崇敬和迷信。

（2）从岱宗坊到一天门

谁到了这个"通天街"[①]的入口处会无动于衷呢？因为"去了泰山"就意味着死亡。就在此处，泰安城仰圣门以北600米远的地方，穿着华丽盛装的最傲慢的皇帝，满腹狐疑的官员及其朋友们，赤着双脚或只有一只脚穿着鞋袜的虔诚朝圣者，带着经纬仪、充满好奇心的欧洲人，喜欢刨根问底、用相机拍摄外部景观并且通过问卷了解香客情况的美国夫妇，所有这些人汇集成一条巨大的人流。有两三条路在"大跨度"的岱宗坊交会。严格说来，进出的大门通常都是木制的，称为牌楼；这些牌楼大都是为纪念某一事件而修建，就像英国的许多教堂为纪念在马恩河[②]和日德兰半岛[③]战役中的死难者而建的停柩门一样。同样严格说来，

[①] 通天街（Sacra Via），古罗马最古老、最著名的街道。
[②] 马恩河（Marne）是法国东北部的一条河流，这儿曾是第一次世界大战（1914—1918）和第二次世界大战（1944）的主要战场。
[③] 日德兰半岛（Jutland）位于欧洲北部，由丹麦的大陆部分和德国北部组成。第一次世界大战期间规模最大的海战发生在1916年5月31日至6月1日，由英德两国舰队在离日德兰半岛西部海岸不远的海面上展开。

牌坊都是用石头搭建的,往往是为了纪念某一个人,就如君士坦丁凯旋门。但这些说法也有一些回旋余地。这座牌坊就是木制的,象征着东岳的森林,牌坊的名字中包含了泰山的古名,以作为泰山的正式入口。现在的岱宗坊是雍正八年即1730年重建的,但它不过是取代了毁于明代的一个更为古老的纪念性建筑。

从岱宗坊的大字下经过,我们踏上了神奇的盘路,向山顶进发。我们立刻就体会到,它和巴特摩斯岛①上的小路有些相似,后者是由一个富有的修道士所建,从海边经过天启洞通向巴特摩斯城中心。那里也铺了一条很显眼的道路,有几条岔路,但明白无误的路标使人们一目了然,不必请向导带路。在英国似乎只有从科罗维利港向上的一条道路与此有些类似,那里也有斜坡和台阶,用石头铺砌而成,有的地方还有栏杆。但是那条小路不过几百码长,而奇特的泰山大盘路却蜿蜒向上达数英里。

倘若真的相信当地的一些描述,我们登山的决心也许就会动摇,因为对登山里程和山高的测量记录差异很大,对登山所需时间的不同说法也令人震惊。朱孝纯在自己关于泰山的著作的序言中说,"它拔地八千尺,离天一尺半"(距天非常之近)。《乾坤志》证实泰山的高度为40里,康熙皇帝也接受了这种计算方法,并且很自然地补充说自己登山时走得非常慢。中国的"里"是一个不确定的计量单位。从理论上说,它相当于360步,或者说1800尺,或1894.12英尺。也就是说一里相当于1/3英里多一点。但实际上,"里"的差异很大,不仅在不同的省份是这样,在各个小地方也是如此,要依当地情况而定。在山区,一里可能只相当于1/5或1/6英里,而在平原地带,则可能是近1/2英里。事实上,人

---

① 参见本书作者所著的《一个叫做巴特摩斯的岛屿》(*The Island Called patmos*)一书。——原注

泰山大盘路沿途景色之二。盖洛 摄

泰山大盘路沿途景色之三。盖洛 摄

们往往是根据所需的时间来估算一段距离,而不是真的要经过测量,在约书亚①的时代和国家也是这样。此外,"里"这个长度单位在不同的历史时期是否有所变化显然很难说。我想官方的度量衡应该不会变。

但是明朝的开国皇帝太祖抛开了这些数字,用修辞法来说明问题。因为泰山很高,故而得到人们尊崇。云、雾,还有神秘的龙都会出来保佑大家,它给各地带来雨水,还伴随雷电,发源于泰山的河流灌溉很多地方的土地。高大葱郁的松树呈现出五种颜色,猿猴啾啾作声,白鹤栖息在此地,老鹰飞到山谷深处,而最强的风也爬不到山顶。这最后一点让我们松了一口气,因为有些山顶上风力很大,让登山者很不舒服。然而我们一行中的一个人对这句话的理解是:倘若在登山过程中风本身都要被吹走的话,那么她又会被风刮到哪儿去呢?

《鲁颂》在称颂泰山的巍峨时,用了最高级的形容词:

> 泰山岩岩,鲁邦所瞻。
>
> ——《诗经·鲁颂·閟宫》

这里得以重复的"岩"这个字突出了崇高的意味,意即泰山是巍峨庄严、高不可及的。

《博物志》中在这方面有简单的描述,认为泰山高达(或盘路长)四万尺,方圆一千里。有三四部权威著作赞同泰山高度为四十里这种说法,有少数甚至称其为四十八里又一千尺。说到这里,应该提起的是,有好几位道教作者都认为"三清"②中的第三清,也就是人们所称的"上

---

① 约书亚(Joshua)是《圣经·旧约》中希伯来人的领袖,继摩西成为以色列人的领袖。
② 道教相信存在太清、玉清、上清三境,作者在此用"上清"指代泰山。唐以后在此基础上"三清"指原始天尊、灵宝天尊、道德天尊。

清",应该是拔地四十里。《汉官仪》①提供了另一种表达更为准确的说法:"泰山的盘路逶迤而上,共计50盘。"所有这一切都提出了这样一个有趣的问题:这里的盘路是否象征着道教的"道",而这儿的几个地带和场所是否与道教徒修炼的地点相一致呢?因为他们的圣书不就是《道德经》吗?让一个大学究穿上一件能长生不老的道袍,有了这一保证以后,再花足够的时间去解决这个问题吧。同时我们还要重复一下那句中国的古话:"山不转路转。"

明朝万历年间,朝廷下令对长城和泰山重新进行测量和整修。1600年左右,时任总测量官及皇帝顾问的张五典,用自己设计的仪器对泰山进行了实地丈量,留下了测量记录,并且根据自己的测量结果绘制了一份地图。明万历之前对泰山高度说法不一,但张五典提供了一个比较精确的数字。他的结论是泰山里程"实一十四里八十余步",高度为"三百六十八丈三尺四寸"。

张五典的测量方法如下:

> 用竖竿一,长一丈,刻以尺寸,竿端置一环;用横竿一,长亦一丈,中置一环;两端皆五尺,取其轻重相称。以绳系于横竿之环,而又穿于竖竿之环,牵其绳之尾,则横竿可上可下,而不失其平。

至此,他的目的似乎是要称出这座山的重量,就如《梨俱吠陀》②中阎摩的侍者那样,又好像是在古埃及,有人把死者悬在房梁的中间,以称出死者身体和灵魂的重量。

---

① 古代典籍,东汉应劭著。
② 《梨俱吠陀》(Rig-Veda),印度宗教诗歌中最古老的文集。

石庙

从石庙往下看大盘路

于是以竖竿所立之处，视横竿所至之处，则五尺为一步矣，此以量其远近也；每量一步，若在平地，则横竿由端以至竖竿前后，俱著于地；若前高而后下，则横竿前著于地，而后悬于空，视竿所悬处至地尺寸若干，此以量其高下也。又备一册，每页画三百六十格，每量一步则填一格，平地则于格内填一平字。其高尺寸若干，亦于格内注之。填尽一页，则足三百六十步，为一里。其高则累尺寸而计之不爽也。由山下至绝顶，凡量四千三百八十四步，而迂回曲折皆在其中。高三百八十六丈九尺一寸，中除倒盘低十八丈五尺七寸抵高数外，实高三百六十八丈三尺四寸，折步七百三十六步六分八厘。平、高共积五千一百二十步有奇，实一十四里零八十余步。

如果更准确地采用我们的标准，把"一步"看作5.07英尺，我们便可以得出泰山盘路的水平长度为22230英尺，或者4.25英里。其垂直高度为3735英尺。但好笑的是，测量者把水平距离和垂直高度相加，好像这样就可以得出经过的距离。假如他有幸读过欧几里得的著作，懂得《几何原本》第一卷中的第47条定理，他就可能会估算出盘路的里程应该是大约22700英尺。但是抛开这点数学知识，我们可能会问，300年前，在欧洲是否有专门负责测量的部门，配有这样一种简单的装备，去从事像丈量长城这样大规模的行动呢？实际上，了解到英国测绘人员所用的10英尺长的横杆（含有两个神奇的五）是从张五典那里借来的，确实让人觉得非常有趣！

当知道上泰山只有4.5英里的距离要走，其平均坡度为7.5度时，我们至少可以打消疑虑。我们用威尔逊[①]写于本世纪的书中所做的描述

[①] 威尔逊（James H. Wilson）是美国陆军军官，1885年作为修建铁路的专家来到中国。他写过有关中国的书。

来安慰自己，他对盘路的主要特点是这样描写的：

> 盘路沿峡谷向上，但少有迂回转弯（？）之处，路面由未加工的花岗岩和斑岩铺成。路上间有缓慢延伸的斜坡及连续的台阶，靠外一侧有高18或20英寸①的石头栏杆，险要处两侧均有。起初台阶路较短而斜坡较长，随着高度增加，坡路越来越短，台阶路越来越多，最后几乎连续不断。有些路段几乎是垂直向上的，因而这些地方的台阶陡峭，难以攀登。

如果再补充上其他情况，如道路宽12~20英尺，要经过峡谷的两侧，低处为冷杉、柏树和紫杉遮掩，我们就算对有幸攀登泰山的路线形成了初步的概念。平心而论，盘路低处之所以坡度较缓，是因为修筑时故意让这里有一些迂回曲折的路段，这让人联想起在澳大利亚新南威尔士省修建从悉尼经过蓝山的铁路时所采用的惊人的工程技术。

将盘路修得曲折蜿蜒，是不是为了阻挡恶魔呢？恶魔行走速度非常快，不能急转弯，如果高过栏杆的话很可能会冲出栏杆，坠入悬崖。对人来说，这样的结果就是可以从容地登山，有闲暇欣赏精心铺砌的盘路，可以看到有些地方是由整块的巨石铺成，而有的地方则是由不规则的石板巧妙地嵌合在一起。栏杆的构造也不仅是考虑实用。有些石柱下面是方形的，但顶部却变成了圆形，其余的则是圆柱，这些石柱是由雕刻过的石板连接在一起的，有时候石柱会很高，但多数情况下是要突出柱顶的雕饰，使整个栏杆更加美丽。除了这些人为的装饰以外，用这种方式修建的道路还可以不断给人带来惊奇：这儿有美丽的远景，那儿可以瞥见可爱的小山谷，远处的高峰则更是一道秀丽的风景。如果大自然不能

---

① 1英寸≈0.0254米。

072 | 中国五岳 1924

大盘路上的一组桥

令你赏心悦目的话,那就可以去欣赏石刻、门廊和庙宇等艺术品。

非常得体的是,在通向这阴阳界的路口曾经有过一座道神庙,经常有人去给道神献祭。现存文献中没有记录它究竟是道长还是修桥人在那里修建的。这个地方如今已经算不上是一个景点,所以我没有去寻找那个庙的具体地点。今天的中国人可能还会在瓷盘的柳树图案上画上桥,然而,尽管这个国家的工程人员仍能达到张五典那样的水平,甚至更高,但后人们在保存父辈遗产上所能做的也只是描画它们而已。

在宗教方面也是这样。很久以前,明朝万历八年,于慎行①在六月十九日的笔记中写道:

> 盖予家于岱山之下,尝再从子充游,其时率在暮秋。若在三、四月,五方士女,登祠元君,以数十万,夜望山上篝灯,如聚萤万斛,叫呼殷赈,鼎沸雷鸣,弥山振谷,仅得容足之地以上。而其时水泉多枯,木叶或脱,故山之奇丽珍瑰未露其十一二,露又为人众所掩。意五、六月之间,水木方盛,必有瑰异之观;而居常以惮暑不能出,即出,又无与偕,徒侧身东望思焉。

或许历代皇帝在选择登山的时间上是比较明智的,他们总是在风景最美的季节前来,这样乘着轿子上山时,不会因天热而感到不适,无论有没有行宫,在登山过程中都可以停下来15次或20次,或站或坐四处观看,并且能够欣赏到最好的景致。我们登山的月份不同,但是也很重视这些提示,想尽量轻松愉快地登上泰山。为了做到这一点,我们甚至没有去游长生洞。

尽管凤凰台这个名称很吸引人,但我们却没有能够辨认出它所在的

---

① 于慎行(1545—1607),万历朝东阁大学士。

地方；大概这个台是被来自各地的朝圣者每人一块石头给骄傲地搬回自己家去了，这块不平常的石头可以使他的家增加精神之美。凤凰台的确切地址已不易确定。但我们确实发现了公元前65年颁布的一道诏书，上面列举了修建凤凰台的理由。

> 乃者凤凰集泰山、陈留，甘露降未央宫。朕未能章先帝休烈，协宁百姓，承天顺地，调序四时，获蒙嘉瑞，赐兹祉福，夙夜兢兢，靡有骄色，内省匪懈，永惟罔极。《书》不云乎？凤凰来仪，庶尹允谐。其赦天下徒，赐勤事吏中二千石以下至六百石爵，自中郎吏至五大夫，佐史以上二级，民一级，女子百户牛酒。加赐鳏寡孤独、三老、孝弟力田帛。所振贷勿收。

一位轻蔑的评论者补充道："汉朝收集灵草。"人们很自然地要问为何要由那些倒霉的大夫和主妇来承担所有的田税。倘若如此，百姓就不会再盼望"南来的客人"，即南来的凤凰。或许是那些被激怒的父亲达成共谋，彼此心照不宣，把这个凤凰台上的石头一块块拆掉。第二种可能就是，或许我们所发现的诏书是被人篡改了的！

不仅凤凰的幽灵萦绕在我们心头，而且出乎意料的是，一头白骡的幽灵又出现在我们这群人面前。就在距白鹤泉不远处，我们看到一块石碑上写着一个"白"字。这种颜色可以同时表示纯洁及善良鬼魂的其他一些品质：这头特定的白骡赢得了这样的名声，并留下了一座石冢①，尽管我们并没有看到。

唐明皇巡幸泰山时，按惯例，他并不打算步行登山。益州太守献给皇帝陛下一头骡子，这头骡子毛发干净，洁白如玉，奇伟异常。这个故

---

① 白骡冢现已无存，仅留石碑，在红门东。

事也是记载在《泰山志》第十九卷中的。皇帝骑在骡背上一点也没有颠簸之感,非常舒服,不必担心上下山的辛苦。仪式完成以后,皇帝骑着骡子下山。在山脚歇息之后,一个官员报来消息,称骡子先是打嗝,随后"无疾而终"。皇帝大为惊异,心中甚是遗憾,于是令人为白骡备棺和垒石为冢,并封其"白骡将军"。

这个皇帝是否像《圣经·启示录》中的骑士,骑着马来征服这个地方呢?也许我们的理解很粗浅,忽略了其中某些神秘的含义。很可能当今的许多中国人也不解其中真意,因为虽然人们仍在传诵白骡的故事,白骡冢也有标记,但盘山路并没有把它绕到里边,而且也没有人专门为其建立一个庙宇。

有一个可以辨认出的地方是王母池,据说仙女们就在这里洗澡,但我们没有看到任何仙女。从有关文献记录中得知,皇帝登山献祭时,都是在此处沐浴。西北方有王母塔,耸立于峡谷之上,该塔旧时俗称为梳洗楼,下面的小溪称为环镯河,传说天上的七位仙女就是下到这个地方,摘下了云帽,在此梳洗。这听起来有点像罗蕾莱[①]在莱茵河上梳头唱歌的故事,一些浪漫的年轻人受到诱惑而丢了性命,但我们更愿意相信此地当初肯定是朝圣者在踏上圣路前进行洗礼的地方。这种出行前的准备在各地的朝圣活动中都是很常见的。

从王母池向东经过 50 个各为五英尺宽的台阶便是吕公洞,相传作为八仙之一的吕洞宾曾在此修炼。唐代诗人给它取了一个颇具吸引力的名字——长生洞,我们听说这儿就是吕洞宾当初炼丹的地方。这样的故事在哪儿都能听到,因此我们没有兴趣离开盘路一步,去看炼丹的地方。宋代学者则称此洞为"慈母洞",洞中曾供有吕祖石像,肯定是一些感激慈母的人为表谢意而建。传说吕洞宾曾在湾东崖题诗一首,一条

---

① 罗蕾莱(Lorelei),德意志传说中的女妖,其歌声使水手们受诱惑而导致船毁人亡。

神虬①读了以后大为感动，很认真地点头称赞："好诗。"吕洞宾从此跟虬交上了朋友。一天，他用毛笔点缀其头，也就是说，他在虬的两眼之间涂了一个点。吕洞宾的魔力超群，这条虬从此便获得了新的力量，即刻展翅飞走了。从此以后，这个山坡便被称为飞虬岭。

我们没有在此多消磨时间，吩咐轿夫尽量加快步伐，到达了一天门。

大家是否还记得帝王的封禅仪式，所谓"封"就是在泰山顶上筑土为坛，以报天之功；"禅"就是在泰山下的小山上除土，以报地之功，两者合起来就构成了完整的"封禅"典礼。因此攀登这座圣山的过程分为五个阶段，每个阶段都有一个天门做标志，我们现在到达的就是"一天门"，而泰山本身就可被视为是通往天堂的一道门！

（3）从一天门到中天门

这真是旅途中非同寻常的一段！我们抬头望去，希望双眼能望穿苍穹，透过一道又一道的天门，饱览无尽的远景。但是在强烈的阳光下，大地洋溢着斑斓的色彩，使我们的眼睛无法穿透蓝天的深度。中国的天文学家很重视天象，把与泰山相关的行星称为太岁星，在西方它的名字是朱庇特②，意即行星之王。在古老的《星经》中，泰山和太岁星之间的联系便已经被奠定，"岁就是主人和主宰者，它给泰山带来光明"。听一听人们对"岁"的行为所得的结论：岁有助于维持和平，并有利于婚姻美满。它象征着吉祥，如预示本月会财运亨通。当太岁星处于合适的方位时，它会给劳工和就业带来有利的影响。世界各地都有这种观星的习惯，似乎还赢得不少人的信任。我们没有发现究竟为什么太岁星跟地球上的泰山会有这样的对应，也不知道在太岁星最明亮时会发生什么

---

① 虬，古代传说中有角的小龙。
② 朱庇特（Jupiter）在西方神话中是统治诸神、主宰一切的主神。以朱庇特命名的行星是木星，即靠近太阳的第五颗行星，也是太阳系中最大的行星。

一天门与门楼的远景。左面的红门宫酷似碧霞祠的中殿,孔子在攀登泰山前就是首先来到这儿的。盖洛 摄

事情。

古代占星术士必须计算出日食的时间，如果观察不力，就有可能掉脑袋。这样人们可以事先准备好乐器，对天演奏乐曲，以避免太阳被"天狗"吃掉。因此在泰山上，我们期望看到对其星神"岁"特别重视的地方。我们在登山过程中正朝星空迈进，这一点使人感到非常振奋。

某些占星术知识也不是单纯靠观测得来的，还要靠天赋。有一座小山原先叫垂刀山，为了纪念下面这个事件，从此更名"通灵山"，故事是这样的：

> 大中祥符元年六月己未，泰山西南垂刀山上，有红紫云气渐成盖，至地而散。其日，木工董祚于醴泉北见黄素帛曳林木上，有字不能识，言于皇城使王居正。居正见其上有御名，以告钦若。钦若具威仪奉导，至社首跪授，中使驰捧诣阙。
>
> 帝御崇政殿，趣召群臣，曰：朕五月丙子夜，复梦向者神人言，来月上旬，当赐天书于泰山，宜斋戒祗受。朕未敢宣露，惟密谕王钦若等，凡有祥异，即上闻。今得其奏，果与梦协。上天眷佑，惟惧不称。
>
> 王旦等再拜称贺，乃奉安于含芳园之正殿。帝斋戒，备法驾，诣殿拜受之。令陈尧叟启封。其文曰："汝崇孝奉吾，育民广福。锡尔嘉瑞，黎庶咸知。秘守斯言，善解吾意。国祚延永，寿历遐岁。"
>
> 读讫，奉以升殿。于是，群臣表上，尊号曰：崇文广武仪天尊道宝应章感圣明仁孝皇帝。①

皇帝本人非常高兴，特立碑纪念，这就是著名的阴字碑，由五块石

---

① 见《三朝符瑞志》。

板组成，位于泰安附近，可以看出立碑日期为 1008 年 10 月 27 日，皇帝得到天书以后，在泰山上举行祭祀活动，以示谢恩。

获得如此巨大荣誉的天子是谁呢？他就是宋朝的真宗皇帝。皇帝曾厚赠道教天使，有趣的是，不知道发现天书一事是在皇帝厚赠之前还是之后。道教的天使本来就精于此道，他是否故意做出此等神秘之事，以取得皇帝的赏赐？！

探险者想知道这座圣山的山洞里都藏了些什么宝物。那些黄斧、青碑及其他一些珍贵的器物在其拥有者眼里的价值也许要比市场价格高上一百万倍……"当他们的灵魂被勾走时"，这些东西就能派上用场。这种在尘世间储存宝物，以备升天之用的做法真是荒唐。《拾遗记》中说，"泰山之下，有灵寝和凤巢"，既然这样，也难怪武王曾建议在泰山下面挖一条隧道。地表之下的中国肯定有趣极了，值得大书特书。

我们就此向地面望去，看见众多门廊簇拥着耸立于盘山路上的一道门坊。它建于清康熙年间，有碑文显示修筑时间。有如此多有趣的景点，让人禁不住想挥毫泼墨。但仅仅因为有圆屋顶就把人寿保险公司的办公楼当作圣保罗大教堂是很让人恼怒的。我们正望着与红门牌坊相邻的一天门，那上面刻有以下字样：

登高必自。

这里密集的一道道牌坊让我们联想起中国沿海的沙门岛，那里长期作为安置罪犯的地方。被判到此地流放的人数没有限制，而官粮只够养活 300 人，其余的人就会马上被赶到大海之中，他们的生死全靠"海娘娘"的恩典。

后来一个叫马默的文人被任命为定州太守。受过儒家伦理道德教育的他被这种非人的规定震惊了，他直接把这种残酷的做法向皇上做了汇报。皇帝看了他的奏章以后，即刻下令永久废止沙门作为罪犯的流放地，禁止淹死罪犯。

在皇帝恩准他的计划，颁布圣旨以后，马默小睡了一会儿，他梦见一人双臂分别挟一男女童自天而下，并且对他说："我自东岳来，圣帝有命，奉天符马默本无嗣，以移沙门岛罪人事，上帝特命赐汝子。"①

言毕，天人随即驾黄云离去。当马默醒来后，左右的人都说自己看见了黄云！后来他家果然添了一男一女。

孔子的母亲在泰山脚下求子，得到的结果就是山东的大圣人。

这是多么了不起的结果呀！在当今世界上信徒最多的五本圣书中，除了《圣经》和《可兰经》之外，就要数孔子的著作。有史以来追随者最多的五个人物中孔子不是排在第五位吗？紧靠一天门牌坊处是建于明朝的另一牌坊，上面刻有以下字样：

孔子登临处：
游者经其下也。

看起来是在孔子故去之后很久，人们才开始纪念他登临泰山的，不过这也没有什么值得大惊小怪的，因为从克里斯托弗·哥伦布去世到哥伦布环岛②的建立也间隔了相当长的时间。此处有一组密集的庙宇吸引了我们的眼光，朝圣者在这里可以选择自己崇拜的神，像关帝庙中供奉战神关羽，西院正殿中供奉眼光奶奶，而飞云阁中则供奉观音大士。在许多偏远的村庄，庙里会这样写着："何必离家远游，去寻找遥远的神祠呢？而泰山就在你的家门口。"但在这座圣山上却找不到这样开导众

---

① 语出《古史苑》。
② 哥伦布环岛（Columbus Circus）位于纽约市中央公园的西南角，那儿有哥伦布的塑像。

人的题字。一个用膝盖辛苦地攀登那些神圣石阶的朝圣者,内心一定要有坚定的信念,他会突然对迷信的那一套感到反感,并与其决裂。

那一套信仰体系说来也挺有趣。现在仍有人讲起王老的故事,他住在泰山上,先是学习道教,然后致力于传播道教。在众多访客中有一个不知姓名的老道,在和王老交谈时突然把沸水浇在自己身上,并且说:"给我三桶酒,让我浸在里边,这样我就能够康复。"王老答应了他的请求。老道在一个酒桶里坐了三天。当他出来后,头发和胡子都变黑了,皮肤和脸像孩子一样鲜嫩。老道对主人说:"如果你喝这酒,就会成仙。"王老和家人都喝醉了,突然风起云兴,他们飘然而去。

现在山上的道观中已没有太多的道士。有一个道士不是坐在酒里,而是风干的,他已在玻璃匣子里坐了 300 年[①]。说起道士们的生活,无论是浸在酒里的,还是风干的,都有点不太正常。这些人似乎都加入了主张"无为"的团体。他们相信通过节衣缩食,最后就可以长生不老。那些缺衣少食而毫无办法改变的人是否会有这样的运气呢?照此推定的话,欧洲该有许多男女老少可能会成仙。令人惊异的是幸福的概念竟然是以食为中心的。百万富翁、不法商人、肉食加工商和猪猡都可以从中得到暂时的快乐;道士则颠倒了这个次序,注重自身的修行,通过尽可能减少在食物方面的支出来确保来世的幸福。不管哪种情况,嘴这一器

---

① 可能是指岱宗坊附近"仙人洞"中原先供奉的道士孙真清的尸身。据清代人宋思仁所撰《泰山述记》云,孙真清是直隶河间府阜城县人,游泰山后留居玉皇阁,修行60多年功成道就。康熙四十年即1701年冬天的某一日,孙道士忽然呼唤道徒说:"吾死停于阁内,三年开视,可埋则埋。"说完后就羽化升仙了。十几年以后,他的徒弟打开棺柩一看,师父端庄如生,就专门修建了神龛供奉尸身。又传,清代的乾隆皇帝南巡时来到泰山,恰逢孙道士羽化。当天官府有禁令:一月内不准办丧葬。乾隆皇帝的行宫就建在玉皇阁的南边,孙道士的徒弟万般无奈,就把尸体掩埋在石灰坑中。皇帝离开行宫后,挖出来的尸体则俨然成了一个蜡人。他的徒弟感到非常神奇,认为与道家的尸解之说相符合,就把尸身披上华丽的服饰,头颅进行了修整贴金,腿和脚都裸露着,端坐其中,所以称之为"仙人洞"。从那时到民国期间,许多善男信女接踵而来,因此香火不绝。新中国成立后仙人洞坍塌了,1950年又把他的尸体移到王母池的蓬莱阁里,1964年运往济南,至今下落不明。

官都是和幸福紧密相关的。我不能确信道士的私心就比统治者要少多少。各自生活的本质都是一样的，即为了保命而已。

那个风干的道士是从哪里得到那种想法的呢？是中国本地的吗？这种做法好像起源于印度，连亚历山大都发现那儿的人过着隐居的生活，赤身裸体地冥思苦想，他们属于天衣派信徒①。此前几百年，这种思想即已开始流行，其内在的缺陷也已显露出来，乔答摩②对这种观念做了修正，此后开始出现行乞僧。后来到了1世纪，这一宗教开始超越印度本土，先后传至中国和埃及。隐士、僧人和修道士在欧洲和在恒河流域的修行方式几乎是一样的。在中国其实也没有太大的差异，只不过在修行时显得更为理智一些。在中欧和中国都出现过对这种宗教的厌恶并且一度将其废止。但是一直难以根除，往往都会死灰复燃。中国、德国、英国、法国和意大利可能都曾采取过强硬的措施，但是圣本尼狄克③在西欧实行大规模改革的1400年之后，仍有2600多名黑衣修士聚集在100多家修道院里。在中国也曾有一个皇帝强令僧尼还俗，然而许多个世纪之后，全国各地仍然可以看到身穿黄袍的僧人。

他们的生活似乎是非常消极的，他们不食肉，也不从事耕织；他们既不结婚，也不为别人主持婚礼。在自我保护、营养、合群、性欲和宗教这五项人的本能上，他们不是去努力培养这些与生俱来且非常宝贵的倾向，而是致力于消除其中的两项，并将第三项肢解得面目全非。他们是否有什么可以为自己辩解，并且吸引一个虔诚的灵魂加入他们正在迅速衰落的行列呢？

---

① 天衣派信徒（Gymnosophist）是古代印度苦行教派中的一支，信徒们穿很少的衣服或者不穿衣服，专心于神秘主义的冥思苦想。

② 乔答摩（Gautama）是释迦牟尼之俗姓。

③ 本尼狄克（Benedict，约480—约550）是西方基督教隐修制度的创始人，曾创办了意大利的卡西诺修道院。他为这个修道院所撰写的修士守则后来被欧洲许多修道院所采纳。作为四大隐修教派之一的创始人，本尼狄克也被教廷尊为圣徒。

他们接受了旧式的印度理想，摒弃所有的世俗享乐是这一理想的核心，包括对财产、婚姻生活和个人志向的放弃。普通的社交活动被禁止，然而他们自己还是结成了团体，中国还有许多僧院，尽管其数量在不断地减少。僧院的主要任务是敬神，此外还要培养新的信徒，直到他们可以出道。那些和尚的光头上都有九个用香火烧出来的圆点，作为他们立誓终生为僧的标志。然而关键的问题还是工作。外界的人不明白为什么几百号人就跟寄生虫那样生活，过着饭来张口的日子，就像自己是地主或者国债券持有者似的。因为在人们眼里，不劳而获是可耻的。为了消除这种成见，一些寺院特地种植了茶叶，在一天门附近就种植了一些品种特别的茶叶，其包装盒上标有这座圣山的名称。

其实还应该增加一些追求，当我们对它做出尽可能高的评价时，也想到了一些流言蜚语，谁会说这是一种值得追求的理想呢？难道它不是在本质上就错了吗？上帝创造的一切都是为我们所用，而不是让我们摈弃的。上帝创造我们人类时就分了男女，而违背人生的最基本需求是不人道的。人的意志是不能随便摧毁的，而是应该教育人们，使其意志跟上帝的意志相适应。

除了僧侣以外，我们还看见了许多乞丐，他们都"单纯而质朴"，就像君士坦丁堡①的狗一样，他们也有自己的势力范围。除了其他美德外，他们还有一个可爱的习惯，那就是手里拿个盘子，坐在盘路的正中央，无疑他们指望别人为自己做广告："一个人带了许多好东西去登山，回来的时候却两手空空，这是多么令人遗憾，所以别让任何一个人空手而归。"

泰山的盘路上竟然有这么多的乞丐，这是我们在世界上其他任何一条路上也没有见过的场面。然而我们也从下面这则消息中受益："在一

---

① 君士坦丁堡（Constantinople），土耳其西北部港口城市，即今伊斯坦布尔（Istanbul）。

盘路上众多的乞丐之一

天门下，有一个供游人休息的凉亭，还有一个灵泉。想坐滑竿上山的人可以在那里雇轿夫。"这种滑竿就像一个竹网，六英尺长，座位就像一张弓绑在两根弯曲的竹竿上。滑竿由两个轿夫抬着，他们在两侧平行地往前移动，这样可以免除上下摇晃之苦。"上山慢一点，下山行如飞。"我们很舒服地坐在滑竿上，看见轿夫走在乞丐的两边，而我们则从他们的头顶经过。乞丐们不仅有恒心，而且颇有创造力。他们发明了省力气的装置。他们并不是不分严寒酷暑，终日摆出很难受的姿势向来人点头哈腰，而是做了个稻草人，放在朝圣路上的战略要点上，诱使虔诚的人施舍。这些假乞丐使我们不由得联想起真和尚所造成的不良影响，当老百姓对着泥菩萨祈祷时，他们实际上是遭到了掠夺，因为他们所尊崇的对象是"贪"，即象征贪婪的那只野兽。

这一切都让我们想起在汉武帝准备登山时，官员们先是跪在他面前，随后又在路上散发梨、枣和钱。通过送礼物给别人，朝圣者是不是更有机会从神那里得到礼物呢？乞丐这种为别人提供了施舍机会的行当是否就是这样出现的呢？

我们没有光顾更衣亭，想必那是中国的文人和工匠们所感兴趣的地方。但在看到阎王庙的牌坊①后我们感到很吃惊，我们原以为只有纽约才会有这样的建筑②。或许在翻译这个字眼的时候可以更温和一点，如译成"鬼谷"（Ghost Valley），这样就会让我们联想起四川这个遥远省份的某个地方。事实上那个地方有两条河流——丰河和都河，一条小一些，另一条大一些，按照中国的习惯，两条河交汇之处的那个地点通常就以两条河的名字拼凑起来来命名，于是就有了丰都这个地名。

---

① 可能指岱宗坊东原有的丰都庙，明弘治年间建，祀丰都大帝，配以冥府十王，现已无存。
② 美国纽约城里东河之上一条狭窄的河道，位于曼哈顿与长岛之间，名为地狱门（hell gate）。

法国各地区的命名方式与此有些类似，如塞纳-马恩（Seine-Marne）①。我们的译名应该会让他们先是觉得好玩，网和泥巴，随后又该考虑泥巴网是什么东西。那份惊讶消散以后，我们又坐回竹椅，继续朝天国所在的方向前进，并没有因为有鬼而感到不安。后来一个很有成就的学者证实我们最初的翻译是正确的：丰都峪肯定就是指鬼谷，因为中国的阴间更像是希腊传说中的地狱，而与正统基督教中对地狱的概念不同。

《泰山志》第六卷第5页收入了元代李简的一首诗：

> 石洞荒凉树影孤，
> 州人相语是丰都。
> 古碑犹说韩擒虎，
> 为问于今尚有无。

这里的鬼魂显然都是很守规矩的，山神手下的一个文书证实了这一点，关于他的故事正好适合登山的这一阶段。

六月，住在长州的符先生梦见东岳大帝手下的大臣来访，宣布他已被选拔为神仙，圣谕稍后便会发布，这是正式通知他已获得这份荣誉。几天之后的又一个晚上，大臣再次来到他家，告知他的前任来访，建议他出面迎接。符先生看见一个穿白袍的人坐在轿子里，便挥手示意客人进门。就座以后，穿白袍的人说："我已经被提升。天神知道你心地坦荡，我特地推荐你去补我的缺，希望你不要辜负了天神的好意。"符先生谦虚地回答："我目不识丁，怎么能够为官并且负责诸多事务呢？行行好，另选一个更有能耐的人吧。"但这位神官把为官的秘密和

---

① 塞纳河（Seine）和马恩河（Marne）都是法国北部的河流。

第一部分　青色的东岳泰山 | 087

第四十六司

泰安附近森罗庙内的山神

盘托出："不要紧，我刚被举荐时也是大字不识一个，做过一段时间的官以后就认得了。官府有许多小吏，什么事情都由他们来干，只须管好他们就行。"

很显然，中国阴间的做事方式与坦慕尼协会①并没有天壤之别，权力的作用跟英国国防部差不多。白衣人把所有的官方卷宗都移交给他，同时还交给他一只鹰和一只狗。符先生自然要问这两个动物有什么用。得到的答案是它们的作用大极了，可以日行千里，察人善恶。这在我们讲英语的人听来很有些不雅，是不是鹰是好的而牛头犬是坏的呢？抑或它们是一对组合？白衣官员临走时发布命令，让众小吏听从符先生吩咐，随后就告辞而去。符先生沐浴更衣，不久便无疾而终。

我们路过了数不清的景点，每一处都有名称，而且都能引出一个故事。在一天门和二天门之间，也就是我们攀登泰山的第三阶段，有38处重要的景观！在其中一处，一位游人发现一条溪流从一块岩石上流过，水流变得很宽。他发现，由于哪一边都有流水，所以只要自己坐在岩石上，水会顺着他的衣服被吸上来，这就等于洗了一个冷水澡。听说过毛细引力是如何被发现的吧！这个地方刻有三个大字②，各有水桶口那么大小，万恭将其刻进岩石里三英寸深。这三个字的意思是把经书在太阳下晒干，但我们不知道经书是怎么弄湿的，也不知道为什么要把它们在这里摊开晾晒。另一位游人在石壁上这样记录：水帘的美丽让他想起了音乐，他找来弦乐器，即兴唱道：

夫是倚岱麓之壁也，
斯不亦高山乎？

---

① 坦慕尼协会（Tammany）是纽约市的一个民主党下属组织。
② 即"曝经石"。此题刻位于刻有《金刚经》的大石坪上，系明隆庆六年南昌万恭题书。

夫是临水帘之泉也，

斯不亦流水乎？

为子援琴而弦之，

邀泰山之神，

聆广陵之散。

随行的游人们听了以后非常兴奋，就把此处命名为"高山流水之亭"。

在一本专门描写五岳的书中，要想提及泰山盘路上的诸多景点，并讲述相关的传奇故事（它们大都有事实做根据），而且不破坏各大名山在书中所占的比例，这完全是不可能的。但就像我们西方有些地方用梅迪辛哈特（"巫术的帽子"）① 和凯金豪斯（"爱踢蹄子的马"）这样的词语来起地名一样，值得注意的是，在到达距盘路的起点大约十里远的回马岭之前，我们也见到了注水流桥、天绅崖和鹰石涧等地名。此处往后，山势陡峭，峰回路转，接下来是上百级的台阶路，马至此不能攀登，游人竞相描述这一峡谷的恐怖。因此，这个地方就成为无数故事中的焦点，我们从中选择两个：一个是关于青楼女子的，另一个是关于儿子背着母亲上山的故事。

有一个人去登泰山，同行的有他的母亲和一个行为放浪的青楼女子，一路上险象环生。在一个急转弯处差点发生事故时，他赶紧去扶青楼女子的滑竿而没有伸手保护母亲。在几处神庙烧香敬神以后，他们开始下山。在一处隘路，一块巨石松动，滚下来砸死了青楼女子的朋友。②

平阴县人氏李钦幼年丧父，很孝顺自己的母亲，亲自喂东西给母亲吃。母亲生病后，他为其买药，并最终为了祈求神仙保佑，背着母亲去

---

① 梅迪辛哈特（Medicine Hat）是加拿大艾伯塔省东南部的一个城市，它也是天然气田的一个中心。

② 载于《泰山述记》。

泰山进香。他身穿单衣,不顾寒冷刺骨,忘记了劳累,背着母亲上了陡峭的山坡,沿着"阶梯"到达了回马岭,经过壶天阁,一步一步地来到了山顶。在烧香拜神之后,他又背着母亲下山回家。回家以后,他的母亲梦见一个白衣人为她涂了药膏,醒来以后,病就已经好了。"祸福从来就不会不请自来。"①

我们攀过了陡峭的台阶,经过了十峰岭,又经过了九峰山,寻找青岚岭②未果,在金星阁前也没有停住脚步,过了步天桥、十二连盘和二虎庙以后,大家都松了一口气,我们到达了中天门,这是此次登山中途歇脚的地方,在这里,我们一边吃午饭,一边憧憬着前面的快活三里。

(4)从中天门到小天门

要是每隔几码远就有一处风景吸引我们的目光,那该怎么办呢?我们是否要像一个热切的环球旅行者那样,在牛津城里乱走一气,手里翻着默里编写的旅行指南,迫不及待地想验证一下它的犬齿是否长歪了③:博德林的照相机是否还可以用来拍照,④伊希斯女神⑤是否仍然受到崇拜,大汤姆钟是否还是在每天晚上9点敲响101下?⑥不,我们拿定主

---

① 载于《泰安府志》。
② 原文为"blue points",疑指泰山景点青岚岭,但实际上,该景点与上述两者相距较远。
③ 比喻,意为"书中的描写是否正确"。
④ 牛津城的中心有两个图书馆:博德林图书馆是牛津大学的总图书馆,它的东南面是一个本科生图书馆,那是一个圆柱形的古老建筑,称作"拉德克利夫私室"(Radcliffe Camera)。由于"Camera"也有"照相机"这另一个意思,所以新来者往往对于把图书馆称作"照相机"感到疑惑不解。
⑤ 伊希斯(Isis)是神话中主司生育和繁殖的埃及女神。有一条穿越牛津城的小河便以这个名字命名。它是泰晤士河的一条支流,沿途风景优美,在这条河里撑平底船游览是牛津大学生们最喜欢的一种消遣。
⑥ 这是牛津大学基督教堂学院的一个古老传统。在中世纪,牛津大学的学生跟当地的居民有很深的矛盾,经常在晚上喝醉酒之后斗殴打架。为了保护学生的安全,该学院规定在晚上就寝的时间,敲响学院钟楼上的大钟,召唤本院的学生回来休息。过时以后,学院就会关上大门。之所以要敲101下,是因为当时的学院有101名学生。

第一部分　青色的东岳泰山 | 091

位于泰山二虎庙附近的中天门。M. E. 传教使团　摄

意，把从岱宗牌坊到山顶的无字碑之间公认为比较重要的 146 处景点名单仔细地研究了一下。每一处景点都有其碑铭、景观和相关的历史传说。

在这一路段上可供我们选择的景点很多，有虎阜石、拦住山（它诱惑带有原罪心理的人爬过山谷口的那堆岩石）、三蹬崖（那儿的碑刻告诉我们明人徐用检祈雨并立即得到应验的故事①）和御帐坪（据说是皇帝在登山举行隆重祭祀仪式前的停留之处）。但我们的行程突然出现了一个变化，让我们都松了一口气。到了快活三里，又名快活谷，轿夫们的脸上都露出了笑容，"这一段路又宽又平整，到处都是野生的花草和树木；低矮的茅屋和竹棚就像是荒野中的一个小村庄；这一带没有什么景观、特别之处和高耸的山峰。只有远处的五大夫松石坊算得上一幅美丽的图画"。

在得知五大夫松石坊跟我们的老朋友秦始皇②密切相关的消息之后，我们的兴趣马上就来了。世界上有些人似乎是无处不在的：伊丽莎白女王似乎曾经下榻过英格兰的许多庄园，而苏格兰的玛丽女王曾经被囚禁在一座又一座的城堡里。拿破仑曾在从莫斯科到马德里的大片土地上，以及从波罗的海琥珀到红海珊瑚的广阔海域上都留下过痕迹。对于罗马皇帝哈德良来说，有许多遗址都和他的名字连在一起，如埃及的庞培③墓、耶路撒冷的埃利亚·卡皮托利纳④、提沃利⑤方圆 8 英里的别墅、罗马的圣安吉洛城堡；还有多瑙河和莱茵河之间，以及泰恩河⑥和索尔

---

① 原碑刻在云步桥稍北盘路一侧，今已磨灭，代之以毛主席诗词刻石。
② 盖洛此前在考察长城（1907 年）和写作《中国长城》（1909 年）一书时，对于秦始皇进行过深入的研究。
③ 庞培（Pompey）是古罗马将军和政治领导人。他和恺撒和克拉苏一起组成了三人寡头统治（前 60—前 50 年），但后来被恺撒击败并在埃及被谋杀。
④ 埃利亚·卡皮托利纳（Aelia Capitolina）是古罗马于 135 年在耶路撒冷的废墟上所建成的城市。
⑤ 提沃利（Tivoli, or Tibur）是意大利中部的一个城市，位于罗马东北偏东方向。提沃利现有几个古代罗马别墅的遗址，同样也以其瀑布出名。
⑥ 泰恩河，英格兰北部的一条河，流程约 129 公里，向东流入北海。

威湾①之间的城墙要塞，哈德良长城至今还在引起人们的兴趣。但早在哈德良之前300年，秦始皇便已经取得霸业，在辽阔的国土上掌握了霸权，建立起一个统一的国家，改革了教育制度，并在北方边界上建起长城，以保卫国土。在以前的一次旅行中，我们对于长城及其修建者产生了兴趣②，现在我们又遇到了这位伟大政治家的另一处脚印，眼前的小松林里充满了关于他的故事。还有什么东西能更值得我们关注呢？

这片树林要比始皇帝的年代还要古老，那时这儿曾是神仙的家园。后来这儿来了一个命运很可怜的小伙子。他父亲是一个铸剑的工匠，当时位于北方的韩王令其为自己铸一把宝剑。由于他的父亲费时过长，没能在预定的时间内完成，结果被韩王处死。小聂政是在数周之后才出生的，随着年龄的增长，他开始怀疑自己为什么没有父亲。得知事情真相以后，他独自来到这片树林里寻求安慰和劝告。在树林里聂政邂逅一位神仙，神仙答应教他学琴。聂政在那里一待就是七年，琴技日渐娴熟。当他最终觉得自己已经学成以后，他用木炭把自己里里外外涂黑，又吞了一些下去，以掩饰自己的声音。然后，他确信韩王不会认出他就是被处死的那个工匠的儿子。他效仿父亲为自己铸了一把匕首，藏在琴中。随后他就动身，像布隆代尔③那样来到了宫廷。然而，尽管山间的音乐在远距离之外仍保持了它的魔力，可是似乎其他某个环节还是出了纰漏，聂政最终没能为父亲复仇。这个故事流传下来，记录在古代的史志中。

我们必须记住，中国并非一直是一个统一的国家，但黄河流域是中华文明的摇篮，或许山东是文明程度最好和最高的地方。当时小国林立，

---

① 索尔威湾，在英国苏格兰西南岸与英格兰西北岸之间。
② 参见作者所著的另一本书《中国长城》。——原注
③ 布隆代尔（Blondel de Nesle）是12世纪末法国北部的一位早期抒情诗人，经常在宫廷弹琴吟诗。

不时会有一个强人起来统治它们。欧洲中部也曾经历过对小国的兼并，先后处于查理曼大帝①、亨利一世②、巴巴罗萨③、查理五世、哈布斯堡王朝④和霍亨索伦王室⑤的统治之下。当时间到了公元前255年以后，在原先名义上属于周朝统治的辽阔地区，诸侯国中一个强国——秦国的国王剥夺了周的宗主国地位，结束了其号称近900年的统治。后来他的孙子继承了霸业，在他手中，使秦从原先的一个小国成为一个统一的大帝国。但他为政极为谨慎，在统治国家25年之后，才宣布称帝，成为中国历史上的始皇帝。对原先一个小国的统治者来说，势力迅速膨胀并且压倒原先势均力敌的对手，逼迫原先名义上的盟主退位，总是有一定风险的。尽管其他国家和后世的人们对此人评价甚高，但同时代的人对他的看法却非常令人沮丧，如下所示⑥：

始皇⑦既霸，会诸侯与葵丘，而欲封禅。

管仲曰："古者封泰山禅梁父者七十二家，而夷吾所记者十有二焉。……昔无怀氏封泰山，禅云云；……周成王封泰山，禅社首：皆受命然后得封禅。"

---

① 查理曼大帝（Charlemagne）是法兰克国王（768—814年），而且是罗马灭亡后西欧第一个帝国的创始人。
② 亨利一世（Henry the Fowler, 876—936）是919—936年期间在位的德意志国王，虽未加冕神圣罗马帝国皇帝，但后人称其为亨利一世。
③ 巴巴罗萨（Barbarossa）是神圣罗马帝国皇帝，1155—1190年在位。
④ 哈布斯堡（Hapsburg）是一个德意志皇室家族，其成员曾于中世纪后期到20世纪这一段时期内分别在欧洲各国任统治者，在西班牙国王查理五世统治期间达到其鼎盛时期。
⑤ 霍亨索伦（Hohenzollern）是自1415年起控制勃兰登堡的皇族，1525年以后开始控制普鲁士。在弗里德里希一世（1701—1713年在位）期间，该家族所占有的国土统称为普鲁士王国，从1871—1918年，这个皇族的国王统治了德意志帝国。
⑥ 此处引文出自《史记》卷二十八《封禅书》，本是描述管仲劝阻齐桓公封禅，与秦始皇无干，本书作者却有意或无意张冠李戴，把此事加在秦始皇头上。本书其他地方也有诸多与史实不符之处，但译者尽量保持原作面貌。
⑦ 应为"桓公"，下文同。

始皇曰:"寡人北伐山戎,过孤竹;西伐大夏,涉流沙,束马悬车,上卑耳之山;南伐至召岭,登熊耳山以望江、汉。兵车之会三,而乘车之会六,九合诸侯,一匡天下,诸侯莫违我。……"于是管仲睹始皇不可穷以辞,因设之以事,曰:"古之封禅,鄗上之黍,北里之禾,所以为盛;江淮之间,一茅三脊,所以为藉也。东海致比目之鱼,西海致比翼之鸟,然后物有不召而自至者十有五焉。今凤凰麒麟不来,嘉谷不生,而蓬蒿藜莠茂,鸱枭数至,而欲封禅,毋乃不可乎?"始皇乃止。

另一个传说显示了儒生阶层对这位伟人怀有深深的敌意:

始皇二十八年,登封泰山,至半,忽大风雨雷电。路旁有五松树,荫翳数亩,乃封为五大夫。闻松上有人言曰:无道德、无仁、无礼而得天下,妄受帝命,何以封?左右咸闻,始皇不乐而归。①

然而另一处记录则持相反的态度,《封禅书》中是这样解释的:

即帝位三年,东巡郡县,祠驺驿山,颂秦伟业。于是征从齐鲁之儒生博士七十人,至乎泰山下。诸儒生或议曰:"古者封禅为蒲车,恶伤上之土石草木;扫地而祭,席用菹秸,言其易遵也。"始皇闻此议各乖异,难施用,由此而绌儒生。而遂除车道,上自泰山阳至颠,立石颂秦始皇帝德,明其得封也。从阴道下,禅于梁父。

此处记录只关注仪式本身,省略了对当地的描写。对于发生在松树

---

① 出自《独异志》。

下的事情有互相矛盾的描述，但可以肯定的是，封禅队伍在登山途中遇到暴风雨，不得已到松树下面躲避。而那些被剥夺参加封禅仪式权利的儒生则对出现的不祥之兆感到鼓舞。

下面的故事我们是从《泰山志》第六卷第13页了解到的。登山途中，皇帝遇到五位为保卫国家而立下功劳的人，对他们进行了封赏。这件事似乎也使得儒生们愤愤不平，他们坚信笔杆子要比刀枪更有威力。这里我们又记起好像还有另一位皇帝无论如何也难以调和文武两大阵营之间矛盾的事。外交官问："你们所说的北京是什么意思？"一个武将回答："我们用这个词称呼那些不打仗的人。"外交官马上就顶了回去："啊，就像我们用'有教养'这个词来称呼所有的非军事人员一样……"①

由于当时始皇帝受到过一群儒生的攻讦，后者就用这件事情来诋毁皇帝的名声。秦始皇在处理此事时显得很机敏，他从为其遮雨的树中选出最高的五棵，以受到奖赏的五位将军的名字来命名，一并称它们为"五大夫松"②。

在费力地读完了一些史书、方志和相关的注释之后，可以发现这是一种相当严厉的责难。这个话题在《泰山志》中记述颇多，因此我们在这里也用了相当多的篇幅来讨论这个话题，而古代关于土地神是一棵松树的说法使得这一问题更加复杂化了！如果联想起发生在泰山上的这一事件使得整个中国的教育体制发生了变化，导致"焚书"和480名儒生被坑杀，读者想必该会理解为何本书在这方面要费如此多的口舌。

这里我们从《东齐纪事》中摘录了一个注释，值得注意：

---

① "北京"（Peking）和"有教养"（civil）这两个词都是双关语；前者暗指"哈巴狗"（Pekingese），后者暗指"平民"（civilian）和"文官"（civil servant）。

② "五大夫松"原指一棵，后讹为五棵。

秦始皇下泰山，风雨暴至。休大树下，因封其树为五大夫。初不言其为何树也，后汉应劭作《汉官仪》，始言为松。盖松在泰山小天门，至劭时犹存，故知其为松也。五大夫，盖秦爵第九级，如曹参赐爵七大夫，迁为五大夫，是也。后人不解，遂谓松之封大夫者五。①

西方也有类似情况，比方说，巴斯骑士和巴斯城②之间有什么关系，为什么最低级爵士③的妻子称为"夫人"，金羊毛骑士与萨洛尼卡的詹森之间究竟有什么关系，这些事情是容易解释清楚的吗？

尽管在秦始皇时代或许真的有五棵松树，但今天恐怕没有人愿意去找到它们，其实这并不是办不到的事情。我们倒是希望那个地方永远有五棵常青的松树，正好可以印证东岳是青色的，也正好和五行中的木相符合。

显然这里的破坏很严重。秦统一之前900年，在章宗在位时，这一带山上的林木极为茂密，成为强盗藏身之处，就像罗宾汉时代的舍伍德森林④。承晖奉命到此地剿匪，盗贼开始退缩，但有一些盗贼仍然固守在密林深处，按察司征召数千人砍倒树木捣毁匪巢。承晖如此回答：

泰山五岳之宗，故曰岱宗。王者受命，封禅告代，国家虽不行此事，而亦不可赭也。天下之山亦多矣，岂可尽赭哉？议遂寝。⑤

---

① 出自许观《东齐纪事》。
② 巴斯（Bath）是英格兰西南部的一座市镇，在布里斯托尔港的东南面，以乔治王朝的建筑和温泉而著名。
③ "Knight bachelor"在英国指最低级的爵位。
④ 舍伍德森林（Sherwood Forest），以前英国中部一皇家园林，是传说中罗宾汉（Robin Hood）和他的追随者行侠仗义的地方。
⑤ 出自《金史》。

我们顺便看看立于嘉庆七年八月（1802年）①的石碑。碑文称赞山东布政使康基田在泰山植松树22000棵。碑文要点如下：

> 泰山，天下之大观，非独鲁所瞻也。然古干参天，森阴夹道者，惟对松山为最。……榮守泰安之二年，太原康公子承天命陈臬二东，吏畏民怀，政不牢而咸集。丙辰三月按部至郡，斋速登山，为民祈福。时榮方募民植柏千章于盘道旁，公见之欣然曰："是所以培护山灵者，不可以不遍。"遂捐俸入为倡，增植万株，使泰安尉张廷模董其役。未几，而公晋秩维藩。洎丁巳春，……载礼岱宗，则前之列植者，柯叶郁然，顾之益喜，复命募植万株，盖通前所植，凡得二万余株矣。秋七月，公奉有巡抚江苏之命，濒行属榮纪其事。在昔，《甘棠》之诗曰："召伯所茇。"又曰："召伯所憩。"一践历止息之处，犹令人爱慕之如是……自今伊始，都人士女与四方宾客之来此邦者，瞻岩岩之象，望葱葱之气，相与低回，留之不能去，固知近不异于古所云也。……榮不文，揣公之意深且美，不可不传于人。兼告夫后之守是邦者，俾勿剪勿伐以无忘。……
> 岱宗坊至红门种柏两千一百八十六株
> 东西眼光殿种柏一千株
> 红门至万仙楼种柏四千五百十六株
> 万仙楼至茶棚种柏一千六百株
> 茶棚至斗姥宫种柏四千八十六株
> ……

---

① 立碑时间似乎应为嘉庆二年（1797年），泰安知府金榮撰文并书丹，立于红门宫下约20米处路西。

我们禁不住也要美言几句。希望这样的督抚能多多地出现！

300年前，一场暴风雨给这里造成了巨大的破坏。原先朝阳洞北有一棵古松颇有君子傲然不倚之势，名"处士松"，又有人称之"独立大夫"，这让一个文人非常生气，不明白一个东西为什么要有这么多的名字。引起争论的这棵大树于1603年被刮倒了。这是万历三十一年的夏天，一块巨石从上面滚落，这样大风就刮倒了处士松，这块巨石便是飞来石。

最后提到的这种事情再常见不过了，不幸的是，英国浸礼会传教士仲君安[①]就是在这样一次意外中丧命的，当时他正在做翻译工作。然而，有时候泰山上的石头也知道该如何扬善惩恶，我们在前面提到的那个青楼女子情人的故事就是这样的。

> 一个武秀才的品行不端。每当他遇到好占便宜的人，他总是劝他们去捣乱。他经常撒谎，吹牛，满脑子只想着怎么让自己的腰包鼓起来。对于损害别人的财产和给人家带来损失，他从不在乎。因此大家都讨厌他；连道路都给他白眼。
>
> 他跟别人一起去登泰山敬神。在一个危险的路段，一块大石头从一百丈高的悬崖上落下，声若雷鸣。前后的人都安然无恙，轿夫也毫发未损。大石头恰恰把他完全压烂，他身体的油脂溅满了那块从悬崖滚落的巨石。他被压得粉身碎骨，家人只捡到了他的一个手指头。

当坐在小天门（即"诚意坊"）休息的时候，我们用阅读地方志来作为消遣，细读了第六卷第13页上的一首诗：

[①] 仲君安（Alfred Jones）是1876年来华传教的，他死于1905年。

> 黑龙潭中蛇母出，霜鳞剥落腥云湿。
> 毵毵长髯十两针，挺挺直骨三千尺。
> 神灵呵护元气钟，驱霆战雨摇苍空。
> 坚刚节操振今古，滥爵肯受秦王封。
> 波涛满地阴风起，万籁飔飔成律吕。
> 材堪柱国苦弗试，肃然遗弃空山里。
> 青青颜色无秋冬，吞冰吐雪经磨砻。
> 工师一日如相逢，终当献入蓬莱宫。①

然而，将这首诗歌翻译成英语，简直就像"挟泰山以超北海"②一样困难。

（5）从小天门至南天门

我们已经攀登到了云雾缭绕的地带，用约翰·济慈的话来说，就是走进了大自然的观象台。

> 雨中登泰山，只见山谷为云彩所笼罩，成为白茫茫的一片。白云似飞絮，乌云则与树木融为一体，松树似乎是乌云身上长出的枝丫。每当有风吹过，它们便摇晃起来，好似龙王抖动胡须，要把眼前的人吞下去。

这种经历是任何一个登山者都会遇到的，无论是在瑞士、挪威、苏格兰，还是在美国，都是一样。失望的游人一次又一次地这样描述，就

---

① 姚奎《五大夫松诗》。
② 这无疑是墨子下面这句名言的变体："挟泰山以跳河池。"——原注

像王世祯在第五个马年的正月六日所写的那样：

> 余自戊午、己未间，有事于泰山者三，而其稍可纪者第二游也。其初游为正月晦，自清源谒台返，与海道宋丈大武偕，夜浴于使院，三鼓起，启堂之北扉而望，若曳匹练者，自山址上至绝顶，又似聚萤数万斛囊中，光熠耀不定，问之，乃以兹时士女礼元君，灯鱼贯而上者也，其颂祝亦隐隐可听云。以黎明入山，即阴晦，浮云出没眦际，十步外不辨物，第觉舆人之后趾高，而余前偻而已！即绝顶亦无所睹见，且寒甚。宋丈迫欲返，还憩丰都宫，趣觞举者数，而后肤不粟也，甚悔之。①

相隔几百年的另一个游人又做了如下的评论：

> 尝腊月冲雪登岳，至御帐，云烟模糊。至十八盘，天宇开霁，俯瞩山腰，犹有云霭。及下山，大雪如故。冬春之交，诸崖谷出烟雾，寒甚，初尚可指数，顷则暧叇蒙覆，尽失山形。少霁，溪壑林木及楼阁檐牙凝结冰花，珠络粉缀如画。尝于春时晨，观山半云布平密，绚烂一色，宛然倒看天宇。四月以后，山多蒸湿不可居。五六月亦寒，衣必绵，卧必炕，早暮如深秋。夏时暴雨，山半风激云涌，雷声电光，皆出其下，隐约见麓地，白波沆漭如海，顷忽云升岳巅，则上下皆雨。人饮诸崖水多泻，惟瑶池、白鹤、水帘、五花、玉女数泉甘美，元君祠东崖一窍，泉滴如珠，昼夜出一斛许，其味尤佳。②

---

① 出自王世祯《游泰山记》。
② 此段文字出自高海《泰山胜览》，高氏为嘉靖时人，与王世祯大体同时。作者言"相隔几百年"似乎有误。

穿"绵"这种双层单衣的想法听起来确实不错，但是一种神奇的帽子更适合这个地方。山下有人专门从事这种编织行业，他们从遍山的野草中选取合适的叶子，如荷叶等。这种材料编成的席子在冬天肯定让人暖和一些。可能它们在夏天还可以吸热。另一类材料，即暖草，其制作方法就不同了，必须将它们搓在一起，直至草茎中的纤维出来为止——这种做法是在《拾遗笔记》一书中记载的。

山泉随处可见，即使在这样高的地方也是如此，但人们警告说喝从悬崖上流下的水会导致腹痛。据说只有五处泉水适于饮用，其中王母池的水尤为清澈甘洌，无与伦比。这里的水来自东崖的石缝，水滴状似珍珠，彻夜不停。但口渴的游人还须来得早，因为一夜到天亮，所存下的水不过9品脱。①

很奇怪，这么多的云，这么多的雨，有时候这里还会出现干旱。这样的干旱非同寻常，所以山上有专门祈雨的地方。过了圣水桥，再经过梦仙龛，我们到达了龙门牌坊，在鸡鸣峰侧翼下，就是新盘口。过去人们都是蜂拥到旧盘口处祈雨，因为这个地方过于狭小，有些人被挤下了悬崖。后来火池被挖开，修建了新盘口，现在人们就方便多了。但我们相信，如果还能找得到的话，肯定会有一些怀旧的人到旧盘口去，毕竟那里有几百年的历史渊源。

> 汉武以元封元年登封泰山，二年，久旱不雨。公孙卿曰：黄帝时封则天旱，乾封三年。言三岁不雨，暴所封之土令乾也。帝乃下诏曰：天旱，意乾封乎？乾封之名始此。②

---

① 品脱（pint）是英美的容量单位，英制1品脱等于0.568升，美制1品脱等于0.473升。
② 出自《泰山纪胜》。

很自然，主要问题还在另一方面。我们惊奇地发现，泰山的盘路，包括它的坡道、防护墙、直道和台阶都修缮得很好，而它不可避免地会遭受猛烈的暴风雨的袭击。由于泰山是一座龙山，所以经常要依靠阵雨和倾盆大雨，所以当我们听说雨下起来以后经常不能及时停下来的事情时，根本就不足为奇。

200年以前，皇帝颁布过这样一道诏书：

> 康熙五十六年六月初六日，泰山大水，盘路倾圮，命江南学臣林之浚、江西学臣鱼鸾翔修理。

这样的工作竟然交给了两位学政！这两个方面之间的密切联系就是，它们涉及了钱的事情，有某些环节必须打通。

在思考东西方之间根本的共同点时，我们必然要跨越一条似乎并没有什么特别之处的桥梁。只有在事后我们才会认识到我们已经穿越了天空。生活中精彩的时刻总是这样出乎意料地降临到我们身上！藐视上天算得上是一种经历，而穿越天空更是一种非同寻常的经历。懊恼之余，我们决定放弃攀登鹰羽峰、飞龙岩和翔凤岭①；因为谁也不能保证我们能在上面遇到龙或孔雀。但我们在升仙坊②附近停留了一会儿，因为这个地方的含义是人可以变成神仙。但没有题刻可以告诉我们这样做的秘方。我们听说在几码之外的草地上张炼师③建了个草棚，周围都是紫色

---

① 十八盘新盘口北耸立两座山，东为飞龙岩，西为翔凤岭。
② 位于南天门紧十八盘的下端。
③ 张炼师名张景岩。《泰安府志》有如下记载："（张）隐居泰山，结茅为庵。以庵上有明月嶂，曾产灵芝，号曰采芝。东郡赵鼎臣，政和七年夏四月登岱。至十八盘绝顶，与友坐月下，席地而饮。俄闻窸窣有人行声。赵心动曰：山中暮夜，安得此声耶？有顷至，延坐问之，则张景岩也。年五十余，须鬓如漆，语言纯直，无方士虚诞气。酒数行，探怀出茯苓、松叶佐酒。茯苓出地未久。歌道曲数阕。酒尽，穿东岭而去。"

通往南天门的陡峭山路

的蘑菇，可以想象，随意吃这些神秘的东西肯定会有助于成仙。我们还听说有一个君王曾在一个月夜彻夜坐在地上，为奇妙的声音而着迷；但在这大白天恐怕不能指望听见这天籁之音。这一切都说明十八盘似乎很有名。实际上，这一带的三个十八盘在古代即有记录：紧十八，慢十八，不紧不慢又十八。道边有铁链帮助朝圣者攀登最后一段陡峭而危险的台阶路。

走到这儿，我们禁不住发出感叹，十八盘的建筑者确实匠心独具。《汉书》有《环路》一文记载下了胆小的游人当时既恐惧又兴奋的心情。

> 俛视溪谷，碌碌不可见丈尺。遂至天门之下。仰视天门，窔辽如从穴中视天。直上七里，赖其羊肠逶迤，名曰环道，往往絙索可得而登也。两从者扶挟，前人相牵，后人见前人履底，前人见后人顶，如画重累人矣，所谓磨胸石，扪天之难也。初上此道，行十余步一休，稍疲，咽唇燋，五六步一休。牒牒据顿，地不避湿暗，前有燥地，目视而两足不随。早食上，晡后至天门。①

大概现在盘路的状况应该比当初好了一些，就像新盘口和旧盘口之间的区别一样。现在有了精心铺设的那种曲折迂回的坡路，埃及人所使用的是斜面。古代巴比伦之金字形神塔和墨西哥的金字塔神庙（科尔特斯②的士兵们就是在那儿把抵抗者都推了下来）是否也采用了中国人的技术呢？坐在当地人的滑竿上荡来荡去地登山是一种愉快的记忆；但那些当地人至少不是这儿寺庙的信徒和积极捍卫者，事实上，他们都是回民，即我们所渴望见到的那种对于偶像崇拜的坚定反对者。

---

① 此文引自《后汉书》注，不是出于《汉书》。作者有误。
② 科尔特斯（Hernán Cortéz，1485—1547）是著名的西班牙殖民者，他在16世纪征服了墨西哥和秘鲁。

很奇怪，为何能欣赏到如此壮观景色的人能不为上帝的杰作所打动，反而去拙劣地模仿。当然，崇拜的本能就是人们在对于山峰、深谷、随风摇摆的树、飞翔的云彩，以及陡峭的悬崖进行思考时所引发的。但是，人们为什么不在摩崖石刻上引用一位堪与华兹华斯媲美的中国经典诗人的名作，来把思绪引向上帝呢？

> 在狭小石缝间的每一处转弯，
> 迎面搏击的清风显得迷乱而绝望；
> 那急流仿佛来自清澈的蓝天
> 而岩石就在我们的耳边咆哮；
> 这一切仿佛出自同一个头脑，就像
> 同一张脸的特征，同一棵树的花瓣，
> 同一本伟大《启示录》中的字眼，
> 具有永恒来世的模式和印记，
> 有首尾和中间，但却没有终点 ①

但这儿并不像别处那样，靠路边的简易小祠堂来吸引香客，而是每隔几米远就会有一个华丽的寺庙，许多奇形怪状的菩萨塑像给人们的心灵带来凌辱。120年以前，有人记录了这里十六家敬神的尼姑庵，十六家具有同样目的的寺院，十家道教宫观，十六家庙宇，三家为称作半仙的人而立的神祠，十六家祭祖的祠堂，一座供奉着诸多神灵的高塔，十六家敬奉主神的主要寺庙，此外林林总总还有很多。

人们为什么要用泥巴来塑造神鬼的形象呢？因为两者都会吸引人们

---

① 华兹华斯，"辛普朗关隘"（"The Simplon Pass"），1799年。罗塞蒂编辑的《华兹华斯诗歌全集》，第114页。——原注

南天门附近的盘路。在石阶的底部是一个回民的滑竿。

三天门，俗称南天门。天街从这儿一直延伸到碧霞祠。盖洛 摄

的注意力并且会受到某种形式的崇拜。两者的功效在各方面不是都很明显吗？的确，有些人怀疑魔鬼的存在，爱默生①就是其中一个。但是卡莱尔②带着他走遍了英国所有可怕的地方，去酒店，还领他到下院，每到一处总是问同一个问题："现在你相信魔鬼的存在了吗？"每到一座这样的高山，周围的一切都会让你相信神的存在，但各处的门帘、笛子、铙钹、钟、铜锣、旗帜、条幅、香和泥菩萨像等则冲淡了对神性的感觉。毫无疑问，如果你停下来打听的话，会被告知这些器物各有各的作用。算盘，一个木框带着细绳和珠子，在店铺和账房里是常用的工具，但如果把它当打字机或收银机来用，就会显得很滑稽，这意味着什么呢？这可以提醒朝圣者，你所做的一切，不管是善还是恶，神都会分门别类记得一清二楚。但朝圣者这样真的会得到好处吗？是不是这个念头可以让他镇定下来，或者说他每天用来骗人的工具只会给他带来愉快的回忆，让他回想起他从一个粗心的顾客那里占了便宜呢？

所有这些物品摆在那儿，主要是为了吸引朝圣者，让他们掏出口袋里的钱。在大直沟上的游人们会在这儿看到一个算命先生带着他的兔子，那儿又是一个卖卡片的货摊，还有一个船夫在急于带他到其他地方去，这会让他心烦意乱，因为这样他就不能独自去静静地观察大自然的奇观。但至少这些令人讨厌的家伙在为火山神建造寺庙，在破坏玄武岩的形状，把它们变成供人顶礼膜拜的凶神恶煞时，并没有让人们付出很高的代价。在泰山有许多敲诈勒索的现象，但都打着宗教的旗号。当汉代的皇帝于1世纪听说出现了新神，派遣使团西行取经时，他们并没有去幼发拉底河一带，在那儿可以遇到基督教的传教士，而是一时糊涂，往南去了印度，就这样犯了一个灾难性的错误。他们带回了菩萨偶像，

---

① 爱默生（Ralph Waldo Emerson，1803—1882）是美国作家、哲学家和美国超验主义思想的中心人物。

② 托马斯·卡莱尔（Thomas Carlyle，1795—1881）是英国历史学家和散文作家。

这显然是中国人第一次（？）产生了偶像崇拜。虽然佛像能给人带来难以言喻的平静，并且能使人感到安宁，但佛教在中国的发展却产生了完全不同的模式。在一般情况下，中国普通的菩萨形象面目可憎，形态丑陋，既窒息人们的想象力，又令艺术家们感到失望。在菩萨的形象中可以找到众多的魔鬼特征。当然，还是一位古罗马作者说得好："神并不是由工匠或雕塑家造出来的，而是由崇拜者造出来的。"

也不是每一位游人都会屈服于这些诱惑。实际上，有些人似乎不夹带丝毫的情感和宗教感，就像那位著名的圣人那样：

> 孔子登东山而小鲁，登泰山而小天下，所登愈高，所见愈大，天下之理固是如此。虽然，孔子岂但登泰山而后知天下之小哉？①

这个地方是神圣的。但泥菩萨像、石像和铜像却损害了这种神圣感，这是多么令人遗憾的事情啊！为什么不坚持武夷（Wu Yih）破除偶像的做法呢？据说他把一排排用木头和泥做的菩萨像聚集到一个地方，让人把它们排成打仗的阵势，然后命令属下与其交手。在毁掉了这些菩萨之后，他致力于恢复人们的士气，敦促大家不要相信这些出自人工的偶像。人要比偶像更加伟大。

但好像还是有些因素吸引许多人这样去做。文人可能会满足于孔子干巴巴的说教，到泰山来只是为游山玩水，好像这些地方本身值得一看。但卑微的苦力在精神上有一种渴望，正如勃朗宁②所说："我想奔向上帝。"他多年的积蓄终于使他得以完成漫长的朝圣之旅，并且可以在圣山上抚慰自己干渴的灵魂。但愿他很快就会发现，仅有这些庙宇和偶

---

① 引自《泰山志》卷十九《逸事记》。
② 罗伯特·勃朗宁（Robert Browning, 1812—1889）是19世纪维多利亚时代的英国诗人。

像是远远不够的。来听一下下面这位笃信上帝的西方人所表达的理想：

我作为朝圣者来到了圣山，
手里并没有拿着一炷焚香，
也无金银冥纸，鲜艳而虚伪，
那朝圣者特有的普通供品。
寂静首先降临了茫茫大地，
还有内省所带来的恐惧感；
我信任天父的慈爱和威严，
为自己深重的罪孽而发抖。
我能带来什么祭祀的供品，
以献给圣山顶的威严上帝？
他所要求的是"心中的焚香"，
并谦卑地遵循他神圣的意志。
太阳坠落于西方的云彩之中，
黑夜的斗篷快速地降临大地。
上帝的声音乘清风穿透寂静，
探究心灵的上帝赋予我神力。①

---

① 该诗的作者为詹姆斯·B. 科克伦。这首诗刊登在《江南传教使团的报告》之中。——原注

第三章　岱顶的五个部分

（1）岱顶

过了南天门，我们就最终到达集中了主要景点的山顶平台，那儿的一些主要景观会令游人倾倒。有一个中国人宣称，在泰山极顶可以看到一万里之外的地方，据信孔子看见了一个遥远城市里的一匹白马。然而我们的目光满足于眼前所能看清楚的近处美景。由无数令人筋疲力尽的台阶所组成的盘路缠绕在山坡上，就像是一条蠕动的蟒蛇，而遍布寺庙的泰安城则安详地依偎在泰山脚下。山顶远端的景色——只有登上最高处才能看到，可以说是美妙绝伦。变化多端的色彩和波浪般起伏的群山，让我们不由得想起了美国亚利桑那州的大峡谷。走在盘路上时，我们的注意力在大自然的美景、巧妙的建筑艺术和人工景点之间游移；到了山顶的平台上以后，无疑是一种宗教感首先涌上心头。这儿是圣地中的圣地。在圣保罗大教堂，观光者首先会在一楼信步欣赏塑像；然后会花六便士到地下室去瞻仰那些英国民族英雄的灵柩，接着到楼上图书馆去看一看珍贵的文学宝藏；然后再到走廊里试试音响效果，低语几句毫无意义的傻话；随后他会再花上几先令吃力地爬到楼顶，爬进球形的塔楼；然而，在所有的景观之上傲然挺立的则是十字架。在泰山上也是这样，游人经过三天门（南天门），进入天街，最后到达举行祭祀大典的地点时，心情马上就平静了下来。

登山虽然辛苦，但好在没有一处大门是关闭的，游人不会为此感到扫兴。当英国上议院的首席引导员黑杖侍卫走进下院，通知说国王要召

神圣泰山的岱顶。千秋万代的人都怀着崇敬的心情仰望过这个山顶。盖洛 摄

见他们时，他总是当面砰地把门关上。游人到东耶路撒冷参观时，按照正常的朝圣程序，从洞穴到建筑物，再从建筑物到花园，他都要走进一个门洞，这个门洞故意建得很低，谁都难以自如地直立着进去，许多人需要双膝跪下。那儿有一个古老的谬论，认为通过让肢体做出某种姿势，便可以使人的灵魂具有可塑性，通过举行某些仪式，可以给人灌输上帝的恩惠，或者在极少数情况下，剥夺上帝的恩惠；通过让狗摇尾乞怜，人会变得有一个好心情！

岱顶门坊的建筑师没有受到这种错误思想的支配，他没有通过一些伎俩让有些人在进门时感到屈辱，让另一些人感到愤怒，而是把门建得高大宽敞，让游人进入时真正具有人的尊严，可以和伙伴并肩而行，没有岗哨盘查，也没有门房来收费。

或许，在身体姿势方面我们也有一些可说之处：雅克·戴尔克劳斯先生会说，灵魂可以通过身体有节律的动作表现出来，四肢自由和无拘无束的动作会有助于使人的灵魂从襁褓带的束缚中解放出来。跪在皇帝面前叩头的人，以头撞地，清楚地表明他在皇帝面前感觉自己只是一介尘土，但人在上帝面前表明自己的虚弱并不是多么耻辱的事情。穆斯林跪在祷告的垫子上，和尚跪在圣坛面前，这种表达感情的方式正好印证了他们的智力水平。他们做到了所能做的一切，坦白了自己的信仰。就在这座山的山坡和山顶上，每天都有成百上千的人释放自己的内心需求，以他们最虔诚的方式来此地朝圣。假如我们具有同样的信仰和热爱，假如受过更多教育的我们愿意帮助向那些满怀渴望的灵魂传授知识的人，那该有多好啊。

我们就停留在古代举行盛大祭天仪式的这一场所，沉浸在山顶平台所特有的气氛之中。当初，为了普天之下所有人的利益，统治者在这里主持祈祷仪式，以求"九州归顺，万民同心"。这种活动得到了广泛的认可。我们上面已经提到过秦始皇是如何组织当时就已经算是古老的祭祀仪式，并以此来表明他已继承至高无上的权力。我们也已经说过，当初儒生是怎么讥笑他的。即使在2100多年以前的那个时代，帝王就有非到此处敬神不可的传统。在近代，以来自北方的满清贵族为例，看看他们是如何以同样的方式来证明自己的皇族有资格君临天下，如何宣称自己代表着天下百姓的利益。克伦威尔①可算是17世纪英国最强大的统治者，但在他拒绝王位和那个纯金王冠之后，学究们便说他的掌权只不过是叛逆，他的所有追随者都应受到惩罚。威廉三世即位后，诋毁他的人称，威廉知道自己不算真正的国王，所以不敢清算国王的罪恶，以及他的权威不足以使腐化堕落者望风而逃，就像君权神授的国王所能够做到的那样。只不过偶尔才出现一个拿破仑式的人物，敢于不理睬兰斯②及那里的传统仪式，自己策划新的仪式，并另选一个地点，让一个教皇出席加冕典礼——虽然只是充当看客，但教皇的在场便等于承认了加冕皇帝的合法性。康熙皇帝急于附和被征服臣民的一些成见，蓄意迎合他们，就像诺曼底的威廉在西敏寺所做的那样。因此在康熙五十二年（1713年）五月二十五日，皇帝派遣吏部侍郎孙柱献祭于东岳泰山之神。

> 惟神名著岱宗，位尊乔岳，发生庶类，膏泽东维。朕缵受鸿图，抚临区宇，殚思上理，夙夜勤求，惟日孜孜，不遑暇逸。兹御极五十余年，适当六旬初属。所幸四方宁谧，百姓久和，稼穑岁登，风雨时若。维庶征之协应，爰群祠之备虔。特遣专官，式循旧典，冀益赞雍熙之运，尚永贻仁寿之麻。俯鉴精诚，永垂歆格。

---

① 奥利弗·克伦威尔（1599—1658），英国军人、政治家和宗教领袖，他在英国内战时（1642—1649年）率领国会军队取得了胜利并要求处死查理一世。作为英格兰的护国公（1653—1658年），他实际上实行独裁统治。

② 兰斯（Reims）是法国东南部一城市，位于巴黎东北偏东。作为罗马高卢的最重要城市之一，它长期是法国国王的加冕场所。

别忘了，康熙不过是一个侵入中原的外族人，为中国人所鄙视，就像当初希腊人瞧不起马其顿人一样，但他急切地想嫁接到中国的传统中去。

现在我们再回到由汉人统治中国的时代，看一看明朝的情况。从关于明朝一段短短120年内的记录中，我们可以发现皇帝有三四次派人来此参加祈祷和赞美泰山的活动。拿洪武皇帝作一个例子再合适不过了，他是这一皇族的创始人，曾坦白地暗示自己参与了推翻蒙古统治者的起义。他自己曾出家为僧，但又觉得那个时代既需要祈祷又需要实际行动，他最终使这个国家摆脱了外族的统治。隔了一代人以后，赵宗寿率众叛乱，皇帝只得派兵进发龙州。但皇帝并非完全仰仗武力，在派兵前往是非之地的同时，他也求助于天神。他是通过别人去泰山祭祀的，这是颇值得注意的。尽管他曾经也是僧人，他却选派道士乐本然和国子监监生王济作为使者，另外，他并非吩咐二人直接求告天神，而是诉诸泰山之神，让泰山之神代为转告。

> 昔元末兵争，伤生者众。予荷皇天眷命，岳镇海渎山川效灵，诸将用命，偃兵息民，今三十年矣。兵燹之余，民方安定。迩来西南戍守诸将，不能昭布仁威，但知肥己虐人，致令诸夷苗民，困窘而奋，怒攻屯戍，致伤戍守善民者。予非敢用兵，由是不得已，指挥诸将，帅兵进讨。然山川险远，彼方草木茂盛，烟岚云雾蓊郁之气，吞吐呼吸，则人多疾疫。此行人众，各辞祖父母、父母、妻子，涉险远以靖边夷，以安中夏。万冀神灵转达上帝，赐清凉之气，以消烟岚，早定诸夷，速归营垒，得奉祖父母、父母，眷属团圆，是其祷也。

洪武皇帝的祷告颇有成效，战事也很顺利。两年后，洪武皇帝死去，

第一部分　青色的东岳泰山 | 117

泰山最高处的御亭，即根据谕旨修建的碧霞祠。照片为王教授 [Professor L. S. C. Wang] 所赠权力传于家人。此后不久,他的儿子永乐接掌政权,但他不是在父亲定都的南京登基,而是迁都北京,那是过去蒙古人统治中国时的都城。他也派使者去了泰山。

前面几篇引文内容都是指派合适的官员以恰当的方式去向泰山之神传达敬意,下达指令的分别是三位著名的皇帝——康熙、洪武和永乐。下文则出自武宗正德①的朱笔,发布的时间是正德六年(1511年)。皇帝派山东布政使徐永告祭泰山:

> 正德六年,遣山东等处承宣布政使司右参议徐永告曰:去岁以来,宁夏作孽,命官致讨,逆党就擒,内变肃清,中外底定,非承洪佑,曷克臻兹!因循至今,未申告谢。属者,四方多事,水旱相仍,饿殍载途,人民困苦,盗贼啸聚,剿捕未平。循省咎由,实深兢惕。伏望神慈昭鉴,幽赞化机,灾沴潜消,休祥叶应,佑我国家,永庇生民。谨告。

在这里皇帝是向泰山神求助,当后者未出手相助时便苦苦恳求,而在得到佑助以后则表示谢恩。

在所有这些例子中,我们可以看到泰山神没有受到足够的重视。这几位皇帝都没有亲自造访泰山,他们都是派遣使者或顾问去代行祭祀。

(2)无字碑和文人

在中国的伟人中,有两位格外引人注意:一位是著书的孔子,另一位是焚书的秦始皇。秦始皇尚武,孔夫子修心。秦始皇的笔迹刻在石上,孔子的则写在竹简上。秦始皇靠外在力量一统天下,孔子则以内心理想

---

① 明武宗朱厚照,1506—1521年在位,年号正德。

影响全国。秦始皇在泰山上留下自己的痕迹,因此为外国人所知,孔子则为此后几千年奠定了中国的教育理念。在泰山这个中国宗教的心脏,历代人对于秦始皇和孔子这两人的记忆是通过两个形成鲜明对比的建筑结构而保存下来的。在紧靠古代祭天的圣坛,也就是在通向东岳极顶的台阶下,有一块"青白色"的石碑,上面没有刻字,没有图画,没有浅浮雕,也没有高凸浮雕,完全是一片空白,这就是无字碑,即秦始皇的纪念碑。不远处有孔庙,其构造与我们先前描述的庙宇大致相同,孔子的直系传人一直在这里主持祭祀。

  这里庙宇绝不罕见,石碑更是不可胜数。"泰山共有碑刻一千八百余处。"此时在我面前的就有 11 块石碑,碑文早则刻于 56 年,晚则刻于 1770 年,内容各不相同。谁会没有听说过摩押①石碑、西罗亚②铭文、巴比伦圆柱形石碑、克娄巴特拉③方尖碑、比西斯顿摩崖石刻,以及其他许多古代的碑刻呢?但如果一块石碑不是用此山所产石材,而是预先制好,派人不辞辛苦地沿着羊肠小道运到山上,立于万众瞩目之处,且其历史线索和目的均不可考,那就真有点奇特了。如果有人提出这样一个观点,认为碑上原有刻字,后来一些儒生因为痛恨秦始皇焚毁古代书籍,为图报复,凿掉了所有的字,这种说法是否令人吃惊呢?当然这种可能性也是不能完全排除的。实际上,出于对立碑人的敌意,损坏石碑,更改或抹掉碑文的例子并不罕见。雅典的帕特农神庙就不用说了,埃及的多处方尖碑都出现过这种情况,其实我们还知道在中国,不,就是在泰山,也有非常类似的例子。金棨,《泰山志》的作者,在书中说他从一家佛教寺庙的记录中得到了一些资料,下面的铭文即摘自一块残碑:

---

  ① 摩押(Moabite)是位于死海东部的一个古代王国。
  ② 西罗亚(Siloam)是指耶路撒冷城外的一个水池。
  ③ 克娄巴特拉(Cleopatra)是埃及女王(前 51—前 49 年和前 48—前 30 年),因其美貌及魅力而闻名。

此山前面有石龛,龛有石像,从弥勒佛并侍卫菩萨至神尊兽等,记九躯。唐初有童儿名善子,十岁已下,自相魏间来于此山舍身,决求无上至真之理,(缺一字)启首(缺两字),四体遂堕,未及半虚,五云封之西去,其音乐(缺两字),天风错(缺两字),毕寺缁白,无不瞻听。乃凿此山成龛,立像旌之,曰"证明功德"。暨乎会昌五年,会去佛(缺一字),天下大同,凡有额寺五千余所,兰若三万余所,丽名僧尼廿六万七百余人,所奉驱除,略无遗子,惟此龛佛像俨(缺一字),微有(缺一字)残。大中五年奉旨,许于旧踪再启精舍,寺主僧闻于州县,起立此寺。

其他记录都是残缺不全的,但即使从上述记录中,也可以看出碑文曾被蓄意破坏。另一个例子或许是所谓的"亡母碑",此碑的一些铭文在乾隆二年被凿去。有记录说"此碑从未被推倒过"。

问题就出在这儿。这样的石碑可以轻而易举被推倒,并进而遭到破坏;毁坏者只须随意凿掉几个字,这样就能损害宗教改革者的宗教兴趣。凿掉字的事情真的发生过。对秦碑来说,是不是所有的字都被一一凿掉,留下一块无字碑呢?

还有一种可能性,那就是焚书坑儒的秦始皇未完成题字就去世了,石碑没有完工就运到这里立了起来。学者们对这两个问题产生了争议,但并没有得出结论,因为这两种说法都是无法验证的。除了一个人表示怀疑外,大家好像都一致认为该石碑的式样跟那些被确认的秦朝石碑十分相像。可能还有一点需要补充,该碑通体无字,对后世的一些人来说是一个诱惑,他们试图补上碑文:现在碑上就有一个醒目的"神"字。要是这块石碑传达的唯一信息就是这么一个字,那是多么适当啊!

我们并不想为此事得出一个结论,但我们的看法是,秦王原打算把这块石碑作为自己的墓碑,或者说是墓碑之一。我们知道在西方曾有人

秦始皇的无字碑，也许是世界上被人触摸最多的一块石碑。位于玉皇顶脚下

玉皇顶院子里，围在八角石栏杆中的是真正的泰山顶。盖洛 摄

这么做，在中国，这样的事情更是不胜枚举。送人一副好棺材当生日礼物绝不是什么稀奇事。我们不假思索就可以记起押沙龙①的故事，尽管他在死后被抛进森林的坑里，身上只盖了一堆石头，但他其实早就为自己备好了一块漂亮的墓碑。当然，我们对于远在别处的秦始皇陵的真实情况也有所了解②，但有时候一个人死后未必能葬在自己生前所中意的地方，可能会不得不采取其他的方案。在英国，许多人都会设想自己身后能在西敏寺有一块长眠之地，但最终往往遭到拒绝。秦始皇或许突发奇想，打算死后葬在泰山，就像罗兹③死后葬在马托普一样。此外，一个人死后只能葬在一个地方，但可能在其他许多地方都有碑铭以示纪念。

秦始皇大概设想过为自己和朝臣在泰山上建造华丽的陵墓和纪念碑。果真如此的话，这一愿望是多么愚蠢啊！那样的话，除了纪念碑上的碑文能达到使他的名字永为人们铭记这一目的外，它所起的作用肯定赶不上这块无字碑。试想，千百年来，围绕无字碑展开了一场场暴风骤雨般的争论，使他的名字一次次被重新记入史册，与石碑比起来，这些记录更加不可磨灭。在此我们想起了几年前曾为许多美国少年所传诵的汉纳·F.古尔德的诗句：

> 独自一人我漫步海边，
> 一只贝壳握在手间，
> 我俯身将名字记在海滩，

---

① 押沙龙（Absalom）是《圣经》中的一个人物，即大卫王的第三子，后因背叛其父被杀。
② 见盖洛《中国长城》中的"秦始皇陵"一章。有些对秦始皇持敌视态度的学者认为此碑不是秦王所立，而是汉武帝于公元前110年立的。其主要论据见于《泰览》一书：（1）秦朝独石碑立于现在的碧霞祠原址，而无字碑在玉皇庙附近；（2）该碑碑面十分光滑，除了一个"神"字外，没有刻写或涂抹的痕迹。——原注
③ 塞西尔·约翰·罗兹（Rhodes, 1853—1902）是英国资本家和殖民者，他于1890年成为开普殖民地的首相，后来又协助殖民化了现为津巴布韦的那块领土。

还有这一年,这一日。
我离开此地后继续向前,
回头望去,我目光游移,
一个大浪又高又急,
冲走了我刚写下的字。
可是对于能数清沙子数量,
并把海水捧在手里的上帝,
我知道有一个永久的印记,
会跟我的名字铭刻在一起。

这里我们不由得怀疑 2000 年来的坏天气是否足可以抹掉题字。但在看了独石碑以后,我们打消了这种怀疑,没有任何迹象说明天气的影响会和古代题刻的消失有关。当然,时光确实一直在凿去所有的碑文,时间的确在不停地把所有的石碑变成无字碑。

秦始皇建此碑比许多人想象得要聪明。如果碑上刻字的话,可能不会比其他石碑更引人注意。但一个硕大、空白的碑面——这会让人驻足,令人惊奇。我们对无字碑已经说得太多了,没有顾及圣山极顶的其他石碑。

同时,无字碑的表面还保留了一个字:"神"。对于使徒保罗来说,这是多么好的文本啊,他可以站在雅典的泰山上,大胆地对那些有文化素养的听众说,他之所以来,是要给他们讲他们从不认识,却在懵懂中崇拜过的神。对于一个传教士来说,这又是多么好的文本啊,他可以站在山东省的雅典卫城上,面向对神一无所知的孔子庙堂,对所有辛辛苦苦沿盘路上山的朝圣者说,他可以向他们介绍一个耶稣·基督,后者能给所有因负担沉重而疲惫不堪的人带来安宁!

诋毁秦始皇的人在关键的历史时刻一定想废掉此碑,而且所有的文官都曾受过严格的儒家思想的教育,他们利用手中的权力来这么做是不足为奇的。一位山东巡抚讨厌这块滋生迷信和怀疑的石碑,命人将它移走。但人们正要这么做时,突然电闪雷鸣,下起暴雨来,仿佛此举惹恼了天神。巡抚本人虽然不相信迷信,但还是就此罢休。"正是在封禅泰山,庆祝自己征服天下的时候,颇为看淡伦理道德(如果他有的话)的始皇帝首次对于七十名儒生的干扰感到恼怒,后者试图按照古代圣贤的先例来制定法律。"① 奇怪的是,在那些受过教育的游人笔记中,经常会提到他们"触摸了无字碑"。令人诧异的是,古代的习俗居然会有那么大的力量,明明知道这样做是彻头彻尾的迷信,但这些儒家弟子仍然照做不误。

孔子和泰山,这是一个多么奇妙的结合啊!人们肯定急切地想知道这位圣贤跟家门口的这座圣山之间有哪些渊源,还有孔子跟他所熟知的泰山历史之间有什么关系。孔子的门徒无疑肯定问过他许多关于舜帝时期禅让的事情。我们在下面摘录了孔子的几句话,显示孔子对于泰山的魅力一定是有感觉的:

> 子曰:智者乐水,仁者乐山;智者动,仁者静;智者乐,仁者寿。

在这里,我们又想起了金棨,他的《泰山志》有一个很出色的附录,最后引用了众所周知的名言:

> 棨少时读《孟子》,至孔子登泰山而小天下,心目中即时时悬一泰山之象,思一登之而不得。迨壮岁游京师,官光禄,佐郡闽海,来往齐鲁间,屡于马首瞻视,皆以邮程促迫,未获一登。岁甲寅,奉天子命,擢守泰安,治近岱岳。

---

① 引自庄延龄(E.H.Parker)所著的《中国宗教研究》,第166页。——原注

原来这位大圣人真的登过泰山，并且为天下变小这一景象所打动；这样的感受在任何高处都会碰到，只不过泰山是他的家乡鲁国的最高峰。他对泰山本身又怎么看呢？恐怕找不到明确的答案，然而这正是孔子处理许多问题的方式。有把握的事情他就说，而且说得很好。但对于宗教，他几乎闭口不谈，在别人问起时就声明自己一无所知，不过他在有一个场合还是曾经说过："敬鬼神而远之。"因此我们可以理解为什么孔子对宗教色彩很浓的泰山通常是保持缄默，并且在缄默中带有鄙视，因为孔子向来不言怪异之事。我们记得《论语》第三卷中说到这样一件事情，孔子看到一个贵族要去祭祀泰山，便对一个门徒说："女弗能救与？"尽管所居之处离泰山很近，但孔子却很少去登泰山，这就好比一个人对百老汇耳熟能详，却从未跨进过三一教堂①的门槛。然而却有很多传说把孔子和泰山联系起来。

在泰山脚下，孔子及其门徒遇见一个妇人在啼哭。孔子让子路前去打听。子路问："你哭得如此伤心，仿佛有双重的悲哀。"妇人泣不成声地回答："是的，以前我的公爹被老虎吃掉了，现在我的丈夫又死于老虎之口。"孔子听了以后上前问道："那你为什么不离开此地？"妇人回答："这里没有苛政。"圣人听了以后感慨万千，对弟子们说："你们可要记住呀，苛政比猛虎还要可怕啊。"古代还有一个与此相关的谚语："东山的老虎吃人，西山的老虎也吃人。"

在上面关于老虎的著名寓言中，其教训是关于外部社会的。而下面的故事则更深入一步，涉及了人的本性。孔子遇到一位从高山上下来的隐士，②此人以鹿皮为衣，并用草绳系之，一边随意弹着七弦琴，一边唱着歌。圣人上前问道："先生，是什么事情让你这么高兴呢？"而孔子

---

① 三一教堂（Trinity Church）是纽约市百老汇路上的一个著名大教堂。
② 这位隐士名叫荣启期。

本人认为人在世上有五种幸福。隐士的回答是:"我有很多值得高兴的事情:天生万物,人最为贵,而我是一个人,这是第一乐事;男尊女卑,而我是男人,这是第二乐事;有些人未能活着出世,并见到日月,有些人没能活到为母亲送终,而我已经活了90岁,这是第三乐事。大多数人过的都是穷日子。我和大伙一样。我只想像一般人一样过一辈子。还能有什么不称心的呢?"圣人点头称赞:"你说得很对,知足常乐嘛。"

在去世前五年,孔子回到山东故里以后,忍受了巨大的悲痛,圣人终于有机会去实践"知足常乐"了。过世的前几天,他又想到了泰山,这样对人说道:

太(泰)山坏乎!梁柱摧乎!哲人萎乎!

他的死讯传开后,众人纷纷哀叹,"泰山崩塌了"。

这些可靠而又具有代表性的故事说明了山东贤人的平均水平之高。实际上,孟子认为泰山在山东大大小小的山中,虽然论高度是鹤立鸡群,但所有的山都是属于同一种类型的;同样,圣人与普通人相比也是如此。"自从人类出现至今,还从未曾有过像孔子这样的完人。"如果说对他的教义没有什么可抱怨的话,应该说中间有些空白令人失望。孔子的风格跟蒲柏①一样平实,但不似德莱顿②那样激昂。在泰山极顶的平台上有为他而建的庙可谓实至名归,不过他的碑与秦始皇的无字碑不同,上面有题字。但让我们感到高兴的是,我们也有同样崇高的教义,而其中的幻象是孔子所未曾见识过的。我们发现我们的导师有时候保持沉默,但

---

① 亚历山大·蒲柏(Alexander Pope,1688—1744)是英国诗人,其最著名作品之一是讽刺史诗《夺发记》(1712)。

② 约翰·德莱顿(John Dryden,1631—1700),英国作家和桂冠诗人(1668年以后),是英王复辟时期文学界的杰出人物。

那是我们不能够理解,并不是因为他无知。他的话简明易懂,而且深奥,给人启迪。孔子至多能告诉我们关于在尘世生活的道理,而基督则告诉我们在尘世该如何生活,以便天国的大门为自己而敞开。孔子只知道"小天下",而基督则会补充说,在圣父的天堂里有着许许多多的琼楼玉宇。

(3) 碧霞元君

"十八个天仙般的少女也比不上一个瘸腿的小伙。"这就是中国人对女子的看法;这种说法是否也包括了仙女?看起来仙女们确实值得多加注意。山坡上遍布小树林,每一片小树林中都有一座庙宇,我们将会调查一下这些庙宇。我们不必去招惹大慈大悲的观音菩萨。当然这里也有一个观音庙,但她主要是佛教中的神,谁都可以轻易了解到她的事迹,所以这里就不需我们多费口舌了。

我们听说过一个疾病女神的故事,尤其跟天花有关。这种疾病对于汉族人就像腮腺炎对美国人一样,孩子或早或晚都不能避免。所以人们祈祷的时候,不是说希望不得这种病,而是希望别太严重。这就是我们接种疫苗的原则:及时的一针可以顶日后的九针,很严重的疾病只需轻微的一点疼痛即可减轻。因此母亲们来祷告时都会说,"天花奶奶,让我的孩子生得轻一点吧"。

对于其他疾病来说,还有一种斜板,朝圣者的手在上面滑过一次,病情就会减轻一分。

这里还有一座眼光奶奶庙。尽管这里的盲人不似埃及那么普遍,但也是到处都可以看见盲人在乞讨,所以上天自然会为他们指派一位仙女来治这个病。眼光奶奶非常专注,结果在前额上长出了第三只眼睛,这大概是一种返祖性,因为过去人就曾有过这么一只眼睛——这是解剖学家告诉我们的,只不过因为需要骨骼的保护,后来它就完全缩进脑壳里

泰山顶上碧霞祠内的鼓楼庙

碧霞祠内的正殿。盖洛 摄

面，被称为脑垂体。现在女神又让它从里面长出来，在她的前额上闪耀着光芒，意在鼓励人们向她求得光明！

其他女神也都各司其职，有的掌管桑蚕，有的负责送子。在送子娘娘的殿堂前可以看到心怀感激之情的母亲为还愿而供奉的祭品，她们还带来了自己儿子的模型，穿戴很整齐。但所有这些娘娘在这儿都只是配角，因为泰山顶上的主庙是碧霞祠，供奉的主神是"天仙玉女碧霞元君"，又名"泰山娘娘""泰山老奶奶"或"碧霞仙子"。她还有其他名号，但这些便足以说明她的身份了。

一位版画家笔下的碧霞元君。此拓片的原名为"泰山天仙圣母图。她的隐居生活，修身养性和成仙"

毫无疑问，在黄河和黄海之间的广大地区，碧霞娘娘受到特别的重视。她的生日被定在四月十八日，在这个日子还需很久才到来之前，就可以看到来泰山朝圣的人川流不息，直到五月十日这一天，登山者达到了惊人的数目。众人皆知，皇帝此时会派遣一个满族侍卫官代他前来祭拜泰山，届时一切都会准备停当，只等使者到达后举行隆重的祭祀。但这个日子只是民众的节日，民国时期是这样，清朝时期也是如此，根本不考虑官方是否会同意。人们都打扮一新，带上鸡、酒，以及家里所能拿出的其他好东西。他们也不会忘记带上香和纸钱。凌晨3点，人们认为这是元君娘娘生日的开始，以铜锣为号。此后的12个小时之内，锣鼓声、钟声、鞭炮声不绝于耳，以便唤醒碧霞娘娘，让她高兴。人们纷纷焚烧纸钱，几乎都找不到烧香的地方。念经声此起彼伏，大家争先恐后，或吟诵标准的祷文，或即兴创造新作。人们几乎不提罪孽，而是不断请求得到元君的赐福和各种保护，以免遭妖魔和水灾的危害。无论贫富，都是如此。更有许多妇女跪在那里，给玉女磕头。我们游览期间，适逢省主席的夫人在那儿祭拜碧霞娘娘！

一位山神在暗中帮助碧霞元君。拓片

那么，这位在泰山占支配地位的碧霞元君究竟是什么样的人物呢？我们所发现的最早的答案是 3000 年前的。周文王在位时，有消息说姜太公掌管的地区一年内滴雨未下。一天晚上，文王梦见一个美丽的女子来告诉他说：

"我是东海边泰山神的女儿，嫁给了西海龙王。我要返回东海，但地方官姜太公挡住去路。他是一个很有德行的人，我不敢借狂风暴雨回家。"

文王醒来后，派人招回善良的姜太公，此后，从西边刮来的狂风暴雨持续了三天，泰山女神得以回乡探望父亲。随后，文王封姜太公为大司马。

碧霞元君：一只猴子为她送来有长生不老功效的仙桃。拓片

泰山神违背女儿的意愿，把她嫁给了地中海的海神——或许是波塞冬①——但她对他厌倦了，就像其他许多少妇一样，想回父母家。这可以让我们对有关爱琴海文化②的问题有一个新的认识。最近几年，我们已经认识到，距今约1200年以前，在黎凡特③一带出现了灿烂的文明，那里的宫殿和城市的建筑在某些方面非常先进，如此先进的排水设施在欧美直到19世纪才为人们所掌握。后来这一文明突然终结，此地又重新进入野蛮状态。按照我们的主观臆测，可能是这个帝国突遭某种海难袭击；也可能是强大的海盗突袭克里特岛和弥诺斯文化的其他中心，彻底毁灭了这一文明的核心。但依据《泰山志》第十九卷的记载，我们可以提出完全不同的另一种猜想。这是中国第一次努力把其先进文化传播给西方的蛮夷。另一位女神在耶路撒冷也遇到了同样的麻烦，那个地方的牧师要么把供品吃掉，要么自己占有供品，挪作他用。所以，仅仅六年以后，卜一任皇帝在没有惊扰百姓的情况下仅用了60天时间重建碧霞祠。现仍有一处碑刻记述了该祠的盛景：铜瓦，桂柱，松梁，深紫色镶板，上面有雕饰，并且还有镶嵌了金银珠宝的橡木，紫色的挂帘等。可是这一切都毁于一场大火，只剩下了18件可怜的文物！

在这里，我们至少可以看到一位数百年来一直得到人们热切爱戴和崇拜的女神。人们把她和青色联系在一起，这是新鲜草木的颜色，而泰山的圣物就是树木。因此，这里有生命之树，有无穷的创造力，它是万物之母。

因此，嘉庆皇帝在位时，望子心切的皇后就曾求助于这座神殿。她在嘉庆十一年送来了给碧霞元君的特殊请愿书：

---

① 波塞冬（Poseidon）是希腊神话中掌管海洋、地震及马匹的主神。
② 爱琴海文化即指兴盛于爱琴海（Aegean Sea）一带的文化，如克里特等地的青铜器时代文化等。
③ 黎凡特（Levant）是指第一次世界大战之前地中海东部自土耳其至埃及地区诸国。

碧霞元君面对眼前的老虎面无惧色。此拓片的原名为"泰山天仙圣母图。她的隐居生活，修身养性和成仙"

皇帝临御海宇，十有二载，皇储未建，国本尚虚，百臣万民，无不仰望。兹特遣官敬诣祠下，祇陈醮礼，洁修禋祀，仰祈神贶，默运化机，俾子孙发育，早锡元良，实宗社无疆之庆，无任恳悃之至。谨告。

这里纪念物甚多。最受欢迎的物品之一，同时也特别适合女神庙这一场所的，是泰山仙人镜。

天仙昭鉴。

上面的题字值得记住，而重复下面的祷文也是很有意义的：

> 上太山，见仙人，食玉英，饮澧泉，驾蛟龙，乘浮云。
> 白虎引兮直上天，受上命，寿万年，宜官秩，保子孙。

人心从根本上说是一样的，所有人最纯洁的欲望也是相通的。但是一旦窥视心境，会发现每个人距这一愿景还很远，也会让一个人满怀渴望地求助于某位仙女或神仙，后者才能真正使祈愿变成现实。

（4）舍身崖！摔碎金碗

山顶上的碧霞祠算得上人类最高智慧的结晶。从 58 处最重要的景观中，如果要挑选上帝最杰出的作品，我们认为应该首推一个高耸的悬崖。由于人类的智慧在这个地方的长期误用，它也被赋予一个凶险的名字——舍身崖。在这座圣山上，人们所崇拜的主神碧霞元君是生命女神，人们到此山朝圣的主要目的也是为了长寿，而这个悬崖的名字本身却意味着提前结束生命。中国的伦理规范会允许它有存在空间吗？不。是不是人们以宗教的名义来到这里，用自己的生命来献祭呢？西方的伦理规范中有这样一种意识，正如罗伯特·布莱尔在一首诗《坟墓》中所描写的那样：

> 责任要求我们静候上帝召唤，
> 没有上天许可不敢擅自动弹，
> 如哨兵注定要保持同一姿势，
> 随时等待被解脱的那一时刻。

但在亚洲的最东部，人们的思维方式完全不同。我们不必去考虑日本武士拥有自戕的特权，其实这和德国的习惯如出一辙。在德国，如果一个军官辱没军人荣誉，他的同事会递给他一把左轮手枪。在日本，有

第一部分 青色的东岳泰山 | 137

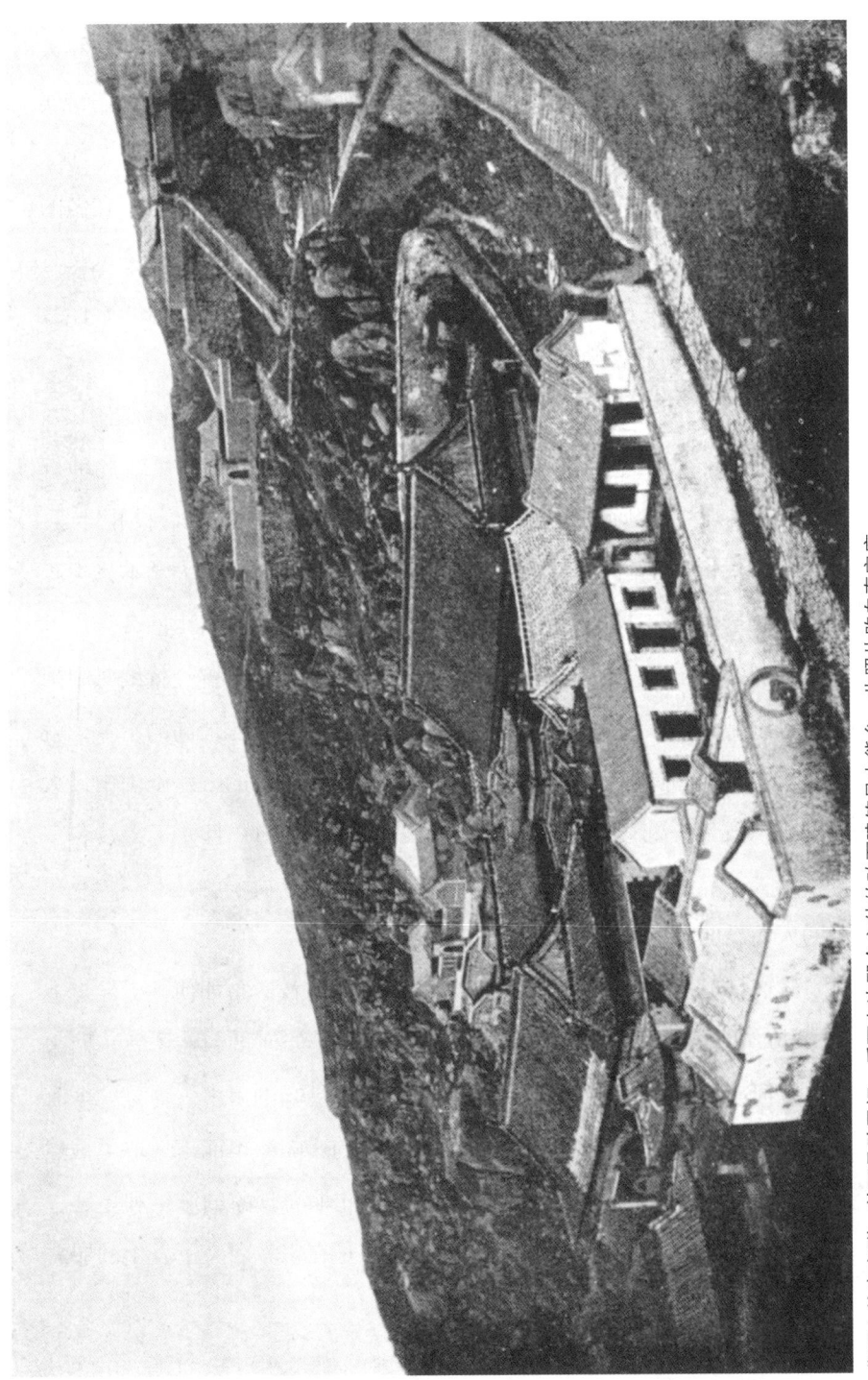

岱顶上的寺庙群。前面是碧霞祠，后面左边那个立体的砖石建筑是大熊台。此照片购自泰安府

两种情况会使一个人主动告别这个世界：一种是社会性的，一种是私人性的。假如一个日本人无法让上司认识到他们正在考虑的行动是错误的，作为抗议的最后一招，他不是软弱无力地在一份报告上签字，而是会惹人注目和从容不迫地自杀，这样公众就不得不注意当权者正在做的事情。另外，如果一个年轻人觉得断送了自己的前程，尤其是考试没有考好，选择自杀是常有的事。这样的行为是现代人的一种自私的行为，不能与爱国者的自我牺牲相提并论。

那么自杀这种行为是从哪里来的呢？其实这个名称本身直指中国。只是在中国，人们不会因为考试分数这样微不足道的事情采取此种行动；在中国典型的例子是，妇女们目睹欧洲士兵的禽兽行径后投井自尽，以生命为代价保全名节。日本人的一种新方式与此类似：大学本科生爬到柱子、悬崖或火山上，纵身跳下。我们不是立马就在泰山的舍身崖上看到这样的例子了吗？如果说中国人对自杀的看法来自曾经持续对中国产生过影响的日本的话，那么中国人应该会把自杀看作最高的奉献，就像寡妇殉夫一样。最引人注意的是，在五岳，即中国的五座圣山中，大多都可以发现一处"舍身崖"，即一个适合这一目的并且便于将其名字宣扬出去的悬崖。我们能认为伍尔沃斯大楼的某个窗子就是专门为寻短见的人而设的吗？中国人并没有这个意图。

我们已经提到过吕坤①在第一次登泰山的时候，是如何被引导走上一段40级台阶的险路，到了悬崖边上，他又是如何抵制住诱惑，回来以后如何痛恨僧人因宣传迷信而引导人们做出愚蠢的事情。他是一个有世俗头脑的榜样，没有受到环境和僧人说教的影响，本能地采取了截然不同的态度，并且以官方名义采取行动，制止罪恶现象的滋生和蔓延。

一些没有宗教信仰的人发现并且反对某种在宗教名义下发生的罪恶

---

① 盖洛所用的人名（Yui）难以查寻，但明代吕坤的《回车岩记》中却有相似的记载。

现象，想来这是一件令人悲哀的事情。但在这儿的泰山上面，直到现在舍身崖还是岱顶58处宗教场所之一。幸运的是，就像善良的吕氏所希望的那样，国家进行了一些干预。明万历年间巡抚何起鸣在崖侧筑起围墙，防止人们跳下去，以遏制自杀现象的蔓延，这就像福州的一个水池边上注明"不得在此溺死女孩"，也像是纽约中央公园的水库周围为防止自杀而设的栅栏。巡抚何起鸣做得更好，他不仅给人提供身体上的保护，通过法律对企图自杀者进行劝阻，而且采取一些很细致的措施，从情感上对人进行引导。有一个被人书面或口头上称为"舍身崖"的地方是件危险的事情，语言对我们影响之大超出我们的想象。于是何起鸣便将此处更名为"爱身崖"，消除了对自杀的暗示，从而给人一种积极的联想。这些措施后来得以延续，在此摘录林之浚《围墙记略》片段为证：

> 日观之东有崖焉，陡绝万仞，望而目眩，心掉者久之，俗名为舍身崖。村鄙小民其计穷无可复之者，往往寸心糜烂，欲以幸来生福利。其始也不知创自何人，后遂沿以成习，岁或一二见。州佐守张君怒然伤之，丁酉冬，君奉檄监岳顶税，未匝月，以舍身告者凡三人。君益惨恻不自安，因筑垣以阻其径。其长余三百尺，高十有五尺，募山之践更者守之。有徘徊垣下及逾垣而跳者，则诘其所由来，为之宽譬而遣之。自是阅五岁，不闻有舍身者，君虑垣日久，寖以颓毁，守者亦因以懈怠，后之人不能继其志也，请余为文，勒诸石以垂不朽。

因此，当游人如今来到这个特定地点时，不会再有人要他为守护的僧人缴纳为了自杀而付的最后一笔钱。他会看到两处碑刻，一首颂文，一首歌词，可以让他对宗教进行更好的思考。

研究如何阻止自杀的方法和手段是一件非常有意思的事情，即使在这座山上，冒险精神也促使我们思考石碑上所刻的颂诗和歌词，这样的石刻是功德无量的，它们矗立在那里，就像是一个路标，引导人们打消走上绝路的念头。

悬崖上的张位歌
〔明〕张位

养老送终若无托，大是不孝灭天理。
或有无聊祈后身，更望莲花佛会人。
富贵多忧乐是苦，见身清净便登真。
万仞身轻一鸟落，骨肉为泥魂渺漠。
女愧成名清风崖，男非丧魄天禄阁。
东岳苍苍德好生，谁哉作俑诬神明。
乘云托世转相诳，千秋万祀坑愚民。
我今作歌劝来者，神人梦授语非假。
泰山鸿毛宜自思，珍重此身莫轻舍。

最后我们会注意到，由于反对自杀的潮流已定，我们从古代也能找出同样的宗教先例。勾魂就是泰山神的职责，《泰山志》第十九卷中的一个故事说，如果没有得到召唤，谁也不能来，来了也不会受到欢迎。什么时候把谁招来都是严格按照生死簿的，有一次，泰山神手下文书就犯了一个错误，没到时间就把一个人招了过来：

  汉献帝建安中，南阳贾偶，字文合，得病而亡。时有吏，将诣泰山司命，阅簿，谓吏曰：当召某郡文合，何以召此人？可速遣之。时日暮，遂至郭外树下宿，见一年少女独行，文合问曰：子类衣冠，

通往舍身崖的路。盖洛 摄

何乃徒步？姓字为谁？女曰：某，三河人，父见为弋阳令，昨被召来，今却得还，遇日暮，惧获瓜田李下之讥，望君之容，必是贤者，是以停留，依凭左右，天明各去。文合卒已再宿，停丧将殓，视其面有色，扪心下，稍温，少顷，却苏。后文合欲验其实，遂至弋阳，修刺谒令，因问曰：君女宁卒而却苏耶？具说女子姿质、服色、言语本末。令入问女，所言皆同。方大惊叹，竟以此女配文合焉。①

从那以后，泰山神再也没有同时招来过两个灵魂，尽管过错是在文书身上——或许他会因此被解职，对那些不请自到的轻生者他该怎么办呢？不能让一个"舍身崖"辱没圣山的名声；于是"舍身崖"变成了"爱身崖"。

（5）午夜在岱顶

岱顶风景可圈可点之处太多，我们不好一一道来。这儿有天街；这儿还有五花崖上的试心石，那儿只能容一个人爬上去，两块巨石"钩"在一起，容易摇晃，只有心诚的人才可以安全爬过，如果一个人心不诚，石头就会摇晃让其跌入谷底。这儿还有日观峰，曾有无数人在此目睹太阳的两个红色大圆盘"互相吃掉对方"。到这儿的人都不会错过孔子庙，就在离碧霞祠不远处；而从碧霞祠向北更高处有玉皇庙。这里也有"极顶石"，标志着此地是泰山最高处，它还有两个名字："巅石"和"太平顶"。曾有一座庙②建在极顶石上，有一次一位虔诚的官员在此祭拜，据说他发现神仙瞪着眼睛，开口说话，命令他把庙清空，一点点地把它拆掉，然后小心地把土清扫干净，只剩下岩石本身，恢复其原本的素朴

---

① 这个故事最早见于《搜神记》，亦收入《泰山志》卷十九中。
② 即太清宫，又名玉皇观，今名玉皇庙。

第一部分 青色的东岳泰山 | 143

香客们从圣山上下来时看到的情景。他们的目光越过南岳街的村庄,看到岱庙高大的正殿,以及远处的赤山。此照片底片由凯勒博士提供面貌。

幸运的是，关于这位大学者万恭的正史纪传得以保存了下来。

隆庆壬申春，黄河泛溢，输道梗湮，天子忧皇，命恭若曰："汝其治水。"逾夏河成，灌输悉尽，天子怿豫，命恭若曰："汝其东禋①。"于是臣恭以八月禋泰山，报成绩也。余乃历巉岩，逾险绝，抚秦碑，登日观。已乃陟山巅，谒天宫，忽缁衣蹁跹，目瞪足践招余曰："是泰山巅石也。"余异之，视其上室如锢也，视其下砌如砥也，而恶知夫泰山之巅？又恶知夫泰山之巅之石？余喟然叹曰："夫泰山擅四岳之尊，而兹巅石又擅泰山之尊，乃从而屋之，又从而夷之，又从而践而履之，今尊贵不扬发，灵异不表见，余过也，余过也！"亟命济倅（济南府知府的属官）王之纲撤太清宫（即玉皇殿），徙于后方，命之曰："第掘地而出巅，毋刓方，毋毁圆，毋斫天成，返泰山之真已矣。"倅乃撤土，巅出之。巅石博十有一尺，厚十四尺有奇，耸三尺，戴活石焉。东博二尺五寸，厚一尺三寸；西博一尺八寸，长八尺又五寸。夫约泰山而束之，巅已奇甚矣，又摩顶而戴之石，斯上界之绝顶，青帝之玄冠也。余倚活石览观万里，俯仰八荒。远视则扶桑之日曜其东，昆仑之风吹其西；近睇则秦碑若正笏，丛石如群圭，而齐鲁诸阜，圆者似金，直者似木，曲者似水，锐者似火，方者似土，枕青杨之降阙，俯元君之幽谷，而六极之大观备矣。彼巅石不表见几千万年矣，今出之，始返泰山之真而全其尊。后来览观者，尚毋刓、毋毁、毋斫天成，务万世令返其真而全其尊，以毋得罪于泰山之神，其缁衣蹁跹意乎！缁衣余问何许人，何所受之告余？默而不答。噫！我知之矣，盖缁衣受之碧霞，碧霞

---

① 东禋，指祭祀东方的泰山。禋，泛指祭祀。

受之太君，太君受之上清，上清受之元始，元始受之寥冥之祖。

我们不打算再去描述那些室内进行的仪式，而是专注于为五岳所独有的罕见的祭祀活动，特别是那些只在某一特定历史时期才在泰山上举行的祭祀活动。为简略起见，我们来读一下大约1900年前的一段记录，那时光武帝在位，而彼拉多①此时正是罗马帝国的第五任朱迪亚②总督。

当时光武帝正面临着重新安定天下的任务。他对于自己的宗教义务极为关注，认为自己有愧于赤眉军（大都是泰安人），也有愧于泰山神。

我们不妨设想一下他的祭祀大典的进程。山顶灯火辉煌，火光映照出人们的身影，皇帝身着龙袍走出行宫，随后是行进中无声的动作，接下来，怪异的祈祷声在子夜时分寂静的夜空中回响，到了即将天亮的四更时分，在15个地方同时以红牛祭祀泰山。有关"封禅"的记载可能对我们有所帮助。

光武帝三十年（54年）二月，众臣纷纷奏议皇帝封禅泰山。

自古受命而帝，治世之隆，必有封禅，以高成功焉。《乐动声仪》曰："以《雅》治人，《风》成于《颂》。"有周之盛，成康之间，郊配封禅，皆可见也。《书》曰"岁二月，东巡狩，至于岱宗，柴"，则封禅之意也。臣伏见陛下受中兴之命，平海内之乱，修复祖宗，抚存万姓，天下旷然，咸蒙更生，恩德云行，惠泽雨施，黎元安宁，夷狄慕义。《诗》云："受天之祐，四方来贺。"今摄提之岁，苍龙甲寅，德在东宫。宜及嘉时，遵唐帝之典，继孝武之业，以二月东巡狩，封于岱宗，明中兴，勒功勋，复祖统，报天神，禅梁父，祀

---

① 彼拉多（Pontius Pilate）是《圣经》中用十字架钉死耶稣的古代罗马总督。
② 朱迪亚（Judea）指古代巴勒斯坦南部地区，包括今天以色列南部及约旦西南部。

地祇，传祚子孙，万世之基也。①

当时皇帝拒绝了这个建议。但是——

> 三十二年正月，上斋，夜读《河图会昌符》，曰"赤刘之九，会命岱宗。不慎克用，何益于承。诚善用之，奸伪不萌"。感此文，乃诏松等复案索《河洛》谶文言九世封禅事者。松等列奏，乃许焉。②

在两年的时间内，皇帝令人找来九代以来帝王封禅的记录，这样关于封禅仪式的完整材料摆到了他的面前。皇帝最终同意举行封禅，并开始进行必要的准备工作。

> 二十二日辛卯晨，燎祭天于泰山下南方，群神皆从，用乐如南郊。诸王、王者后二公、孔子后褒成君，皆助祭位事也。事毕，将升封。……至食时，御辇升山，日中后到山上更衣……

皇帝代表了普天之下所有的臣民，他和手下的大臣们一样，都相信非血祭不能消除罪孽……但下面的引文是对当时祭祀过程的真实记载：

> 卯时十五刻，太常命宰特牲③……
> 卯时四刻，御史召群臣更衣，并在朝南的祭坛上竖起上帝的神主牌。

---

① 出自《后汉书·张纯传》。
② 出自《后汉书·祭祀》，下同。
③ 古代用一牛一猪祭祀。

> 卯时三刻，群臣身着礼袍，毕位升坛……领下属将牛血灌满酒樽和玉碗……并洒在地上，以净化场地……
>
> 皇帝穿上龙衣……走出行宫，在祭坛上施礼……并喝下祈福的酒……
>
> 将盛牛血的玉碗奉献给上帝，然后祈祷！

多么庄严肃穆的场景！

在仪式行将结束时，皇帝需要亲手把玉牒和玉牌密封，亲眼看到将它们放入圣坛中并且加上盖子，然后以五寸玉玺密封。

> 事毕，皇帝命人将所刻石碑立于上帝的神主牌旁边，乃复道下。

皇帝此行是为庆祝天下太平，向泰山神谢恩，并且在为众多前人所尊崇的神圣泰山上以全体臣民的名义向上帝祈祷。

中国的统治者按照他们所掌握的知识所做的一切，都是受百姓所托，也是为了百姓的福祉，但实际上，他们是受神的命令而为天下人做这些事情的。

现在需要在这个地方传播的知识是：所有的庙宇都应该像紫衣庙那样被拆掉，如此隆重的封禅仪式只此一次足矣，所有的神像都应该从人们的视野中消失，一切朝圣活动都应该停止，遍布许多村庄的石刻的内容应该记在心里。

无论是泰山还是耶路撒冷都不需要人们前去拜神。只要你真心崇拜和热爱上帝，在哪里都是可以达到目的的。

第二部分
赤色的南岳衡山

衡山

及今齿壮力健，即不能汗漫其于九垓，亦当遍游寰中诸名胜，游目骋怀，以极平生之愿。

——张居正《游南岳记》

第一章　朝圣

"从上一次对南岳的记录到现在已经有 90 多年了。上一次记载的那些字迹已经变得模糊和看不清了。其中有一半以上已经完全消失了。"1752 年，湖南衡州府的知府舒成龙如此冥思道。当时乔治·华盛顿还只是维农山庄的继承人，本杰明·富兰克林还在担心《穷理查年鉴》的出版是否有损于他作为宾夕法尼亚州州议会新成员的身份。舒成龙自然知道 1662 年之后的中国知识界取得了长足的进步，当时圣祖康熙皇帝继位，亟须一位新的地方志学者。大学者高楚维马上意识到施展抱负的机会到了，就承担起了这一责任。他编辑和润色了大约八卷书，才觉得自己在这件事情上尽到了本分。这套方志后来又由高楚维这位衡山县的前任县令重编，并由现任县令黄康以及黄愈夫修订，最后由第二篇"序言"的作者况悯贫于 1753 年正式刊行。

高楚维至少还有前辈们所搜集的素材作为指南来进行这项研究；而与他相比，一个西方人要做这件事就困难多了，因为后者找不到任何关于这座圣山的西文书，也没有任何用西文写的手稿！我们所做的工作是具有开创性的，用一句时髦的话来说，我们将红色的南岳介绍给英语世界的读者。

朝圣者的拜香歌曲调如下：

这就是旅行者一走进这个南部圣山的范围之内，马上就会萦绕在他们耳边的简朴旋律。早在瓦格纳使那种跟某人、某地或某事有关的主题曲在欧洲家喻户晓之前，南岳就已经有了这样的曲调。古代的基督徒有他们的朝圣曲，然而，即使他们是从犹太人那里继承得来的词和曲，这些朝圣曲也是南岳庙宇之中宗教仪式的一部分。

犹太人有成系列的修行曲①，似乎是挑选来放在一起作为合适的一套歌曲，以便在从加利利②去耶路撒冷的朝圣路上唱的。他们是不是曾经从远在东亚的某些中国同胞那儿得到了指点？至少任何去过湖南省的人都会知道朝圣歌本是什么东西。毋庸置疑，随着时光的消逝，这些歌本会有所扩充和修改，可是，正如现代的圣诞歌曲会包含一些古老的曲调，或像大学生歌曲里会把古今曲调混合在一起，如今去南岳朝圣途中所唱的拜香歌也包含了一些很古老的曲调。让我们来看一下《新谱谒岳神调》这部歌本。

歌本的第一部分是一些赞歌，这些歌很适合于那些在旅途中翘首以盼到达南岳界后去寺庙烧香拜佛，然后就沿着神道开始进行被认可的一轮宗教仪式的人。

> 我怀着极其虔诚的心情
> 来到慈悲而神圣的南岳。
> 九龙山上可见各路神仙
> 齐聚在世人尊崇的神山。
> 一路思念爹娘养育之情，
> 他们的恩惠我难以报答，

---

① 修行曲（Songs of Ascents），又叫上行之诗，登阶之诗，是主教导人如何提升自己修养水平的。例如《圣经·旧约·诗篇》。
② 巴勒斯坦的最北部，以色列的古王国，是基督教徒的中心。

> 所以我决心来朝拜烧香。
> 雪山顶上住着南岳真神，
> 雪山顶上显示着神力，
> 在白茫茫的峰顶山脊上，
> 他显示出了超凡的威严。
> 平阳飞驰中他翻身下马，
> 神圣的南岳神端坐中央，
> 璟、武二将分立在两旁，
> 还有神龛中的王母老君。
> 一拜天上的太阳和月亮；
> 二拜阴间的十个阎罗王；
> 三拜至尊皇帝万寿无疆！
> 四拜威力无边四大天王；
> 五拜君临诸神玉皇大帝；
> 六拜南海慈悲观音菩萨。①

然后那些排比句就这样一直延续下去，称颂她的孩子是如何孕育，又是如何生下来的，她如何照看他，有什么恩惠降临到了这些朝圣者的父母身上，直到歌本几乎直接变成了祈求父母健康长寿的祷告。奇怪的是，所有民族唱的民歌都十分相似，在一些未被污染的英格兰乡村里，农夫们仍时不时地围火而坐，严肃地轮流哼起一些老歌。就拿这些朝香歌来比作修行曲，再看看他们进了主庙宇以后为南岳焚香时唱的拜香歌，我们看看前几行：

---

① 因难以查到拜香歌的歌词原文，所以只能尽量按英译文译出。下同。

> 南岳，光辉灿烂的上天之神！
> 请保佑这个国家，
> 给人民带来和平，
> 至尊至伟的南岳真神！

当他们慢慢地爬上了神道，在每座神殿前都烧香立誓以后，快乐的人群觉得以前的罪孽都得到了赦免，就在他们大步跨下山来时，吟唱声响彻了整个苍穹：

> 我心里充满了平静和满足。

但无论是来的时候，拜神时，或是回去时，也无论所唱的是什么歌词，全都是那种古老神圣的吟诵调，就连外来的拜访者都会发现它深深地刻入了他们的记忆，那简单而质朴的旋律会随时将他们从精神上带回到中国的南岳。

许多次的朝圣并不满足于不断地重复一个简单的句子，也会在下山的路上吟唱下面的诗节，愉快地走完到家的路程：

> 我已在神龛前烧完了手中的香，
> 苦恼的心现在恢复了平静。
> 回家的路上我无须再抱怨
> 上山时的劳累和艰辛，
> 但愿我能忘掉一路上的仆仆风尘，
> 以及崎岖小路上的苦苦攀登。
> 南方的那片祥云真像是天意，
> 滋润世间万物的大恩大德

真可谓是法力无边！
我身揣着霞光回家，
要使全家都充满欢乐。
天尊真神，恳请你赎罪，
请让我茅塞顿开，大彻大悟。

朝香歌本的第二部分的开始部分在一个小标题下面告诉我们，按照古老的风俗，皇帝会在每年阴历的五月来南岳进行祭祀，但是这一风俗早已经被废弃。然后是针对那些已经来朝拜过南岳的人的实用性指南，每次祭拜仪式都包括两遍，每遍五次烧香拜神的过程。每一次烧香拜神都有其特殊的意义；有求父母健康的，有求名的（中国人特别注重"面子"），有求官的，还有求财的。家庭的观念贯穿于整个仪式的始末，因为其中一项仪式就是祈愿自己的儿子可以像西瓜里边的籽一样多，而且整个仪式的高潮是对父母表达尊崇，祈求得到他们的恩惠。

朝香歌本的第三部分里边有一条外来的注释，似乎是曾经刊印过的一个佛教的版本，最后该版本的内容被添加进了朝香歌本；想象一下吧，一本罗马的日课书里边添加进了圣公会用的公祷文。因为我们发现在歌本中重复了很多先前就有的东西，只是用词有一些轻微的变化，可是在朝拜方式方面却变化很大。这第三部分假定朝圣客是先沿着外围，然后再到中间部分来朝拜；而正统的朝香路线却是恰如其分地把位于南岳中心的庙宇作为整个朝拜过程的中间部分。

朝香歌本所规定的朝拜仪式对朝圣者提出了这样的要求：每人必须亲自抄一段祈祷文，或者由某人代他来抄也行，并用抄有祈祷文的那张纸包上一捆冥钱（既不是支票，也不是现金，而是硬币的纸仿制品），将这些献给庙里供奉的神，在这个神面前跪下，然后将祈祷文和纸钱全都烧掉。

祈祷文的样式如下：

> 信人某某，蒙荷神恩，今受父某某、母某某所托，特备香稞，敬献神前，乞保平安。某年某月某日。某人敬叩。

这多像是在爱尔兰或者魁北克众多朝圣商摊里卖的宗教仪式书啊！此外，在一轮朝拜开始时，或是早在开始之前，朝圣者都会穿上一种围兜，上面印着四个字："南岳进香。"在日本，去巍峨的富士山顶朝拜的人也身着白外套，手握长手杖，背着行囊，戴着金丝藤戒指，手摇小铃，口里念着"六根清净"。这个祈祷文就是为了净化被认为是罪恶六种来源的六种感官。富士山山脚下一个基督教教堂里一位很有才华的牧师曾告诉我，所谓六种感官就是指眼、鼻、耳、舌、身、心。

这让美国人想起沃尔特·雷利爵士对于朝圣客的描述：

> 给我一个安静的扇贝壳，
> 可供支撑的信仰法杖，
> 快乐指南与不朽圣餐
> 拯救灵魂的一瓶清水，
> 朝圣外衣和希望保证，
> 我便开始我的朝圣旅程。

但中国的香客并不需要如此复杂的装备，也不需要每一件物品都要得到赐福；围兜是他唯一的朝圣外衣，这个围兜在任何一个商店里都能买到，并不需要履行任何仪式，当然，它也可能是家人亲手缝制的。

那么为什么每年8月人们会蜂拥而至南岳呢？确实有大人物葬在这里，但香客们来此不是为了怀古，或凭吊圣爱德华或乔治·华盛顿的功绩（后者在美国人心目中是最重要的）。他们的坟墓有很多人会经过，但肯定不是吸引香客们来的原因，而且事实上很少有人会去瞥它们一眼。我们有亚瑟王和大神^①的传奇，而这些朝香者来并不是为了寻觅圆桌骑士，也不是来唱海华沙之歌^②。这里也有一些碑石，比如著名的禹王碑。但是你虽然也许能够读到如何到岣嵝峰上——根据《水经注》，这曾是衡山的别名——去找那块碑的说明，然而从那个说明的语气中人们得到的印象是，该碑可找可不找。而且实际上，香客们对于这块远古的洪水碑也没有兴趣，尽管它是大禹所立，以纪念他退却洪水和保卫帝国的功劳。香客到南岳来都有特定的目的。就像人们去波普雷的圣安妮^③或卢尔德^④去寻找健康，或去里约热内卢是为了祈求旅途顺利，去南岳的香客是因为孝顺而去祭祖和为父母祈福，为家庭求财，或求破镜重圆，或求传宗接代，总之，什么都求。数千年来，无数的人来过这里祈祷。现在还是如此，也许将来仍会这样，不是来这儿，就是去别的地方。正如威廉·詹姆斯^⑤教授所说："在科学启蒙的时代，我们听到过大量关于祷告效验的讨论；可以找到很多理由告诉我们不应该去祷告，而同时也有很多理由告诉我们应该去祷告。但是在所有的讨论中，几乎没人提到我们为什么每天要祷告，道理很简单——我们忍不住要祈祷。事情也许是，虽然科学告诉人们不要去祷告，但人们仍然会一直祷告下去，直至世界的终结。"

对于地质学家、文物学者、历史学家和艺术家来说，从北到南绵延20英里的山脉具有许多可以让他们感兴趣的东西，然而吸引香客的只

---

① 大神（Great Manitou）是北美印第安人土著的自然神。
② 海华沙是美国诗人朗费罗的长诗《海华沙之歌》的主人公。
③ 波普雷的圣安妮（Ste Anne de Beaupre）位于加拿大的魁北克。
④ 卢尔德（Lourdes）是法国的一个城市。
⑤ 威廉·詹姆斯（1842—1910），美国心理学家，和约翰·杜威一起倡导实用主义哲学，其兄亨利·詹姆斯（1843—1916）是著名的小说家。

南岳街一个舒适的角落——古老的圆拱桥及其栏杆

东川门。南岳庙美丽的庭院内东溪的门。盖洛 摄

有一座高峰，从神街到峰顶的路上零落地散布着几座神殿。这种目的的直接性使得上山进香跟单纯的游览观光不是一回事。香客们会想："这一件事就足够了。"因为"百善孝为先"。从山脚下往上的进香之路有4000英尺长，一路上的牌坊和庙宇分布得稀稀落落，有某些地方必须停下来，完成一定的仪式后才能继续上路。然而即使如此，上山和下山的过程加起来也很少会超过一天，即13个小时以上的时间。

奇怪的是，南（衡山）北（恒山）两岳虽然书写形式完全不同，但读音听起来几乎完全一样，为避免混乱，衡山就通常称作南岳。《山志》云：

> 南岳衡山位于湖南省衡州府衡山县。主峰距离衡山县城三十里，衡州府九十里，长沙的佛院二百七十里，湖广总督府一千一百七十里，北京四千零二十六里。

我们还可以更确切一点地说，衡山位于洞庭湖正南110英里的湖区内，湘江上游；或者广州几乎正北300英里，广州至汉口的铁道干线正西边。它的位置还被描述为占据了八卦中的一卦，即离。① 根据中国的神话，这神秘的八卦最早是长在一只大海龟的背上的。"这样一来，南岳这座圣山的确切位置就可以找到了"，一位话音柔和的中国学者曾这样狡黠地评论道。

本书作者自己的朝圣之旅可以说是从长沙开始的，关于这个城市他曾在《中国十八省府1910》一书中介绍过。这次旅行是在虎年的八月，虽然八月的烈日犹劲，号称秋老虎，我们所遇到的却是从江边吹来的徐

---

① 根据中国传统的哲学和神话，八卦是富有象征意义的一套符号系统。它们分别是：乾、坤、坎、离、震、艮、巽、兑。

徐清风和多云的天气，突如其来的阵雨往往会打断我们的旅程，也使得照相变得几乎不可能，然而这种天气对于拥有举世闻名的大禹洪水碑的南岳却是相得益彰。

我们旅途的第一程是由办事效率很高的好旅伴廷格尔博士陪伴的，我们上了火轮船，他就与我们告辞了。这艘轮船有一个好听的名字，叫作"新问候"（New Greeting）。由于船上有香客，我们就将他们分作了几个类型。其中有一种可称为忌口香客，这种香客离家时，他家的房屋上贴着红红绿绿的纸片，表示当家中一人去南岳进香时，全家都会跟着沾光，他们发誓在进香的日子里，只食水果和水，去进香的那个人饮食也一样。

另一种是五步香客，这些人并非如舞蹈爱好者所想象的那种舞蹈家，但是他们五步一跪，一般来讲，每个五步香客旁边都有一群人陪着，这些陪着的人也因此而会部分地享受到那个跪地的人修来的福分。这一种香客里也有不同的做法，有人喜欢走七步才跪一下，另一些更为严格的香客则每三步一跪。我们也听说，有些人跟印度的香客一样，在进香路上是一步一跪的。博学的沃伦博士在给我的信中写道："这些香客在去南岳的路上跪拜的次数——无论是三步一跪、五步一跪，还是七步一跪（请注意都是奇数，从未听说有哪个香客是选择小偶数的）并不是因为教规里有这样的规定，而只是香客们自己的兴致所致。"

因为河床太浅了，我们只好在湘潭登岸。这儿的长老会传教士高伯兰①先生给了我们很多有用的信息，很客气地帮助我们雇到了下一个旅程所需要的轿子，他不遗余力地向那些虔诚追寻上帝的人指出了真正的拯救之路。即使在这片并不神圣的乡间也没有什么牲畜——至少我们没

---

① 高伯兰（A. R. Kepler，1879—1942）是隶属于美国北长老会的传教士，1901年来华传教。

有看到，只有头上长角的水牛，这头水牛似乎更信任我们，而非那些挑着我们行李的苦力。夜晚将至，我们来到了洪记全盛客栈。如果这个名称指的是空气、尘土和臭虫，那可真是名副其实，我们决定在大厅的桌子上铺开铺盖，并挂上蚊帐，而不是在正式的卧室里做臭虫们的牺牲品。从此时起，我们开始理解每个香客在进香途中总是随身携带五根燃香的意义所在，当然也闻到了焚香的味道，虽然按照表面的说法，这样做是为了敬拜属火的圣山。

次日早晨，我们就进入了遍布细软竹子的山区，注意力也从那些香客身上转到了别处，虽然看到了两个尼姑，她们的剃光的头上面有九点疤痕，那是在她们成为尼姑的仪式上面由文火和香头弄出来的，不久又看到了三个信道教的女香客坐在滑竿上面，用香烟代替香火。一位中国绅士评价道："女香客吸烟就意味着，她们会干比吸烟更坏的事情。"最后我们转入了南岳街，或神街，那天剩下的时光里我们就去游览和收集信息了。

第二章　南岳脚下的神街

　　我们拜访了一个道观的道长，结果受到热情的款待，使我们受宠若惊，因为道长亲自做了我们的导游。想象一下，如果由都灵①大主教本人领我们参观教堂里所有的神龛，包括神圣的耶稣裹尸衣，那该是多大的荣耀！这位当地的名士告诉我们在南岳庙的庭院内共有四个道观、八个佛寺。清朝的末代皇帝登基时，曾在此宰牛为祭，因当时"暴雨骤降"，参加者寥寥无几。民国以来，这里就没有做过大的牺牲仪式了，香客也越来越少。有一些私人的祭祀，多数是烧香和烧冥钱。除固定资助外，道士与和尚们的收入主要来自当地商人的捐助。庙里在卖好多的纪念品，但经过功德箱时，我们并没有往里面丢钱。试想让美国南方的一个牧师来包装一盒盒的波士顿茶叶，这合适吗？

　　在南岳庙前的丹陛上雕刻着一条汉白玉的蟠龙，有时可以看见香客们拿着真的铜钱在那上面擦来擦去。但是和尚道士们得不到这些钱，因为它们是要拿回家挂在孩子们身上，以用来祛病消灾的。另外一些香客会来带走由和尚道士们磕头为他们求来的竹签，竹签上主要是祈求结婚生子的祷词。这些写有生子祷词的竹签和冥钱一起放在菩萨前边的一口瓮里面，在香客跪拜的同时全部烧掉。烧后的灰烬如果飘到了瓮的外面，就说明祈祷将会灵验，而关于此事的一纸证明就意味着将会提升这段婚姻的状态。我们看到一些人在偷偷地往瓮里投钱，以求能让灰落到瓮的外面！还有一些人带来一些布片，让那些和尚道士在上面画符，以用于

---

① 意大利西北部城市，其教堂为大主教所在地，并以藏有耶稣裹尸衣而闻名。

祛病消灾。

这里的祭品都是用火烧掉的，该做法尤其适合于这座以火为特征的圣山。土地神对于香客们似乎也格外垂青，早在元朝时，南岳庙的前殿和后殿就被烧掉了。明朝时候重修后又遭火灾，因土地神开恩而全部烧毁。顺治帝也颇得土地神的宠幸，在他即位的第五年，南岳庙又发生了第三次大火灾。此后，这里不断地进行重建、修缮和装饰。若是末代皇帝当政时，这里的祭祀不是光烧死一头牛，而是将整座庙宇都烧光的话，说不定他现在还当着皇帝呢。我们没有问查尔斯·兰姆的猪是否也是在这儿烤熟的！

显然这片地方很危险，因为火神的威力太大。幸好在这个省份里水源富足，足以遏止衡山火神的影响。正如古代典籍所云：

> 衡山之性曰火，其质曰燥，其势若盛，则万物暴而多毁。然左右之泽，延至彭蠡洞庭，若蓄长江之水以调之，火必不能暴。自虞舜至今，览万千造化之力，莫匹于水。故以水克火，以柔制暴，天之至道也。

这让《圣经》的读者们想到了水与火的先知以利亚[①]只身云游乞讨的故事。

甚至在我们还没有认真研究大禹洪水碑，以及它在南岳的位置这个题目之前，我们就已经觉得奇怪：这样一块碑又怎么会在这座献给"火"的山上竖立起来并留存到现在。但是鲁寅曾经说过："点燃水中火。"又道："火为心中红。"这些话中暗藏玄机，我们无法理解其中的奥秘。可不管怎么说，在其他地方的水火混合可以引发巨大的爆炸和引来各种的

[①] 关于以利亚的故事，参看《圣经·列王纪上》第17章至《列王纪下》第2章。

第二部分 赤色的南岳衡山

通往神圣南岳衡山脚下的南岳街上的牌坊。盖洛 摄

灾难。幸好在这儿是衡山的神奇力量统摄一切。

然而，这让人想到那个阿特拉斯山脉[①]的女巫，她——

> 用奇妙的巫术将火与雪
> 糅合在一起，用液态的爱
> 锻造出令人厌恶的庞然大物……

我们在南岳了解到了一个极其神圣的数字：七十二。其重要性来自以下的事实：天上有七十二星宿，汉江有七十二支流，尤其是南岳有七十二峰。有一次，皇帝怀疑这里有七十二个窝藏土匪的洞穴，就向一位姓曾的大臣询问此事；后者解释说那不是指洞穴，而是指山峰。于是皇帝要他将七十二峰的名称一一道来，他数到第七十一峰后，便低头寻思这最后一个山峰的名称：这时皇帝帮他解了围，将最后一个山峰赐以"耆阇"之名，这个名称沿用至今。

我个人收藏的一部南岳地方志中有完整的地图和上面一连串富有诗意的名称，如紫穹、祝圣、仙野、天柱、赤帝、烟霞、永和、朱明、天台、望日、神草、蓝鹰、祥光、喷雾、灵鸟和九女等。实际上，简单研究一下这张地图，就会发现这些名称超越了迷信，表达了对于自然的欣赏和对于上帝的渴望。

南岳七十二峰之说由来已久。一位住在长沙的外国"资深批评家"写信告诉我说，衡山并非真只有七十二座自然的山峰。然而在那些可靠的衡山全图上，七十二峰顶的具体位置全都有标注，并且加以命名。可是，有一幅古老的地图多加了一峰，叫阿弥陀峰，这样就成了七十三峰。其实很有可能是七十二峰中的一峰有一个别名。后来那个名字被删

[①] 位于非洲。

圣山脚下南岳庙的庭院内

南岳街上的和尚。盖洛 摄

去了，以成全七十二这个数字。我们倒确信，山峰的数目跟犹太教公会的人数①相同。

这个数字一旦被认为是神圣的，自然就很快引起很多联想。"弘治皇帝打赢了七十二场仗，然后便停滞不前，在深深的苦难和凄惨中度过余生。"一位三国时期不得人心的国王令儿子为自己建了七十二座坟墓，这样他的对头们就不知哪个里面有他的墓碑。释迦牟尼七十二岁开始教导众生，他悟出的最伟大的道理即是，每个有感知之物皆能成佛，进入西方极乐世界。老子出生之时不就已经是七十二岁了吗？古代封禅五岳的帝王有八九七十二个。乾隆皇帝有七十二座行宫。孔夫子活到七十二岁，弟子中七十二人是圣徒。而且难道看不出来吗：七十二乘以五即是三百六十，农历一年的天数，更不用说这也是一个圆周的度数了。数学家毕达哥拉斯应该会很喜欢来这儿，因为五、八、九、七十二这样的数字都是他的最爱。

因此很自然地，南岳庙里会有七十二根柱子，每根七十二尺高。当火神接受了这一祭品之后，有两个工匠被指定来重修这座庙，这两人不敬神，一心偷工减料，从中渔利，只将柱子立了六十七尺高，并说他们太敬畏这剩下的五尺木柱，才不舍得将柱子弄得更高一些，以此使自己的良心过得去。风神来为受到凌辱的火神报仇，于是"雷声大作，天昏地暗，支柱被风卷走，足有半里之遥"。狂风过后，这两个渎神的工匠吓得六神无主，跪地求神宽恕，又重新立了八九七十二英尺高的完整新柱，以示虔诚。"所有乘以九的倍数都有其几何意义。例如北京天坛里面为祭坛所铺的地面，中心圆形的天心石由九块石头环绕，第二圈是十八块，一直到最外围的九九八十一块。"研究中国诗歌的人都会联想

---

① 犹太教公会是在罗马帝国统治下的巴勒斯坦地区犹太人自治机构，由71名成员所组成。

到唐代诗人孟浩然的一句诗：

待到重阳日，还来就菊花。

而研究中国历史的人会想到泰山石碑上刻的句子："九州见其影而寻恩惠。"

九这个数字自然也使人想到远古的大洪水，它最终被引入九条大河之中，因为中国的诺亚没有方舟，只有建起来的坝堰。

我面前就有一张大禹洪水碑的拓片，上面是爬虫一样的稀奇古怪的字母，或者说是蝌蚪状的表意文字。这块碑是这片土地上最为古老的碑刻之一。此碑佚失已久，正如中亚的一些城市、波斯的碑铭文和释迦牟尼的出生地那样，很可能是有意埋了起来，以防被破坏或是被亵渎。大家都知道，古代犹太人将《旧约》的部分极珍贵的典籍虔敬地埋于地下，而平时就使用可靠的复本。据中国某《史地杂记》的记载，宋代四川一樵夫偶尔见到这块碑石，然后跟一个古文物学家说了此事，后者就模仿着在夔门做了一个复制品。可自从复制品佚失之后，那历史悠久的原迹却引起了人们越来越浓厚的兴趣，当然这并不包括香客们。一位又一位的考古学家前来目睹那块古碑，然后拓下上面的文字。在《南岳志》（卷三，第12—16页）里就有三个不同的译文和评论。

一位叫申艾的文人告诉我们，他能够解读上面的碑文：

夜，某焚香祝曰："有禹古圣，厥精克有，惟我是启，见示于梦。"是夜果梦一巨子，以巨瓶赠余，高尺许，色黄，口方底圆，中凸，佩金环四。三字见于瓶口，曰：宫中制。下撰玺铭，若龙蛇干木。及寤，遗首三字，平明复就碑铭，涣然若解，辄

第二部分 赤色的南岳衡山 | 171

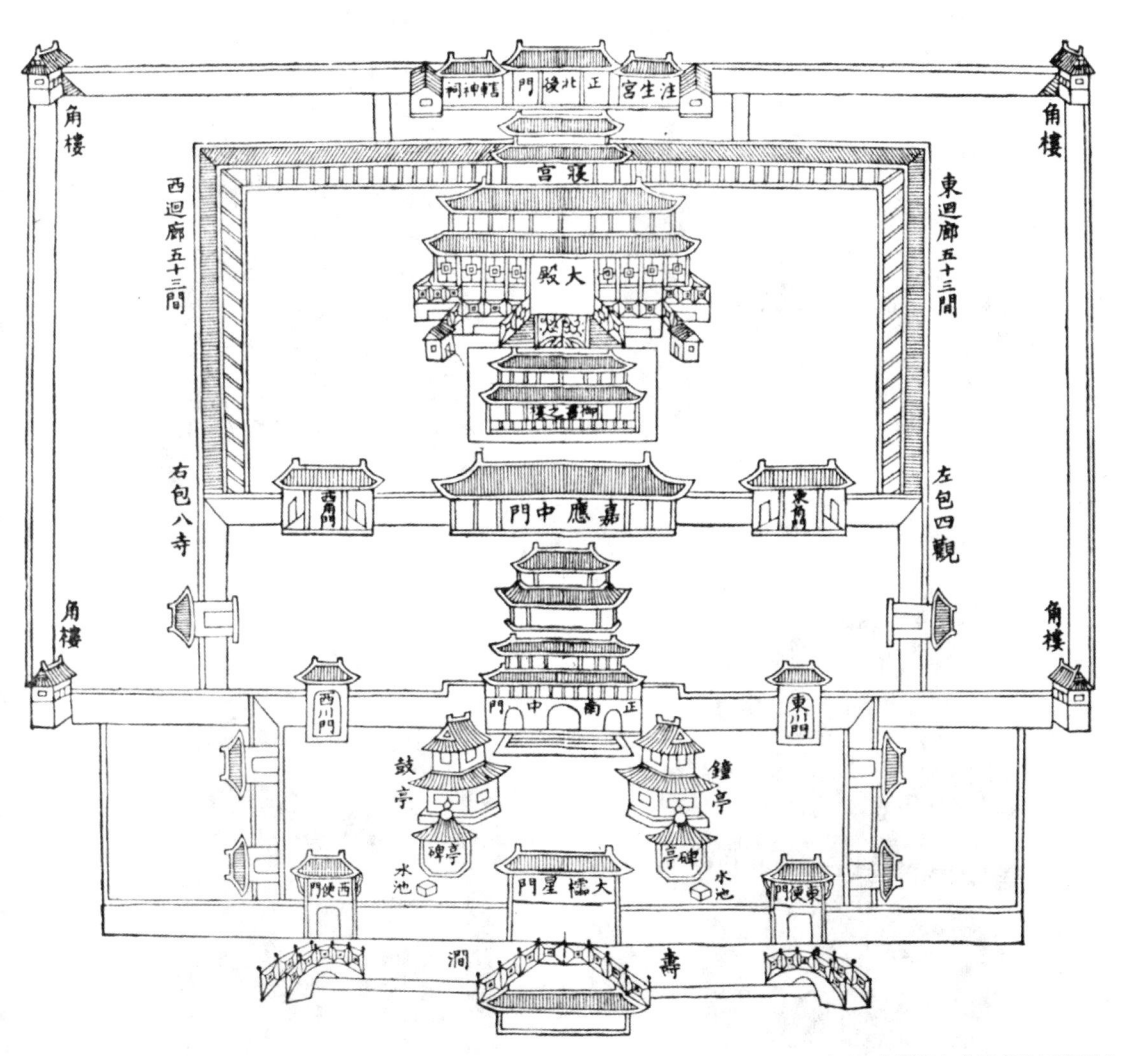

南岳街上南岳庙的示意图 5

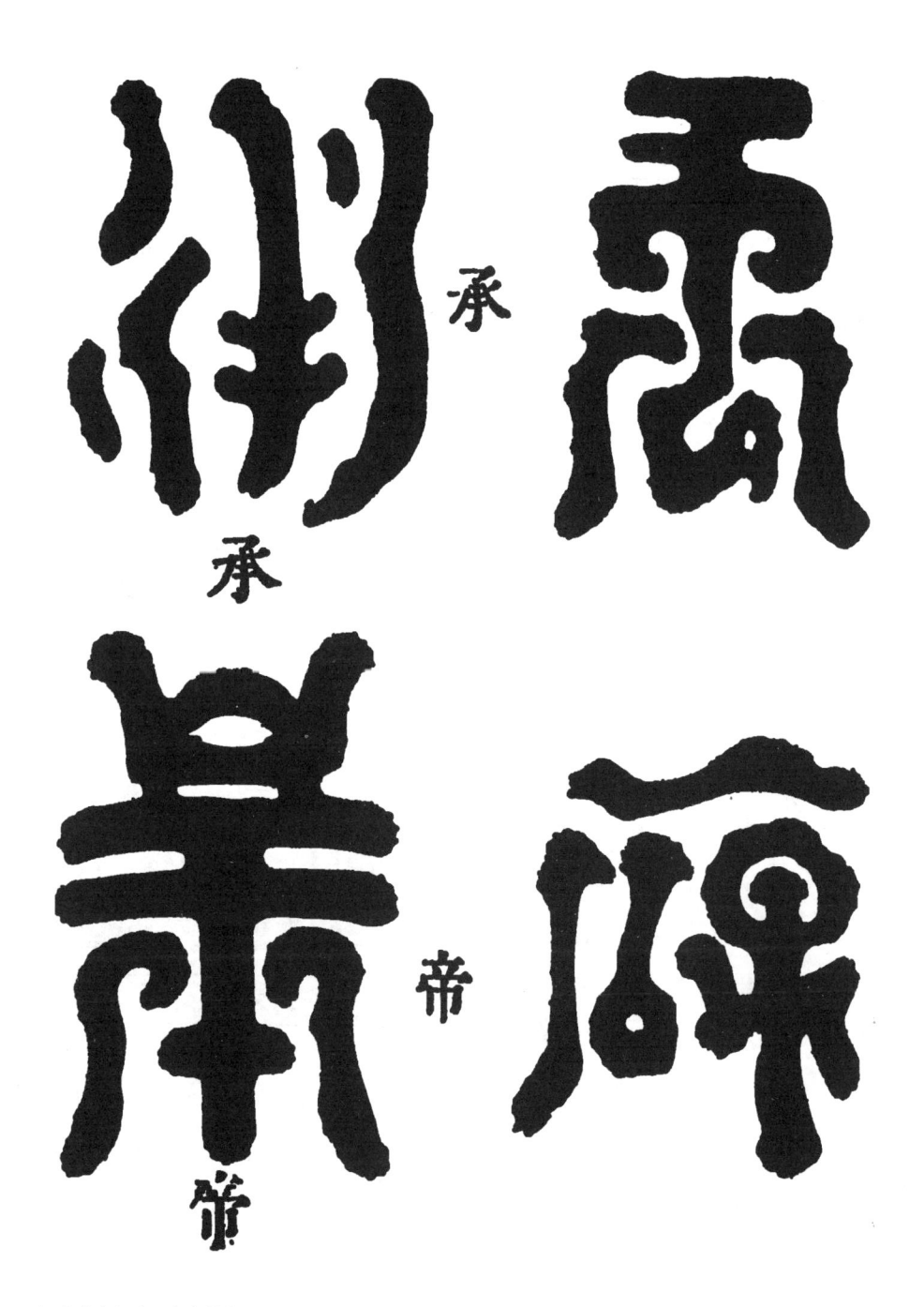

南岳禹碑上头四个字的拓片

为此注。

韩愈有两行诗（由理雅各译成了英文）恰好描述了这些碑文：

蝌蚪拳身薤叶拨，
鸾飘风伯怒蛟螭。

杨慎对于禹王碑（洪水碑）的诠释（由 H. K. 莱特硕士和许默奇硕士译成了英文）是这样写的：

承帝日咨，翼辅佐卿。洲诸与登，鸟兽之门。参身洪流，而明发尔兴。久旅忘家，宿岳麓庭。智营形折，心罔弗辰。往求平定，华岳泰衡。宗疏事裒，劳余神。郁塞昏徙。南渎愆亨。衣制食备，万国其宁，窜舞永奔。

该书的校勘者们似乎都同意，这块碑石从约公元前 1100 年的周朝迄今这 3000 年以来不时地被人拿来审视一番。对于此碑的真伪这样技术性很高的问题，此刻我们不予以深究。而一个情理之中的问题就是，撰写此碑，用意何在？孔子在《书经》里是从尧治的时代开始叙述历史的，尧时有一场洪灾，其臣鲧与之抗争了九年。尧退位，他的继任者舜罢免了鲧，委任他儿子禹来抗洪。禹最终平息了水患，排干了神州大地上面的水，将所有河流限于其河道之中。因为他功劳卓著，就被选为第三任帝王。关于他自然有许多神奇传说，但最原始的这个故事是可信的。然而如果这块碑第一次被提到是在公元前 1100 年左右，那可以想见它不是在那个时候才被刻成的，而是在那之前就已经存在的。另一方面，更早一些的碑石可能会受侵蚀而风化，也可能被后刻的石碑所替换，正如圣保罗大教堂院子里安妮女王①的塑像所遭遇的命运那样。英国的温彻斯特在阿尔弗雷德大帝去世 1000 年之后才为他立了一个塑像。另外有一些地方认为一场大洪水曾经淹没了整个地球,中国似乎进一步证实了这样的看法。许多学者都翘首盼望一位大科学家的出现,期望他可以重塑整个地质学,并且抹去现在杂乱无章的年表,现在正是这个年表阻碍了人们对于知识最引人入胜的追求。

在离开大禹洪水碑这个话题之前,我们想承认自己得到了一个越来越强烈的印象,即这块洪水碑之所以立在这儿,本来是给南岳的土地神——火神看的。而向后人传达什么历史信息并不是它主要的目的。它是用于不时地提醒甚至警示火神,如果他过分发挥其火威,另一场洪水就会淹没大地,将天下所有的火全部扑灭,这样就将使得他在天下每一户人家的代表都不复存在。由于人们都相信,胡作非为会招致灾难,所以在那场大水之前,全中国无疑遍布着某种邪恶。据说罪孽可以追溯到作为激情之神的火神身上,因为在一个故事里,有一位寻找罪恶之源的老妪目不转睛地盯着一根燃烧的木头。谁又胆敢否认必定会导致灾难的罪恶呢?因此可以断定,大禹洪水碑除了彰示它上面记载的事实之外,原本是为了对住在这个红色地域的火神进行遏制。

南岳庙的住持送给我好几幅不同的地图。在一位颇有影响的朋友帮助下,我得到了一套出版于 1753 年的《南岳志》。可是不久我就不得不同意图录中的一个说法,即地图过于简略,而书又太长了。即使是这样,为了写这本书,我们还是将《南岳志》中的很多部分译成了英文。

这部方志当时计划得十分周详,我们有充分的理由怀疑当时的欧洲是否能有比这更好的想法,足以让一位聪明的读者欣赏。而且可以肯定的是,当时欧洲任何的旅游指南里绝对不会用四分之一的篇幅来刊登描

---

① 安妮女王(Queen Anne,1665—1714)是英国斯图亚特王朝的最后一位君主。

中岳庙内乾隆皇帝的御碑亭。图中"夫中夫"的字样含义隐晦,把这些字写在御碑基座上的人也许只是凭一时的兴致。此句暗喻"福中福"。盖洛 摄写景物的诗歌，浪漫派诗歌的出现还是很多年之后的事情。

我们感觉有些古怪的是该书第四卷。从我们的摘录中就会看出，这本方志尽管总的来说是严肃和有用的，但其中也有一些荒诞无稽的成分，不过这些却有助于我们了解当时中国人的心态。也许在西方的背景下，还是会有欧洲人愿意接纳它们的，尽管是将信将疑的。

"逸闻"部分讲述了南岳街一位老姜的故事："某一天，一个道士遇见了他，说愿意教他'黄白之术'（即可将寻常物品炼成金银的炼丹术）。老姜未作答，从包里取出一块姜，放入嘴中，过了一会儿吐了出来，那块姜已经变成了金子。两人相视而笑。后来，人们就再也没有见过老姜。"简直是天方夜谭！

一位神医的父亲是农民，有一次，这位父亲被蛇咬了，这蛇毒性很大，几分钟之内这位农民的头发都竖起来了，身体肿大而亡。儿子被叫了回去，他在父亲的尸体上撒满了灰木儿，打开门，唤那蛇来医治他父亲。神医念起第一遍咒语，双拳紧握，好像被附身了一样，但力道还是不够。于是神医用米面塑成一条蛇，通过魔术让它活动起来，然后派它去找那条咬人的蛇。不久米面做成的蛇将那条真蛇引来了，后者吮吸着死人的头。尸体渐次萎缩，蛇身慢慢胀大；蛇死了，而死人却活了过来。

更多类似的故事我们在查看"南岳的动物"那一部分时还能读到，这部分提到许多神奇的动物，比如白龟，大如桶，白如玉，奇珍无比，极少有人看得到。那些见得到的人必得长寿与至福。白龟出现在地志学研究中，这一点后面还会谈到。有些动物名称是具有欺骗性的，比如云狮和雨虎，它们都不是野兽，是洞穴里面的昆虫。云狮类似蚕宝宝，雨虎就像是水蛭，两者都能用于预测即将下雨。当隐藏在山里的龙腾云驾雾而来时，这两种昆虫就会出现。

南岳的传说故事中不仅有蛇，还有一种剪蛇龟。这种龟的壳里藏有一把剪刀那样的东西，后者能将任何贸然跟它接触的蛇剪为两段。

据南岳流行已久的传说，山上的老虎都是不食人的，而《南岳志》上却是这样建议人们的："然则勿近，恐其搏人。"

传说中的山牛据说只有一只角，其叫声类似铜器被敲打所发出的声音。豪猪似乎与常见的那种无异，然"体生利箭，发则飕飕有声"。野猪被描绘得力大无比，能逾树过屋，"虎狼亦远遁"。

在多种动物里边，金钱豹也值得一提，该兽与狼相似但形体比狼小，敏捷，善攀缘，一般从后面攻人，因此遇到这类动物时都应背靠峭壁或悬崖而立，这样金钱豹才会退去。传说豹子会俯在老虎后背上，将其撕扯至死。

作为著名的宋朝三苏之一[①]的苏轼（大约是哈罗德二世[②]的同时代人）曾为这儿的犨牛立传。犨牛这个名字自然使这篇传记留存在南岳的动物志里。早年这位犨牛兄是个农夫，躬耕于山野田园，人称野犨牛。成年之后，他在此做了道士。离南岳庙西南方约七里处有一个独立的道观，叫作紫空塔，后者是为了纪念卫夫人而建的，他被派到了那里。他独身一人，常常贪杯，醉在旷野之中，虽然那儿虎狼成群，风雨交加，却也伤他不得。某天，朝廷里边的司农被派来祈雨，在去往那座道观的路上，发现野犨牛跟往常一样烂醉如泥。野犨牛赶忙谢罪，司农对他印象不错，就带他回了官邸。

于是这位道士的名声便传开了。有一天，他突然来到总坛，请求找人代他，因为他要走了。其他人很是惊奇：这么热的天气他竟然还要出门。代他的人来了之后，发现他已经仙逝，就将他埋了。几天之后，京城的一位道士来访，在道观门口遇见了这位犨牛兄，后者说他要出门，让来者替他问候朋友们。他的朋友们收到这样的问候，自然要弄个明白，

[①] 即苏轼、苏辙和苏洵。
[②] 哈罗德二世（King Harold，约 1020—1066）是英国最后一位盎格鲁 - 撒克逊国王。

证实这是他死之后的事情，于是他们就掘开了他的墓，发现里边只有一双鞋，一支手杖。

朝廷的司农很惋惜自己没有发现犨牛身上的仙气，尽管这位"圣人"饮酒放荡。现代人读到的是憾事，会问天才的德行为什么就不被人所重视。基督教训诫道："你们的光也当这样照在人前，叫他们看见你们的好行为，便将荣耀归给你们在天上的父。"① 道教原有危险的言行，要求旁人寻众人内在的善，至少山野之人的内心是有这种善德的。这让人联想起有关俄赛里斯②的戏剧：善的最后得胜，是因为恶的横行迫使它起来维护自己。

还有大段读来令人欣喜若狂也常常是才华横溢的传记，立传者都是这个国家历史上的伟人，都以喜爱"山水"而闻名。由于篇幅的关系，我们只能忍痛割爱，把这些都略去不提。

中国历史上的周工朝就是以此方式产生的。当时有兄弟三人，年纪最幼者最聪明，富有领导才能。他的声望胜于其兄长，这不容于当时礼仪。于是，这两位兄长，退隐田野之间，剃发，黥墨，在山野之间与土人同耕，这样就为他们有才华的弟弟扫清了道路。逍遥峰上的克己池旁边有纪念老大的一个寺庙，兄友池旁边有纪念老二的另一个寺庙，这表明他们的行为得到了后人的嘉许。明朝时，在当地一位地方官的建议下，人们开始在春秋两季祭祀他们。

刘绍芳官至最高一级，但是厌倦了官场，于是退耕于南岳脚下。然而朝廷还总是来向他询问国事。某日，他正在田间劳作，一个朝廷的信使来询问去他家的路。老先生将那信使支上一条绕远的路，然后飞奔回家，沐浴更衣，以向皇帝派来的信差表示必要的尊敬。他的廉洁奉公，

---

① 参见《新约·马太福音》。
② 俄赛里斯（Osiris）是古埃及的主神之一。

世所少见。比如有一次，信差捎口信的时候也给他带来了一小袋金子，刘将金子退还了回去。

刘复官至两湖总督。在一场大旱之中，他将所有的主事官员叫到了南岳，然后大家一起坦言自己可能的缺陷和错误，为民请罪，祈求众神不要为了他们而降罪于省内百姓。祷文完整地记录在《南岳志》卷十二第二十一章之中，其细节和简明的笔调让我们想起所罗门王在献祭时的祷告，而精神上则使人们联想到大卫为耶路撒冷的求情。祷文的高潮处是这样的：

> 某今率百官，诣庙求神，冀甘霖普降，以济众生，灾眚得灭，百姓咸宁。

也有些善男信女在这儿为自己树碑立传。和尚们怕被官员们弄走，就常将其放在草丛里边藏起来，甚至埋掉。一位名叫"老耄"的人却有更好的方法，他的故事见于游记。刘先生60岁的时候从江南来到这里，住在紫穹峰下。每天他将刷子和笤帚放进一个竹筐里边，一座座寺庙地去清扫，一个个佛像地去擦拭，甚至很细心地用他自带的小毛笔刷去眼睛、耳朵和鼻孔里面的尘土。能够有施舍，买来面和盐，他就已经知足了。有一位富人赠他一件新袍子，几天后却惊奇地发现那袍子穿在别人身上。刘先生解释说，自从上山以后，他第一次知道了什么叫焦虑，出门时他就得买把锁，回家后还得闩门。所以他将这件礼物转赠给了别人，心里这才又平静下来。

田良逸的故事是在景物志里面。他相貌堂堂，出身高贵，山野村夫看到他，"所有褊狭吝啬之气一扫而光"。据说唐代大政治家和哲学家韩愈"所到之处，必得净化"。卢魏和杨平这两位官员都拿田良逸当恩师，也不觉得有失自己身份。在9世纪中发生了一场大旱，他被请去祈雨。

他在南岳庙的寺院内建起神坛，披发登车，径直来到省府，一言不发。就这样他一直站到雨点落下来。最后出来了一只老虎，卧于其母房间门口，田良逸每天都会在那儿放上两捆柴。他母亲告诉邻里，是他儿子令这只老虎为她送柴来了。皇帝很想召见他，可是他拒绝入朝。最后他成了仙。

这类故事所揭示的心态至今仍然存在。吴三桂在引满人入关一事中起了很大的作用，可是后来他改变主意，起兵叛乱了。由于担心自己的前途，他曾在庙里祷告，希望上天能够给予指点。他在一幅地图上放了一只小白海龟，有50美分的硬币那么大，祈求神能借乌龟给他指一条明路。白龟四处爬动，但却总是在一处固定的地区内。后来吴三桂发兵占领了两个其他的地区，再试白龟，结果还是一样。

这类的故事我们就摘录到这里，这些故事表明，从最根本上来讲，所有时期所有地区的人们在迷信上都是一样的。

不知道未来的云雾会不会遮蔽此火神之山，用一位几百年前来过这里的中国大学者的话说就是："某极目四望，云雾缭绕。"

第三章　登上南岳

聪明的旅行者会研究前辈们的叙述，这样他就能知道怎样绕过死胡同，怎样不为琐事浪费时光，怎样找到使他感兴趣的事物，怎样找到非凡的景致。有些旅行者满足于这种间接感受到的旅行，他们引用约翰·拉什金的话："总体上来说，阿尔卑斯山上所有的美景都可以毫无危险地让人欣赏到。知道这一点……真是太好不过了，山里所有最好的景致都在山脚下。"同样，马克·吐温也认定在登山杖上铭刻圣女峰[①]和马塔角[②]的名字，要比拿着这杖累死累活地爬上去简单得多。但我们还是决定先读书，再爬山，然后回来再读书。按照高楮维的看法："夫目视外而心省内。吾以省内之心以照衡山，终得天下耳。"

我们先来看看如何心省。

在孔夫子编的那本古代典籍《书经》中有三处提到衡山，全都是在公元前22世纪。最早的一处是在"舜典"里面："五月南巡守，至于南岳，如岱礼。"[③]在称颂大禹的时候，写到了九州："海、岱为青州。"[④]还有关于大禹的巡游："岷山之阳，至于衡山。"[⑤]

公元前100年左右的大史家司马迁也数次提到了这座山。最早是在《史记》第三十一章，述及公元前570年："(寿梦)十六年，楚共王伐吴，

---

① 瑞士中部偏南的伯尔尼山区中的一座山，海拔4160.8米。
② 位于意大利与瑞士交界处的奔宁阿尔卑斯山脉，海拔4481.1米。
③ I.1, iii. 8.——原注
④ II. L, vii. 46.——原注
⑤ III. 2, i. 4.——原注

至衡山。"另一本论述古代礼仪的《周礼》也从另一个方面讲了同一个故事：青州的守护山叫作衡山。司马迁在论及3世纪之后的秦始皇时，也告诉我们，他"乃西南渡淮水，之衡山、南郡"。始皇帝的统一延续了约40年之后，他的帝国又分裂成为独立的王国，在秦朝土崩瓦解时，衡山王的头衔在公元206年给了吴芮。

在了解了这么多过去的历史后，我们转而去熟悉南岳的地形地貌。关于它的一幅"真图"很容易搞到，而且还有这样的好处，即只要把它带在身上，鬼、怪、虎、虫以及其他邪恶或者有毒的生物都不会接近和伤害你。当作为一个"扬子江上的扬基佬"穿越云南的时候，我曾遇到过神笔，章必成爵士①跟我谈起过神袜，而我已故的朋友柏格理②曾得到过一件神衣，一个无袖的背心，上面饰有纳西族文字，据说穿上后，妖魔鬼怪就不能入侵了。难道那些香客身上的围裙除了用来装施舍钱、香和冥钱的口袋，对于明显邪恶的东西还有某种抑制力？

带上五岳神图以加倍防范，对于很多香客来说，都是明智之举。据说这神图在各种药物熬成的药汤里浸泡过，以代表五类感官（常识不在其内③），其他省份的药商竞相求购，5年内至少得来一次，正如人所说："这样就形成了5年一次的购买周期！"湖南并非沿海省份，我们也并不期望在南岳能够找到碘，中国人千百年来都是烧海草以制碘，用来治甲状腺肿。然而凝聚了22种药材，尤其是何首乌的名字那么有诱惑力，我们不费神就知道很多人屈服于它的诱惑，保证疼痛甚至痉挛都会避而远之的。如果给另外的病人服用，一块根茎可以用很多次。因为在首位

---

① 章必成爵士（Sir Montague Beauchamp，1859—1939）是英国内地会的传教士，著名的"剑桥七杰"之一。1885年来华传教，1939年死于四川保宁。

② 柏格理（Samuel Pollard，1864—1915）是1884年来华的英国内地会传教士，后来又分别隶属于圣经基督徒会和循道合会。

③ 在英文中，"常识"为"common sense"，"感官"为"sense"。

大清皇帝在任第八年的第四个月，黄药①才首次出现。在一次吵架和躲债的纠纷中，有人使用了它，结果服用者变得又聋又哑。不幸的是，有一道士将它挖出来以后又埋了下去，邪气也随之蔓延。人们上报给了当地知府，知府写了一篇驱魔文，并将之埋于地下。现在何首乌的根和那些邪气都再也找不到了。

拐杖被认为是对登山很有用的，有人建议使用生长于云深处的万年藤。我们没能得到足够的数量，以便给每个人都配上有节的万年藤手杖。

山上也长了些有用的东西。有一种毛竹可以用来做水管，它们有房柱子那么粗，最粗的直径就跟锅炉和水桶一般。跟这种巨人国②里的物种相对照的是一种小人国里面的东西。第二种毛竹生长在衡山水帘洞里面的石头上，高度最多不过两英寸，一旦被砍，马上就在原来的地方长出来。第三种毛竹的栽培方法很奇特，这种毛竹长老之后挖出来，砍下头梢，只留下一码长的竹竿，将各个竹节之间刺穿，再将三杯黄樟脑灌进去，顶端堵上，然后再倒着植下去，它就开始复活，第二年就能生长出许多子孙。这故事听起来有点荒唐，但西方有经验的园丁们原来也是以同样的方法来处理鹅莓灌木丛的。另外有一种树只要在半夜之后轻叩树干，就会流出大量的清漆。树干用小刀割开，从割口处流出的汁液就可以拿来做漆。应该每60天割一次，否则就不再会有汁液。

然而山上主要的树种还是松树，政府命令在上香的路上都要铺成林荫道，而且不允许破坏。不幸的是，从庙里偷东西做纪念物以及砍树求运气在这里已经蔚然成风；常走的道路都是光光的，虽然有人现在告诉我直到最近，南岳的大部分地区仍是被几百年的老林子所覆盖，而且有一些也保留了下来。靠近峰顶生长着一种很矮的松树，只有三四英寸高，

---

① 常被误认为是何首乌。
② 原文是 Brobdingnagian，为英国作家斯威夫特所著《格列佛游记》中的大人国；相对的是小人国，即 Lilliput，见下文。

叫作万年松，在冬天也不会枯萎。

既然我们是在描述衡山的植物，所以这儿还得提一下方竹；还有枫树、枫香树、樟树、香米、蕨粉、苦甘蓝、香菇和茶树。南岳茶树上的嫩芽要在谷雨（4月20日左右）之前采摘。

其他可食的植物及其配制好的半成品都有卖的。木耳是一种长在树上的真菌，常跟猪肉配在一起烹调，在婚宴、生日以及孩子入学时所办的拜师宴上这道菜都很普遍，很像英格兰的牛排和蘑菇。石耳的味道更加鲜美，从石头上采摘下来并晒干之后，当成杂货来卖，价格昂贵。它常和鱼丸在一起做菜款待客人，尤其当丈母娘招待女婿，或者行者离家去石耳的产地南岳山朝拜时，它更是最受欢迎的一道菜。罗汉球，又称夜挖根，不仅必须在半夜挖，而且在烹饪时人不能出声，因为它一听见人的声音，味道就会变得苦涩和不好吃，这时它就被称作鬼菜；但如果将其切碎，挤出汁水，再用文火炖烧，就会变得味道鲜美。我们并没有拿夜挖根做任何实验。说到毛竹，我们应该提一下，有三种东西是可以吃的：春笋在春季"茁壮成长"，挖出来晒干之后，可送给平原居民作为礼物；火腿笋长得很大，形状像火腿，烹饪的方法也像火腿；冬笋则更是美味佳肴，常被美食家们跟鸡肉、鸭肉或猪肉放在一起烧菜。山上并不种水稻，而是必须从平原进口，以供应大量的游客。

在详细介绍了各种食物之后，我们现在要讲述一下古人是如何通过拜谒衡山来修身养性的。关于这一点，顾璘在他写于1537年的《游衡岳前后记》里留下了一些可读性很强的故事，讲述他如何在衡山上逗留了10到11天，并不只是沿着山路跟别人走，而是像一名真正的登山家那样进行了探索。然而他的目的并不仅仅是要克服困难，请看他自己的序言：

以都察院右都御史，建节抚楚。十有一月，巡方问俗，自长沙

第二部分　赤色的南岳衡山 | 185

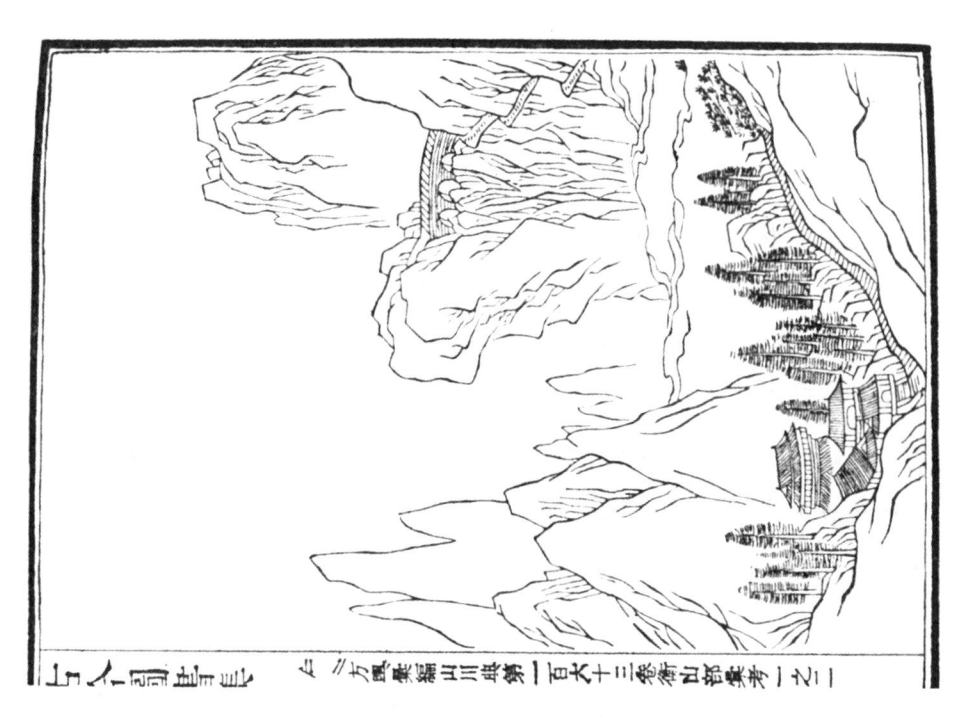

衡山图。源自方舆汇编《古今图书集成》山川典第一百六十三卷

赴衡。

仲冬并非人们通常登山的季节，他在山上被大雪困住。要是能看见一位不苟言笑的御史在山上滑雪或玩平底雪橇，那场景该多有趣！现实远非如此。"从者执戟前后列行，续续如行蚁。"然而当他描写自己看到壮丽的冬季风景时的感受，以及这种感受如何达到高潮时，倒是显露出了极富有人性的感情。他从轿子上下来，"踏雪寻太阳泉，冻结不流，下循石壁题名"。好一个顾璘御史，我一定要找一下他刻下的名字。他的身上有一种非常具有亲和力的自然个性，而这种同样的艺术感使得一位伟大的画家赵孟頫在一幅画于1300年左右的山水画上写下了下面这些诗句：

> 石如飞白木如籀，写竹还应八法通。
> 若也有人能会此，须知书画本来同。①

那位右都御史留宿在靠近衡山山顶的地方，尽管狂风把上封寺的门窗刮得嘎嘎作响。第二天早上，他穿着狐皮裘服登上了高处，极目远眺那儿的风景。"由于北风很大，中午没有出汗。"我们还是用他自己的话来描述吧。

> 劲风终夜，震撼户牖。僧云四时长然，虽盛夏亦拥衾，当昼无汗。

---

① 赵孟頫的这首诗是题在他的《枯木竹石图》上的。参见王镇远：《中国书法理论史》，合肥：黄山书社，1996年，第316页。

一个香火很旺的南岳神龛

接近南岳山顶的南天门。站在门右面的是个和尚，站在门左面的是大学生肖某。这张照片是在有雾的时候曝光拍摄的。盖洛 摄

我可以为此作证，因为我们是在"盛夏"的时候去登衡山的，风照样把门窗吹得嘎嘎作响。至于和尚在任何季节都不出汗，我们也完全相信，因为他们既不在田里干活，又不在屋里纺纱。御史的笔记告诉我们，他在各个寺庙里都做了通常的祭拜仪式。这本笔记是否专门编来给公众阅读的？塞缪尔·佩皮斯事无巨细地记录了一切，他对于布道文、戏剧、造船、女人、衣服和音乐的看法，尽管看上去像是一个奇特的大杂烩，但他至少还是经常去教堂，而且丝毫没有怀疑他这样做是否跟他生活中其他的事情不太合拍。但是顾璘御史的笔记中并没有东西可以证明他的感情是不真挚的；他在山上进行探索，并登上最高的山顶时是真诚和热情奔放的，而且他说只有这样才能欣赏真正的美景，这跟拉斯金的观点大相径庭。在山上的另一处地方，他"俯视四极"。另一方面，他经过"灵岩怪石僧寮佛宇；深者仅托涧阿林坳之间，可一睹而穷"。在他的书中不时地可以看到一些动人和富有诗意的描写。

    有溪迢迢，夹崖而出，触石澎湃，声自远至……积雪缟地，间有山茶杂生，含萼未吐。

  有一天，他爬了20里的山路，直至精疲力竭，走不动为止。但他很高兴能在一个空房间里借宿，并且在瀑布声中安然入睡。他翻过了西山，过了南台，最后终于看到了山下的平原。在那儿，他就像罗得的妻子那样回头望了一眼，[①]"我看到了一个树木繁茂，翠绿欲滴，无边无际的世界"。

  那是一次少见的热爱大自然者的访问。普通的香客来衡山时都是沿

---

① 罗得（Lot）是《圣经·旧约》中一个著名人物。他带着妻女逃离即将毁灭的索多玛城，他妻子因回头探望而变成了一根盐柱。（《创世记》19：26）

着一条标志显著的路去看老一套的那几个景点，在八月里花不了一天就可以从山底登上山顶，然后再下来。我们自己的衡山之行虽然没有因拜泥菩萨而分心，但却因观察那些香客本身而变得活泼有趣。在从长沙来的路上就遇到了一些香客，但也有普通的旅人。就是在山脚下那个有很多寺院的集市城镇，也有一些赶集和做普通生意的人。还有旅游观光者。英国的切斯特无疑有在大教堂朝拜的访客，但它还有比这多20倍的人是来观赏罗马人建造的城墙和古色古香的街道的。即使没有那些朝圣者，它也会是一个繁荣地区的商业中心。南岳街这条位于衡山脚下的祭拜街也是如此。然而在我们即将踏上的那条神圣道路上，促使每一个人去走那些石阶和爬那些斜坡的只有一个目的——祭拜。

正是这种目标的一致性将大多数的区别都扔到了一边。"香客们"的极端热忱暂时消除了社会地位和财富的差别，这就像是在政治运动中，百万富翁跟乞丐可以在一起游行。观察虔诚的香客人流就是观看各种不同的人都被吸引到这儿，并在这一天里被最深层的生活和宗教力量团结到了一起。人流中会有强烈的性格对比，占绝大多数的真诚信徒中偶尔也会有一些可笑的人物，少数滑稽的角色，但很少会有坏人和危险人物。

八月的最后一个星期天我们全天都是在一个办得很好的斯图尔特圣经学校度过的，这个学校很明智地设在离南岳街西面大约3里处。第二天早上乌云笼罩了群山，那72座神圣的山峰几乎都看不见了。但是似乎没有必要等待那些乌云在某个不确定的未来散去，因为相传南岳能"藏匿风雷"。所以我们的轿子被抬了出来，它们盖着的油布被掀开或者拿掉，以便使我们在上山时能够尽可能地饱览周围的景色。在穿过了长着藕、大豆和因灌溉而显得葱绿的草的田野之后，我们在早上6点之前就进入了神街，并且穿过了一个牌坊，上面写有四个大字：

天下南岳。

进入官道的入口处有一座引人注目的桥,而且那桥故意修得那么陡峭,以至于所有抬着人的轿子都过不去。所以每个人都必须先学会谦卑这第一课,下轿并步行穿过那个很大的寺院。就像是在安纳斯的时代一样,这儿的寺院里也有许多卖纪念品的店铺;但是这儿也可以看到一个奇特的妥协,因为寺院的一边是给佛教徒的,而另一边是给道教徒的。想象一下在希伯伦也能够有这样一种友好的安排,即让犹太人在一边出售大卫的盾牌,而穆斯林则在另一边卖亚伯拉罕坟墓的模型!我们并没有在那儿逗留,以拍摄精美雕龙石栏杆的照片,因为轿夫们已经在寺院的后门等我们了。

主路上的石阶是用巨大的石板整齐地铺设起来的,每一块石板都有整个路面那么宽,人的脚走在上面感觉很舒服。一条山涧的溪流在主路的一边哗哗地流淌,为所有能够听得见的耳朵都提供了音乐,并为诗人们提供了灵感。几年前,有一场森林大火将山坡上茂密的树林烧了个精光,有一个政府的苗圃正准备在山上重新造林。与此同时,勤劳的庄稼人在肥沃的土地上开垦了一块块的棉花地。轿夫们建议我们于早上6点40分时在一个被和尚们遗弃的寺庙里歇脚,那儿有一个引人注目的红色大象,上面刻着四个大字:

世间无双。

这也许是在提醒人们关于法显和尚骑着一头大象从印度来到中国的故事。在旁边很近的地方,有一位尼姑在料理她的花园。她住在那儿是因为这只大象吗,或是为了风景,或是为了能在这儿卖水果给口渴的香客?她告诉我们说,还有其他九个尼姑住在这座山上的其他地方,并且

南岳的一个放牛娃。盖洛 摄

第二部分 赤色的南岳衡山 | 193

在攀登南岳的香客路上。盖洛 摄

哀叹香客来得越来越少了。原来为了防止有化过装的士兵，当局下令那一年不准上山祭拜，但显然这个禁令没有得到彻底的执行。我问一个香客，他为什么要来朝圣。"因为我妈叫我来的。"来干吗呢？"求福。"他回答说。"求"就是恳求，"福"就是祝福，即他希望在访问了红色神祇的所在地之后能得到一些物质上的好处，以作为报偿。这儿果真是一个红土壤的地区。这会使一位学者想起约瑟夫斯[①]的说法，即世上的第一个人名叫亚当，因为他是用红土捏成的，他还补充道，"因为真正的原始土壤就是这个颜色"。

到了早上7点的时候，我们已经离开城镇，走了一英里半的路程，并且已经到达了送信山。这是指土地神带给山顶上神祇的信吗？这儿的神龛并不算太多，但每一个里面都有一个相貌狰狞的偶像，而且上面还有一株葱翠的松树遮阴。有一位女神的怀里抱着一个婴儿，问了三位和尚之后，我们才知道这是一个供人祈求生子的观音庙。由于来拜佛的人太少，所以这三位和尚都在忙忙碌碌地推销这个地方，一个在摇鼓，一个在敲钟，另一个在念经。他们说不出去年共从观音菩萨那儿求到了多少婴儿，当然他们最好是能提供那些祈祷者感到满意的证词。这里和尚道士的欺骗伎俩应该受到最严厉的谴责。到了8点，我们进入山上的一个小村庄，那儿有人为香客们制作一种特殊的饼。人们又向我们哀叹这一习俗正在失传。我们后来听说，越来越多的人都认为，所有的虔诚都可以在山脚下的寺院里献给菩萨。

就在这儿，我们辞退了一直不断地在抱怨的那些轿夫，并且雇用了一批更为强壮的轿夫。我们注意到下一个寺庙是胡椒竹寺。一年前的一场暴风雨摧毁了这座寺庙的大部分砖石结构，由于香客不多，所以也没

---

① 约瑟夫斯（Flavius Josephus，37—100）是著名的犹太历史学家。他曾于93年发表了长达20卷的《上古犹太史》。

手上拿着焚香，一路念经的南岳香客。盖洛 摄

有必要去修复它。再往上一点，是一个过去的道教学校，现在这所房子已经被学生们抛弃，一位尼姑住了进来，有两名道士就在附近的一个关公祠里修炼！轿夫们向我们讲述了那位尼姑的贫穷，去年她甚至连饭都吃不上，假如香客们都像我们这群人那样对于这种明显的暗示无动于衷的话，她也许可以去做一些更有用的事。

早上9点的时候，我们离山顶只有10里路了。然而当我们快要到达铁寺时，雨终于从天上落了下来。庙里有四个和尚供奉着一个菩萨，而那菩萨一定有一颗铁打的心。我们并没有去检查那四个和尚，看他们是否每人都有一条铁打的腿。从前有一个装了一条铁腿的道士登上了山顶，去看日出。他望着天喊道："云海涤清了我的心！"我们倒想看一下，在那之后云的状况到底怎么了！再往上一点，有一位道士在那儿修炼了30年，这可是什么样的生活啊！但他的时间也许是用来满足人生两个最大的欲望：长寿和财富。而得到这两者的过程就是要去隐居，一般都是到一座圣山里去隐居。雨越下越大，雾越来越浓，风也几乎变成了狂飙，当我们在10点过一点来到南天门的时候，很高兴能在那儿避雨。那儿的道士很快就让我们的轿夫喝得醉醺醺的——因为这庙观就像是一个酒馆，接着就来跟我们说长道短。一个月以前，这儿下了一场从未见过的暴雨，这庙观差点被毁于一旦。他们正在筹款捐30个22英寸长、14英寸宽的铁瓦当来修复庙观的屋顶。每人只要捐一元钱，就可以把他的名字刻在那些铁瓦当的上面，还可以刻在一个巨大的石碑上，石匠们正在制作那个石碑，显然是为了用来引诱香客们捐钱的。这似乎是一个很好的收入来源，而且可以财源滚滚，只须用几根铁钉去固定旧的瓦当，这样铁锈和大风就可以使道士们每年都向香客们募捐。这些道士必须未雨绸缪，因为到了冬季，那儿就再也没有人去了，道士将会关起门来，蹲在火炉前烤火。要是天气好的话，我们也许能够像门柱上刻着的一首短诗那样去做了：

> 云笼雾罩在南天，
> 俯瞰山峦和五江；
> 历历在目如图景。
> 重重叠叠上层岩，
> 行到九重云霄外。

我们无疑是这样做了，可是云层有效地挡住了我们的视野，使我们看不见湘江上的五大美景。雨越下越大，我们不可能再沿着那石板路往前走了，所以当道士们说这儿就已经是山顶的时候，我们听了很高兴。其实这儿只是山顶的一部分，而不是真的山顶。我们本来还想往前走的，但是浓雾和瓢泼大雨，以及那一阵阵的狂风，终于使我们决定下山，因为我们已经几乎做到了计划要做的一切。我们无疑还不时地从野猪身边经过，它们在晚上用獠牙去拱地瓜，其破坏力是如此之大，和尚们不得不雇用乞丐来敲铁罐，把它们吓跑。

从雾阵中钻出来之后，我们来到了一个视野极为开阔的建筑，萧书生曾经在这儿生活过4个夏天。从这儿可以将山脚下的平原一览无余，并且还能看到湘江的5个弯头。再往下一点就是半路亭，有8个道士住在那儿。他们也伤心地告诉我们，香客们逐年减少，回想16年以前，那时候的香火有多旺盛啊。现在的民国似乎不再需要那些旧习俗了。他们坚持说自己不知道在山上住着多少和尚和尼姑，但在追问之下，他们就说有大约30个刚入佛门的和尚在山上修行。跟这些道士在一起的有一位十分有趣的客人，那是一个拥有魔杖的道士，为了能够求得这根魔杖，他还专门去了四川的佛教圣山峨眉山。这根魔杖很长，有到他的眼睛那么高，预示了他将会长寿。在魔杖的底部包着五种不同的金属，象征着宇宙间的五种元素。然而他并没有解释它的特性、魔力和象征意义，只是说这过去是一根万年杖，现在则是他的第二生命。它花了他五个大洋，但他无论多少钱也不会把它卖掉的。他倒是有一些自己配制的药，包治百病，并且愿意卖给别人。

有一个悬崖地势十分险要。在它的顶上长着一种柔软而细长的草，可用来编席子。有一次一位男子走得太靠悬崖边上了，结果踩在滑溜的草上面，掉到了几乎 600 码以下的山谷里，但他却安然无恙。这马上就证明了这种草的魔力，而现在采集者无所畏惧地前来采集这种龙须草，并用它来编织进香袋。然而我们发现住在最近一个寺院里的和尚对于这整个故事一无所知。也许这是一种故意不承认对方的做法。

在下山的路上，我们看到一些香客怪异的头饰，感到十分好奇。因为我们处于上方，所以当他们吃力地从下往上爬时，可以把他们的头饰看得很清楚。有的人把他们的头发卷成了螺旋形，就像是螺纹从左到右的贝壳，似乎跟太阳每天在天上所走过的路线有着某种神秘的对应性。然而这原来是为了纪念乔答摩的发式。佛教对于这个具有更古老信仰的南岳竟然具有这么大的影响，真是令人感到奇怪。

我们并没有在每一个神龛前都停下来朝拜，所以我们赶在天黑之前回到了斯图尔特圣经学校，即跟一位上山进香的香客花了差不多的时间；但我们看到了许多典型的事例，后者显示出人民深层次的需求和他们对于解决这种需求之旧方法的不满。希望圣经学校能够抓住那些正在寻求信仰的人，并且向他们指明真正的朝圣者道路。

南岳庙。香客们用铜钱在汉白玉丹陛上磨擦，以求好运。盖洛 摄

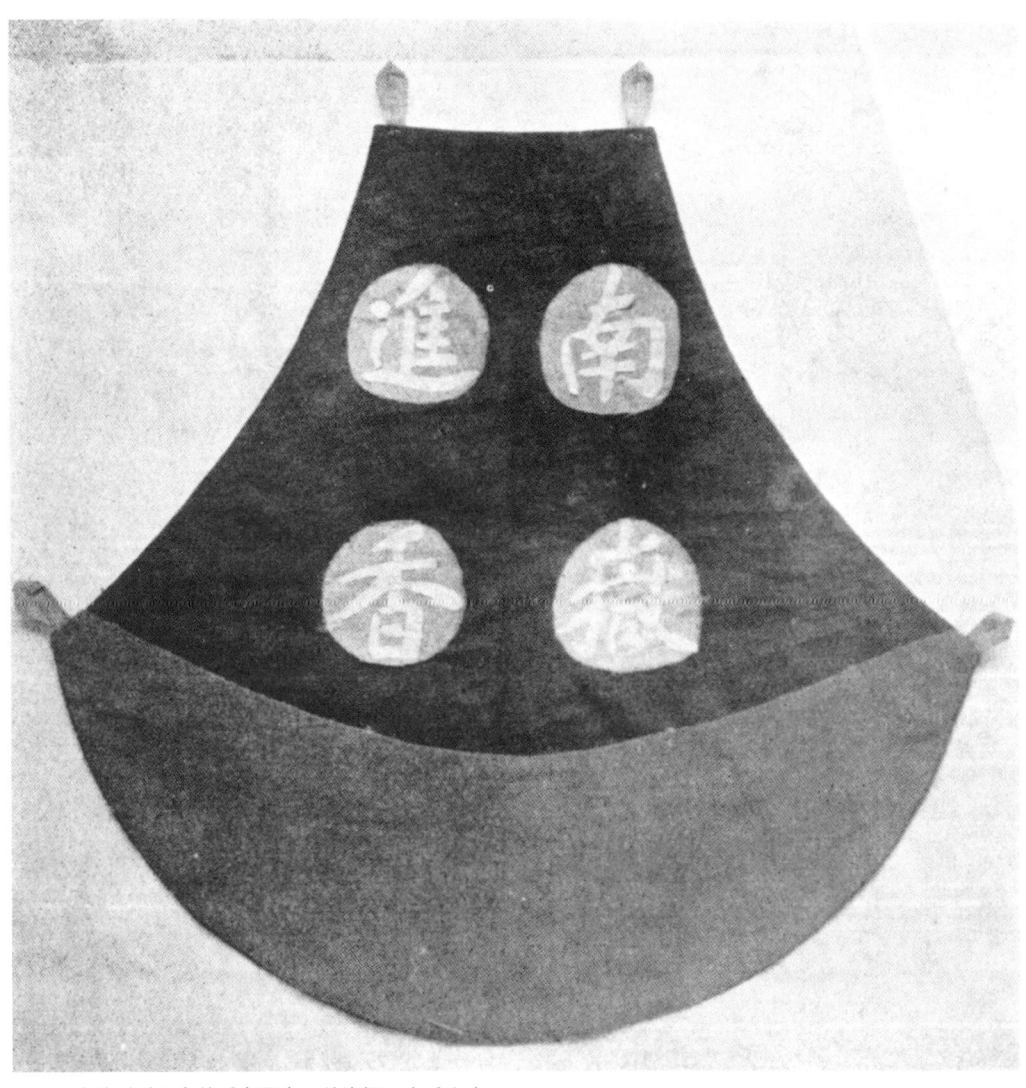

上南岳去烧香时所穿的香客围兜。盖洛摄于南岳山脚下

第四章　英雄与神仙

许多名人都跟南岳有着某种联系,《南岳志》借此机会记录下了他们的各种轶事,并且偶尔对他们的生平添枝加叶,有所扩充。倘若是在写《费城历史》的话,谁又能忍耐得住,不去谈论诸如克里斯托普·索尔与第一部德语《圣经》、富兰克林及其关于闪电的实验,以及其他一些当地著名人物呢?在英国,伊丽莎白女王可能睡过的一张床偶尔也会成为一篇有关这位未婚女王的博士论文题目。

谁在描写南岳时会闭口不提李白(701—762)和张九龄(673—740)呢!张九龄在唐明皇在位时是一位炙手可热的政治家和诗人。736年,在皇帝生日那天,别人都献上了稀罕和昂贵的礼物时,他只献上了一组明智的格言。在年轻的时候,他曾与亲戚们通过信鸽保持通信,并且称那些信鸽为他的"飞奴"。

李白在7岁时就能写诗,并被皇帝召到宫里去进行殿试。他表现得如此才思敏捷,以至于皇帝龙心大悦,惊呼:"这孩子头脑的发育远远超过了他的身体。"根据庆璋(Ching-chang)的描写,李白的眼神就像是"秋波",而且张九龄称他为自己的"小朋友"。他沉醉于研究道教,并且因其苦行修炼而瘦得像是一副骷髅。他还因此得了一个绰号:"枯槁叶圣"。他的藏书楼里有3万册书。

这个编年史的部分里还有"天才三巨头"中的杜甫,他"以诗体写历史,把他的诗歌当作药方给疟疾患者治病",从皇帝那儿得到了紫袋,并且游览了南岳衡山。他那些伟大的诗歌是否从衡山得到了灵感,这将是一个有趣的问题。这么一位天才的诗人在神圣火山上居住期间一定写下了不少诗篇，赫拉克利特①难道不是相信一切都起源于火吗？

《南岳志增编》第十卷中对于英雄和神仙有一个简短的介绍。令编者感到自豪的是，他的前辈只提到了60个人，而他却把这个人物志扩展到了443人。

据说人类祖先神农真的在这儿住过，并被称作是农业之父。他发明了犁，还有用来舂谷物的石臼，并且请人写了一本有关草本植物的书。人们最初是如何开始播种和收割的事仍是一个秘密，但是有关神农的故事说，有一个谷穗从天上掉到了他的跟前，而他凭直觉领悟到了该如何种植谷物。这跟蒙达敏和海华沙的故事②在细节上完全不同，但两者都认识到对于某些事情需要做出解释。神农是人民的大恩人，所以他成了皇帝——"开荒种地的皇帝"。《衡山春秋古风》所记录的事实使我们能够把他的生卒年定为公元前2737至前2697年。但当我们发现他的第13个孩子是个神仙时，对于书中细节的信任度便打了折扣！

"赤色长生不老药之王"祝融是另一位古代的君王，他所干的最有名的事就是利用音乐的吸引力来祭拜天神和使人民和睦相处。"他熔石炼铁，制作刀、锯、斧，使得天下太平六千年。"据说他受神谕，在尧统治时期将治水不力的鲧打板子。他还成了黄帝的六位顾问之一。《六韬》的说法是正确的吗？他将自己的火焰宫就建在南岳最高的山峰上，因为"他通过在五种木头上钻洞而发明了火"。作为鲧的儿子，禹觉得必须以自己的行动来挽回他父亲的声誉。所以从7岁起，他就放弃了音

---

① 赫拉克利特（Heracleitus，约前540—约前470）是古希腊哲学家，他认为火是万物的本原。
② 蒙达敏（Mondamin）和海华沙（Hiawatha）都是北美印第安人神话中的人物。海华沙的父亲是神话中的西风神，母亲在分娩他的时候去世，所以他是由作为月神之女的祖母抚养成人的。长大以后的海华沙第一次冒险就是跟蒙达敏（玉米之神）摔跤决斗，海华沙摔倒了对方，因而为人类赢得了玉米这种重要的食物。

乐，开始学习防洪治水。后来他听说有一本宝书也许可以帮助他，但不知道在哪儿能找到它。所以他就来到了衡山，并在白马峰上设祭和祈祷。那天晚上，一个身穿绣衣的苍水使者来到了他的梦中，命令他到黄帝峰上去斋戒。禹斋戒了三个月之后，便前往金简峰，并在那儿找到了金页玉字的宝书。从那本书中，他学到了如何治理洪水，后来他出于感激，把成功归结为上天，并在五岳的山顶上立了石碑，以标明水位的高度。至于南岳上的那块大禹碑，我们在前面已经提到过了。

祝融又称祝诵，由于他能钻木取火，所以绰号叫赤帝。他被葬在了衡山，所以那儿有一座山峰是以他的名字命名的。祝融是火之神。按照评注者虞翻的说法，祝的意思是"大"，融的意思是"亮"。而按照韦昭的解释，祝的意思是"本源"。作为五经之一的《礼记》在提到祝融时说，"祝融乃初夏之神"。

两湖学政管大勋曾两次被派到衡山来献祭。明太祖曾经梦见赤天上有个洞，他必须通过给黑神建一个寺庙来进行弥补，但他画蛇添足地让一条小溪改道从寺庙的后面流过。而那位博学的学政看出，挖这条从山顶上流下来的小溪实际上已经弄伤了龙的背脊，而要补救这一点，就必须让这条小溪回到它原来的河道，即从寺庙的前面流过。为了让人们能够到达寺庙，他建造了一座小桥，从此那座桥被称作了接龙桥。这使我回想起以前访问中国时听说的一件在一座突出的山脊上发生的同样的事，以及中国最伟大的一位学者为了补救这件事而做出的努力，这些我在《中国十八省府1910》一书中已经描写过了。

地方志中所纪念的不仅仅是男人，其中也讲了尼姑高氏的故事。她5岁时就成了孤儿，由祖母教诲长大，使她成为一个聪慧的女孩，17岁就成了婚。第二年，她的丈夫和孩子都得了病，尽管她从手臂上割下一块肉来为他们治病，但他们两个还是都病死了。有一位老尼姑前来安慰她，所以她就出家当了尼姑，"每天天不亮就起床，烧香、拜佛和念经"。

后来她穿上了青衣，作为她自己的一个标志，平时只吃没有烧过的生的食物，并且用不停劳作这种方式来伤害自己的肉体。她的邻居们都以敬畏的口吻讲述她们如何从小洞中窥视她，并看见她升了天。在当了17年的"未亡人"之后，她离开了家乡，在南岳度过余生。

从前在南岳有一个神仙能够传授"明镜"之道。西方的每一位家庭主妇无疑早就已经采纳了这种理论，但经常不能够实践它。在《南岳志》第四卷第4页上可以找到下面这段英译文的原文：

> 梁张汝珍，南阳人，居南岳。遇神仙授明镜之道，曰：照物理者天也，照物形者镜也。天之道，以清镜之体，以明人能存。天清镜明，澄心静神，则至道成矣。处其室则白自生，定其心则道自生。
>
> Chang Ju-chen of the Liang dynasty was a native of Nan-yang. He lived on the Nan Yo, and on one occasion met a fairy who gave him the principle of Clear Glass, which is this, What reflects or illuminates the nature or principle of things is Heaven: what reflects the form or shape of things is glass. The principle of Heaven is purity, or glass clearness. A man who possesses the purity of Heaven and the clearness of glass can wash his heart, quiet his spirit, and achieve becoming a fairy.

下面是对这同一段话的另一种更具学术性的译文。它显示出在把中文的象形文字转化成英语句子时会具有各种微妙差异的可能性。此外还必须告诉大家，上面那段译文是一位才华横溢的中国人翻译的。

> Chang Ju-chen... met an Immortal who imparted to him the Way of the Bright Mirror, saying: "That which reflects

the principle of things is Heaven: that which reflects the form of things is a mirror. The Way of Heaven is purity, the essence of a mirror is its brightness. He who is able to make his heart clean and to tranquillise his spirit, will achieve the perfection of Tao.

王十八先生似乎是一个具有仙术的人。有一次他碰见刺史刘晏，便给了对方三粒药丸，并告诉他，每一粒药丸都会给他添 10 年的寿。30 年过后，王十八又来了，这次他给了巡抚刘晏一剂卤水，巡抚喝了之后，就把这三粒药丸吐了出来。说时迟，那时快，巡抚的侄子一把就夺过了这些药丸，并随即吞了下去。王十八神情严肃地对他点点头："看来你对于道情有独钟，你会得道的！"说着他就离开了。

这种对于仙丹的迷恋具有浓郁的道家色彩。《南岳志》中有关老虎、豹子、狼人、蓝鸟等动物禽鸟的许多故事也是如此。仅举一个例子就足以说明问题。王妙想靠戒食五谷和在早晨打坐练气功，因此开始变得能够看见五色云彩和听到天籁之音。后来她终于得道成仙。她的房间里充满了彩色祥云和芬芳的香味，天籁之音震撼山谷，光芒照耀，就像天上有 10 个月亮。一队天神从云端上下来：有一千辆马车组成浩浩荡荡的队伍，十尺高的巨人骑着龙、鹳、麒麟和凤凰，扛着长矛、旌旗和锦旗。在队伍的中间是一辆由九条龙拉的双轮战车，上面坐着一个身披羽毛的男人，腰间挎着剑，头戴一顶镶满宝石的帽子，从他身上放出光来。队伍的后面是成百上千的仙女。当王妙想向这位男人朝拜时，后者赞扬她 30 年的修炼和虔诚，并称赞她在得道和将道发扬光大上堪称是万里挑一，并当场给了她两套书和一瓶仙丹。他连续三年前来看望她，10 年之后她就升天了。

唐氏修炼道教，学会了如何将锡变成银子，所以有许多人想要跟他学艺。有一个姓柳的人在株洲的一家旅店里碰到了他，并且靠深谙炉火的奥秘而跟他结识。他们一起旅行来到了南岳。有一天晚上，在一家破旧的旅店里开玩笑的时候，柳氏突然说："大叔，我知道你掌握了炼锡为金的秘密，教教我吧。"但是唐笑着回答说，他花了十几年的时间才学会这点本领，不能这样性急地就把它传授给别人，但他提出可以到圣山上去教他。柳氏闻此大怒，从包里抽出一把剑，用它把一块铁皮分为两半，并且威胁说，除非他肯教自己，否则就要杀死他。唐在惧怕之下，便将秘密教给了他。于是柳氏现身为太上老君派到人间来巡视点金术秘密是否保存妥当的十名神仙之一。他一点头，唐氏就消失了。

赵某是一个进士，他迷上了在一个书房里挂着的一幅画中的姑娘。身为术士的画家告诉他说画中的姑娘名叫真真，并将那幅画送给了他。他还告诉他要呼唤她的名字100个昼夜。最终她终于回应了他。赵某请她喝酒，她就从画中走出来，跟他结了婚，并且为他生了一个儿子。有一个朋友向赵某告发说她是个妖精，并且主动提出要杀了她。那天晚上，她含着眼泪跟他说，自己原来是南岳的地母娘娘，但她不能跟怀疑她的人共同生活下去。于是她带着孩子走进了画里，并且吐出一口气，于是赵某便拥有了一张圣母和圣子图。

第五章　石油圣经学校

从这些南岳故事本身，我们可以很清楚地看到，中国人有着丰富的浪漫故事和情感。现在让我们来看一下，这些故事如何为福音书进入中国铺平了道路。

有一个男人"脱俗登仙，举升远国"，而他的骸骨被暂时保存在寺庙里，直至一个合适的埋葬地点找到为止。当几年后终于找到了埋葬地之后，发生了一个意外的事件，他的骸骨跟别人的骸骨已经混在了一起。惊骇的家庭成员们求助于一位刚到中国的外国医学博士，当他最终弄明白他们的意思时，对于这个请求深感震惊和反感。然而一位有经验的同事说服了他，于是他们便一起去寺庙，花了很长的时间来完成这项令人作呕的分离祖先骸骨的任务！好几个小时过去之后，他们想要回家，并且答应第二天再来。但那位痛心疾首的儿子敦请他们不要放弃，突然间，那位年纪较大的外国人看到他的机会来了。"我们是基督徒，不能够强人所难，但假如我们是中国人的话，我们会说：'把那块我们一直在讨价还价想买的土地卖给我们，这样我们也会在离开之前把你祖先的骸骨全找齐了。'"第二天，外国传教士们就在作为南岳庙所在地的那个州拥有了第一块土地。

这些外国传教士第一次访问南岳是在1907年，当时人们认为他们在攀登这座圣山时必须有一支强大的卫队来保护他们不受狂热排外分子的威胁。但他们似乎从来也没有遇到过这样的危险，也没有挨过粗人所谓的"秃棍"，反而经常发现道士和尚们十分友善。他们一直在寻求理解当地人的思维方式，以便能够通过富有同情心的方式来站稳脚跟，而不是单靠谴责事物的荒谬。其结果就是他们逐渐形成了一些非常有效的方法。

乔治·L. 盖尔维克斯硕士，一位敏锐的观察家，对于大多数的香客做过一个极好的描绘。香客们主要来自一个勤劳的工匠阶层，他们到南岳来纯粹是为了祭拜圣山的。一路上他们的行为举止都很检点，并不传播流言蜚语，而是要么吟唱拜香歌曲，要么就埋头默默地赶路。南岳吸引他们的有两点：一个是为了让自己的父母得到祝福，另一个就是赎清自身的罪孽。他们似乎并不相信罪孽可以被宽恕，但他们确实希望能够减轻良心的痛苦。就像古代的犹太人那样，他们部分靠捐钱，部分是靠祈祷来试图做到这一点的。我们可以假定施舍品吸引来了远近的乞丐，也可以假定那些香火鼎盛的香炉有点滑稽可笑，但在这些事件背后的实质是罪孽、良心、和平。使传教士们感到高兴的是，他们所要传教的对象本性是如此诚恳，而且就像在雅典的圣保罗那样，他们感到对于那些懂得该如何引导人们追求的人来说，这是一个多么好的机会。

当香客们前来祭拜时，并没有对他们进行多少传教工作。然而当一个人失去了对于目标的热忱之后，当他实现了自己的誓言以后，在往回家的路上走时，他也许觉得有点幻想破灭，没有完全获得他所寻求的和平，这时传教士们感到他们的时刻到了。福音书、小册子和路边的布道很受香客们的欢迎，因为他们对于圣山的最后回忆也许包含了真理的信息。在一年的大部分时间里，圣经学校传教使团的总部是设在长沙的，但是在朝圣的季节里，传教士们就集中到了南岳街的附近，而圣经学校的本地学生也抓住他们的机会，并很好地利用了这段时间。

这个圣经学校组织得当，开办谨慎，教学热情，三方面都做得很好，而且"这项工作得到了丰厚的回报"。它受到了洛杉矶的斯图尔特兄弟这两位石油大王的赞助。他们确实在这儿挖到了蕴藏量似乎开采不尽的石油,后者源源不断地涌出,以点亮生命之灯。而这一切都是在清廷高官李鸿章的诅咒下所完成的,后者请求苍天"让群山爆炸,使基督教国家的男人、女人或孩子一个都不留下"。

第三部分 黄色的中岳嵩山

嵩山

嵩山是天,上帝就是从这个山顶君临天下的。

——引自吴氏的作品

上天似乎刻意将这个地区创造得与众不同。

——景日昣

第一章　神圣的城市

传统的朝山香客应该从南岳向北进发。如果从距南岳只有30里的衡山县乘船，即可方便快捷地到达南岳的山脚下。然后穿过著名的洞庭湖，横渡大江，就来到了大城市汉口。带着行囊的朝山香客可以在这里乘坐现代化的特快列车前往许州，后者距离柔道的故乡——圣城登封不到160里。

这就是中岳，因由土星管辖，所以与土相关，具有播种和收获的特点，因此十分适合于人的胃口。《五岳名号编》中写道："嵩山的神掌管着五谷和其他各种食物。其正色为黄色，这是周王室的颜色，即中国第一任统治者的颜色。"史书记载，"舜传黄"。嵩山对应的音符是宫，也就是简谱中的"拉"。它的守护神是兴盛于公元前2700年左右的黄帝，在这儿"五德兼备"。

这儿就是宇宙万物的中心，因为"五行的能量都汇集于此"，也就是世界的中心，难道这不就是中国中州的中岳吗？不仅如此，"中国的五岳"作为一个整体最初就出现在这个"非常古老的"地区。我们在研究中国历史背后重要的数字结构时就发现了这一点。中国历史对数字的依赖程度似乎与天文学或数学不相上下。经常笼罩在神圣气氛之下的"五"这个数字引起了我们的好奇，因此我们又重新研究了闻名遐迩，具有魔力的那张纵横图，即洛书。

简而言之，洛书的发现经过是这样的：当大禹这位中国的诺亚利用九条水道制伏了洪水以后，他看见有一个乌龟浮在洛河上。乌龟壳上有

嵩山龙头香杖。盖洛博士 8 月在
中岳购自一名朝山进香者

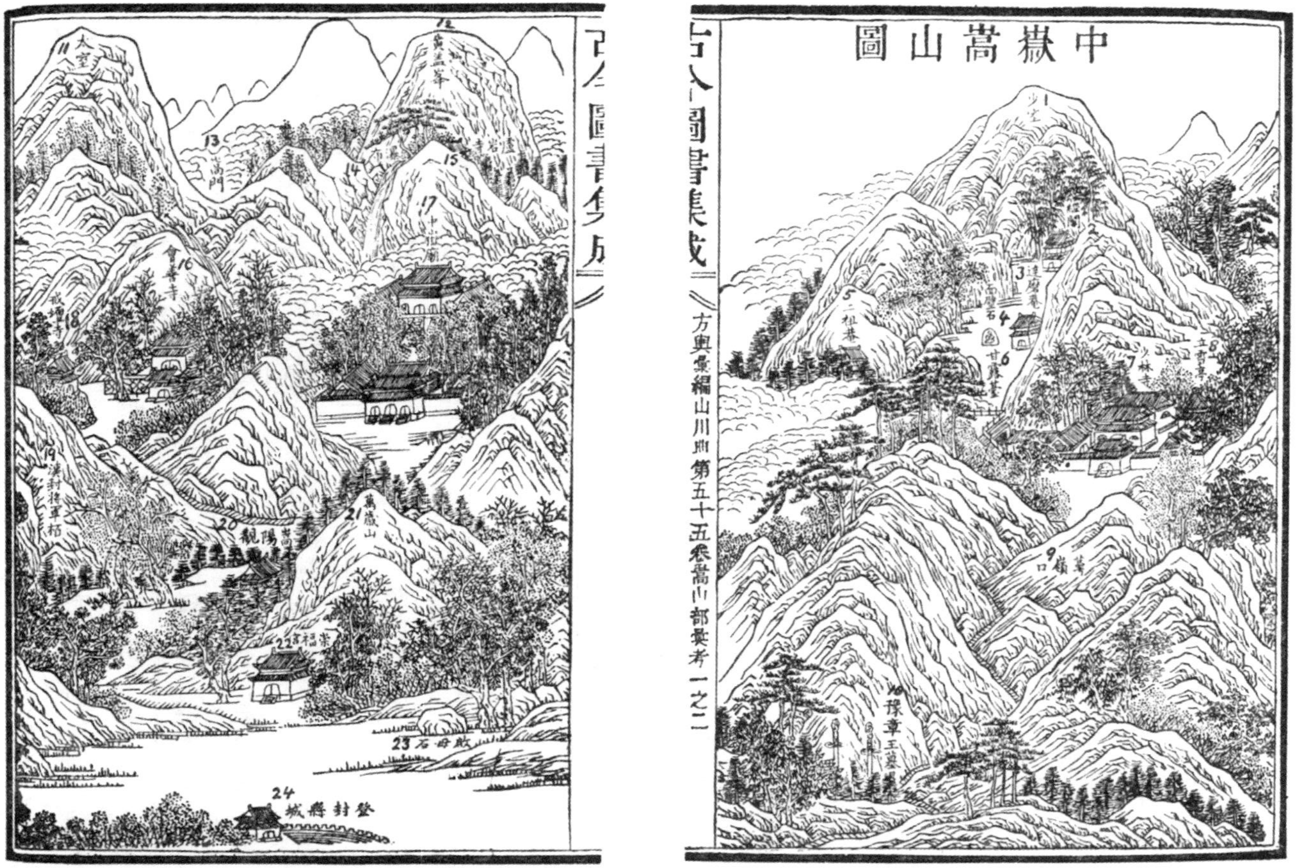

第三部分 黄色的中岳嵩山 | 215

中岳嵩山图

源自方舆汇编《古今图书集成》山川典第五十五卷,嵩山部汇考一之二。中岳图中所标明的景点:1. 少室;2. 经阁;3. 达摩庵;4. 面壁石;5. 二祖庵;6. 甘露台;7. 少林寺;8. 立雪亭;9. 岭口;10. 章王塞;11. 太室;12. 嵩门;13. 嵩门;14. 瀑布;15. 卢岩寺;16. 会善寺;17. 中岳庙;18. 戒坛寺;19. 汉封将军柏;20 嵩阳观;21. 万岁山;22. 崇福宫;23. 启母石;24. 登封县坡。

一个由九个小方格组成的正方形,每个小方格里都有一些圆点,代表着奇妙的数字。如下所示:

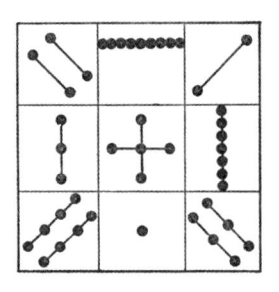

把这些圆点变成阿拉伯数字以后,则如下图:

在龟壳上发现的这个图案被远洋轮船上的舵手们所普遍采用,虽然在远洋轮上打圆盘游戏时,也许没有几个人清楚这种九方格的来历。正如舵手所说:"中心格里的五是个关键数字。"情况的确是这样。早在远古时代,当天朝人决定进行土地分配的时候,他们所使用的就是这个图,因此全国的第一幅地图就是一个巨大的圆盘,中心的那个方格就是王室所在地。帝王住在这里,管理着他的国家。周围相邻八个区域的居民负责耕种这个中心地区的土地,以取代土地税。他们还虔诚地祈求上天首先把雨降在第五个地区,也就是中心地区,然后再降到其他八个地区。

因为中心的数字是五,因此,占据这个区域的统治者往往被冠以"五"字,就像有时候把爱发号施令的人称为一号那样。汉语中"王"和"五"这两个字的相似性是一个有趣的现象。有一本词典是这样描述

"王"字的："三横代表着天、地、人，一竖把这三种力量连接了起来，谁做到这一点，谁就是国家的统治者。""五"字似乎表明，上天通过王来统治地和人，而王的权力宝座就位于"五"所代表的区域里。因此中国人把他们伟大、辉煌的国家称为中华，意思是处于中心的国家，而不是像外国人猜测的那样，是一个中部的国家。"中"字表现一支箭穿透一个方形的靶心，因为箭所穿透的这个方块就是洛书里的中心方块。这个居中的方块就是中国五岳的起源。

中岳也许是五岳中最神圣的一个。一位中国地理学家在写到极为神圣的中岳时，这样说道："如果把嵩山分开，将是很多山峰；如果把这些山峰合起来，那就是嵩山。"他估计嵩山方圆大约130里，高达20里，这后一个数字也许指的是上山道路的长度，而不是海拔高度。

> 太室即嵩也。厥胜在阳，绵亘横阔，兀立尊严。而少室旁峙，大都峰嶂苍翠相间。峰壁环向攒耸，如芙蓉城，列抱于上。正面望之，浑沦端整，正如龙眠。

大约两个世纪以前一幅老地图的绘制者这样写道，他进一步解释说，嵩山山脉有两个神圣的顶峰，东边的那座山峰就是我们上面所说的圣山；西边的少室要低得多，但是有36座山峰；太室很高，但只有26座山峰。然而在画家的眼中，它们组成了一个线条优雅的圆圈。有三条主路可以通往山巅，但是朝山香客们最喜爱那条经过野猪坡的道路。唐宋的大人物们上山都走这条路。

"嵩"字的来历很有趣。如果把它拆开，意思就是高山。最早这个字写作"崇"，下面的"宗"字，表示祖宗，因此含有尊敬的意味。如此一来，这座山的最初含义似乎就应该是"祖宗之山"或"庄严神圣"了。《诗经》（iii, 3, v.1）中有这样一句："崧高维岳"（山峰雄伟壮丽）。

碑亭及其守护神。位于河南登封县中岳庙院内一株古树的荫盖下。盖洛 摄

这里，"嵩"写作"松山"，后者的意思和"嵩"字是一样的。

该山最通行的名称是"嵩山"，其本意是指"高山"。我们的地图绘制者称之为"太室"，这座山还曾被称为"外方"，另外还以"中岳"而闻名。《圣经》的读者会联想起另一座山的两个名字，即尼泊山和毗斯迦山，因为那儿是摩西去世的地方。读者还会记得耶路撒冷有三四座小山，这些山的名称并没有什么意义，因为没什么必要使之精确，它们是锡安山、摩利亚和大卫之城[①]。富有诗意的人可能会把罗马称作埃斯奎利诺或者巴拉丁等。中岳的典故都与土星或者五行中的"土"有关，但如果向当地人打听，那么这些典故却不是三言两语就能说清楚的。

朝山的香客们首先要问的当然是去"圣城"的路，我们就跟在他们的后面。真是仁慈的天意，圣城的每个景点都位于山脚，而不是山顶上。而且，如果到城里转转，还会颇有收获。前往瑞士的旅游者很少会满足于访问因特拉肯，[②]却不愿去攀登艾格尔峰和少女峰。但至少，他们现在有了通往山顶的铁路，这是一个很有利的条件。

圣城的名字现在叫作登封。和中岳一样，圣城曾有过其他名称，使用时间最长的是"阳城"，据说这个名称可以追溯到黄帝时期，即大约公元前2700年。宋朝以后，就一直使用现在这个名字，很少有什么变化。"登封"的意思是上到山顶上去祭祀（即"封"）。中岳的圣城和南岳的圣街形成了一个鲜明的对比。在南岳，进香的人络绎不绝，很多人都慕名前往那儿的寺庙，敬神活动极为盛行，尽管比起20年以前，已经有所减少。而在中岳，敬神活动则零零散散，只有在每年一次的大集上，在八里以外的中岳庙才会见到熙熙攘攘的人群。

圣城的常住人口大约为4000人，这儿有一个小集市，有20个兵勇，

---

① 即耶路撒冷。
② 因特拉肯（Interlaken）是瑞士伯尔尼州一个最古老的旅游城市，那儿也是前往艾格尔峰和少女峰等阿尔卑斯山游览地的出发点。

没有电报、电话，街道非常破旧，商店也不起眼。就这座城市自身来说，对游客没有丝毫的吸引力，根本无法让他们在这里停留。但是，就像穿越亚利桑那州时发现的许多印第安人村庄的废墟一样，这些地方不仅吸引着古文物专家，还吸引着宗教的研究者。就这样，登封把我们吸引到这儿，我们是想寻找它的寺庙。

圣城的城隍庙里今天竟然只有三个和尚！宗教的真实状态可以从下面的事实中加以推断。在这儿，只有在中国的这个地方，我才见到古老的石碑被下流的图画所玷污。如果这种事情发生在印度，我们丝毫不觉得奇怪。在印度，庙宇的大门前有数以千计的雕塑，上面有很多这样的图画，非常下流。那里禁止不贞的法律有很多特例，这些特例就是法律并不追究在神殿以宗教的名义所做的任何事情。但是中国在性这方面有很高的道德标准，礼仪方面的要求也极为严格。看到在这么神圣的地方，古老的碑文被下流的图画污染和破坏，真让人感到震惊。对于那些居然能使这样的东西在光天化日之下存在哪怕是一天的独身和尚，人们又会做何感想呢？

过去，虔诚的工匠们在西东街上建造了高大的牌坊，立柱是用整块巨石雕成的，说明人们想让这些牌坊永存，横梁雕刻得雄伟壮观，整个建筑给人留下了深刻的印象。不过，有的已经风化得很厉害，有的已经断裂，还有的已经成了碎片。整个地方都让人感到非常失望。

有一点要明白，这座神圣的山峰耸立在河南省（中州）登封县的北面，三个古老王朝（夏、商、周，公元前2205—公元前250）的君王都居住在黄河与洛河之间。因此，嵩山被看作是位居中央的山脉，"于大地四方为正中"。

除了作为嵩山的圣城以外，登封以前还有许多引人注目的特点。它的南面是铁炉沟，那里曾经有过一个欣欣向荣的铸造厂。据方志记载，这个铸造厂受到了官府的保护，调查者一定还记得，这座城市当时被称为阳城。据《汉史》记载，大约在公元 80 年东汉章帝时期，有 180 名铁匠罢工造反，他们杀死官员，用自己制造的武器装备自己。他们占领了九个府，直到"大军"也就是皇家军队，集结起来消灭了他们。记录此事的一位著名学者认为，只要是自然资源丰富的地方，无论这些资源是矿石还是水力，就肯定会吸引人们。由于贪婪，这些人的道德很快就会败坏，叛乱在所难免。他承认，传统的文人对此无能为力。他首先想到的是实行一种国家垄断，这样会导致秘密开采，或者会导致公开叛乱，但是他未能提出任何明智的具体措施来避免这些问题。一个仅仅受过大学训练的文官意识到自己在处理工业问题方面无能为力，然而他对这个问题却有一些令人深思的想法，这种现象是非常有趣的。这是一位以研究社会为己任的东方的基德船长①，但是他并没有建议改变传统教育，也没有说对于人类的真正研究对象应该是人，更没有提到由生意人来管理生意方面的事情，这比仅仅由政府官员来管理要更好些。

　　康熙时期，官员们面对劳工的行会感到束手无策，因此他们建议关闭这些矿山。景日昣就任后，向皇帝上了这样的奏折。在两年内，他关闭了这么多的矿山，以至于 20 万人因此失业，但他本人对这项工作的顺利完成感到非常自豪。读一下这位官员得意的描述会让人觉得不可思议，他的利益局限在让自己所处的阶层感到舒适，根本没考虑到无数民众会因此失去自己的生活来源。

　　中岳盆地不但在工业方面非常重要，在科学方面也享有一定的声誉。正如美国的利克天文台建在了汉密尔顿山顶上，而丹佛天文台更高，就连哈佛大学也在秘鲁的阿雷基帕设立了一个研究站那样，古代中国的天文学家早在欧洲的野蛮时代就已经发现了山区的巨大优势。古埃及人

---

　　① 基德船长（Captain Kidd）是一个传奇人物，作为 17 世纪末一艘英国劫掠船的船长，他经历过各种冒险和劫掠活动，成为纽约市的一名富人。他最终被处以绞刑，财产也都给了慈善机构。

中岳嵩山圣城。登封西东街上用单块巨石雕刻而成的牌坊,牌坊横梁上的四个字像是"良瞻东贤"。盖洛 摄

的智慧被他们的阿拉伯征服者所传承，这些阿拉伯人把天文仪安放在开罗、大马士革和巴格达。这种观察天文的冲动又传给了在波斯和撒马尔罕建立新统治中心的蒙古可汗们。不过看来是中国人自己认识到了在中岳建立观星台的优势，"大地中心"正是描绘星图的合适地点。

天文学家张衡描绘了一些汉朝人所能够理解的太阳系景象：

> 天形似鸟卵，地居其中，天包地外，犹卵之裹黄，圆如浑丸，故曰浑天。其术，以天半覆地上，半在地下。天居地上，见者一百八十二度半强，地下亦然，北极出地上三十六度，南极入地下亦三十六度。嵩高正当天中极南五十五度，当嵩高之上，又其南十二度为夏至之日道。

这段文字所阐释的天文学知识与托勒密的理论非常相似，这比处在黑暗时代的欧洲要先进很多。这段话里还提到了张衡当时所处位置纬度为36度。此外，其他中文古籍中还有公元前2000年前的日食观察记录，以及公元前611年的彗星观察记录。中国人早在公元前22世纪就对天文学产生了兴趣。

无怪乎这个现代的（？）观星台使用了大量的天象仪。这些仪器中有很多已经失传，可是现在依然保存着对它们的描述。其中当然有望远镜；"浑天仪"可能与子午仪类似；"四游仪"和"六合仪"可能就是某种平板仪；而"三辰仪"显然就是属于时钟的性质。

中国人是伟大的钟表制造专家，他们在家里使用的是一种水钟。在一个大碗里装上水，把底部有个小孔的小碗放在水面上，这样水就会慢慢流进小碗。进水的速度非常慢，如果日出的时候把小碗放进去，直到日落它才会沉到水里；再把它拿出来，倒掉水，然后再放到水面上，这样到日出的时候，它又会沉到水里。这是为昼夜平分而设计的，因此，

中岳盆地的一个中国客栈和一群当地人

第三部分　黄色的中岳嵩山 | 225

中岳或嵩山的圣城登封城隍庙门前。盖洛 摄

需要在白天或者黑夜用许多"铜钱"来增加碗的重量,以使它在每个月都能准确计时,到十一月,白天的时候要在碗里放 20 个小"铜钱",好让它在冬季白天短的时候更快地沉没。

这种方式可供家庭使用,即可以通过它知道什么时候吃饭。但对于观星台来说,这还不够精确。下面这种方式对西方人来说更为熟悉,那就是从容器里往下滴水。中国人使用的容器很大,水滴上好几天也不需要往容器里加水;容器被分成很多天,每一天又被分成 100 个格,每一格又被分成 20 等分的刻度,所以,他们认为重要的最小计时单位大约是我们的 43 秒。我们完全是依赖于地方志了解到这件事的。

大约两个世纪以前,一台立式自鸣钟被送到了中岳观星台,当地的一个科学家是这样评论它的:

> 西洋制自鸣钟,其法,用一轮平置,绾以轴,左右转,下竖一轮楔,其旁以击上轮之楔。使之旋转,转至刻分,视绳久暂权定轻重,时其加减,稍不如法,辄差失矣。
>
> 以水之周行定十二时刻较钟轮为可久也。

该评论正确与否,可以通过以下事实来评判:一个非常现代的欧洲精确钟表就是向水钟的回归,只不过水钟的管嘴已经被附在钟摆上的指针所取代,钟摆就是这样驱动的!

《说文》讲述了仓颉发明文字的惊人故事,"他勾画出了蝌蚪文字"。关于此人及其发明创造力以及他的存在有许多说法,现存的每幅肖像画都把他描绘成长了四只眼睛!在了解这些情况之后,我们便可以试图来理解他的名望了。

从社会学角度来看,人们认为他明确了君臣、上下、父子等之间的关系,只是后来孔子把这些关系系统化了。仓颉"观奎星圜曲之势,俯察龟文鸟鸟羽山川，指掌而创文字，天为雨粟，鬼为夜哭，龙乃潜藏，文字备有，与以存乎"。

所以，由此"诞生了对未来的恐惧"。他选择了自己的都城阳城，在这个南方之城统治了110年，现在"他的坟墓依然可见"。研究过南岳大禹洪水碑上汉字的人都知道，汉字起源的可信度到底如何。

需要说明的一点是，这一带是"中华民族的摇篮"。"上天有一半的秘密都是在洛河与黄河之间泄露的。"如今这儿已经找不到仓颉的坟墓，也看不到观星台，没有什么东西可以表明中国人所取得的任何进步和知识。观音庙旁边有一家风景宜人的小旅店。经过翻山越岭的漫长艰苦旅行，我从猎装口袋里拿出了一个棕色的小包，打开以后就是一个橡胶洗脸盆，这令旅店男仆和众多围观者都感到非常好奇。当我要热水的时候，男仆感到很困惑，不敢把热水倒进这个脸盆。我再次清楚地说明了自己的要求以后，他才壮着胆子把热水倒了进去，然后弯下腰去看盆底，以为它会漏水，可他发现脸盆外面一点儿也没有湿，非常震惊。我的威望马上就树立起来了。在这座发明之城里，创新的精神已经枯竭。

我们对隔壁的庙宇没有太深的兴趣，也没有特别关注我们前面提到的城隍庙，而是把注意力集中在山上的寺庙，也就是中岳庙上。关于这一点，我们已经知道在不同的时期有过几座这样的庙宇，而只有其中的一到两座依然保存了下来。

远古时代，这里没有庙宇，祭祀仪式都是在露天举行。"天子通常登上建有祭坛的山峰，庄严地点燃一堆树枝。祭品埋在山里。祭祀的目的是获得神的保佑。"

下一步就是用栏杆把这个区域永久性地围起来。"由于神的尊严不容玷污，因此必须为祭祀仪式提供一个特殊的围栏。那里一定要有一个祭坛，重大的仪式不能在露天举行。"

登封西东街上用整块岩石雕刻而成的牌坊细部

从登封到中岳庙的路上。盖洛 摄

因此，在围场内很自然地就出现了建筑物，里面住着祠官，还存放祭祀用的器具，并为香客提供住宿，但是供奉菩萨的寺庙是直到佛教传入后才出现的。在此之前的元封年间（公元前110—115年），正如我们在《汉书》中读到的那样，当武帝使国家更为强盛时，命令扩建祠堂（神龛或寺庙）。由此可见，当时确实已经有很多建筑物了。

现在的中岳庙始建于唐朝开元年间（733—741）。旧庙的规模很大，800个房间，碑亭的数量超过700个。这说明它以前有多么辉煌，这种辉煌现在已经远不如从前了，但是建筑的整个格局还保留着。

登封城离中岳庙很近，大致在禹州的方向，约有8里路。僧侣们很好客，提出给我们安置在主殿最深处的神龛里，这充分表现出了他们的真心实意：想象一下在罗马圣彼得大教堂的圣坛上的一张床吧。我们很满意住在露天，就睡在从大殿主神身旁拿来的圣案上。有一座大殿正在重建，周围的殿堂都已破旧不堪。睡觉的时候飘来了鸦片的一阵阵香味，我们宽容地认为，这种气味可能来自苦力们，而不是僧侣。

一块巨大的石碑耸立着，上面的文字很醒目地声称这座寺庙位于大地的中央，这引起了我的注意。同样引起我注意的还有龙的两只眼睛，也就是院子中央直通祭坛的石板路两侧的两口深井，献祭的牛就是破晓前在那个祭坛上奉献给神祇的。跟其他地方一样，这种祭祀仪式在民国建立后就被废止了。

第二天，主人很热切地想向我们提供有关中岳庙的信息，然而凡是在我们可以查证到的情况下，他们的愚昧无知都暴露无遗，因此最好还是不要把他们所说的东西都记录下来。在庙内还能看到许多横匾，上面记录着皇帝巡视中岳的情况。可我们更感兴趣的是那些美丽的庭院、庙宇殿堂，以及外墙旁边数百间小屋所构成的整体效果，而不是去注意那些特定的细节。我们感到有必要走得更远些，如果一位称职的考古学家有充裕的时间来考察此地，定会有更多的收获。寺庙的庭院已经破旧不堪，建筑物昔日的辉煌也已不复存在，可是我们很容易确定，展现在我们面前的是帝王宫殿的布局。根据古代的规定，献祭应该定期由在位的帝王来举行，或者至少是由在位帝王的代表来举行。祭祀仪式的中心就是在破晓前最寒冷的时刻屠宰一头公牛，因此，礼仪专家们认为，这些国家寺庙的庭园和建筑物应该采用皇宫的格局。这里跟其他地方一样，君主制的废除也结束了国家的祭祀仪式。

大庙附近仍然竖立着刻有五岳真形图的石碑，那是三座最古老的石碑之一，参见所附的照片。《万花谷记》中的记载如下：

> 元封元年七月七日夜，西王母与上元夫人降。帝视其巾器中有小书，紫锦囊盛之。乞览。母曰："此五岳真形图也，乃三天太上所出，岂汝所宜佩乎？"

可是，在汉武帝的竭力恳求下，王母还是把图给了他，汉武帝把它保存在柏梁台。

一块块的石碑依然竖立在露天，或竖立在碑亭里。这些碑亭建在低矮的砖台上，有拱门，亭顶的每边都有向外伸出的屋檐，还有双层木制楣梁。从高大的古树间望去，可以看到门后的石碑，给人留下十分美好的印象，并使人意识到古老宗教信仰所具有的魅力。大殿的主体结构已经破败不堪，可是它宽敞的占地空间，大殿前断裂的石栏，都会让人联想到它昔日的辉煌，想到当年威仪堂堂的皇家队伍来到嵩山盆地时的盛况。大批的人群都见证了那个盛大的典礼场面：十万人组成队伍，举着

中岳庙院内的一座石碑上刻有神奇的地图，即五岳真形之图。盖洛 摄

成千上万面旗帜，还有骑兵护卫队和坐在马车和轿子里的王公贵族们。如今这儿只有几个不怎么虔诚的香客和一个好奇的美国游客，除非是遇到一年一度的集市。这个地方简直可以说是空空荡荡的，而且根本就没有人打扫，也没有人擦拭。当旧的信仰已经不复存在的时候，会有什么新的信仰进来呢？是比以前更糟糕的魔鬼，还是来自天父的福音？

第二章　周围的风景

圣城的周围风景独特，整个地区的农产品也很丰富。不远处就是龙门，距离这儿约有120里。龙门是一个峡谷，伊河由此向北汇入洛河。

峡口两侧山壁的坚硬岩石上有众多开凿的洞窟。洞窟内陈列着成千上万大大小小的佛像，其中一尊巨大的佛像在洞外依山雕刻而成。美丽的风景到处都可以看到。温泉也为周围的地区增色不少。

但是我们必须抵抗风景的诱惑，特别是要摒弃佛教对我们的诱惑。我们此行的目的是研究更为本土化的道教，尽管它也受到了来自印度的影响。就连少室山下都有佛教寺庙少林寺，可见这种影响之大。达摩始祖曾住在少林寺，他在印度被称为菩提达摩，是那儿的第28任，也是最后一任祖师，大约在公元520年移居中国。他似乎一生都在苦修，因为据说他曾坐在这里盯着一块石头沉思了九年，然后去世了。前些年，在一个倒塌的亭子中还可以看到那块石头，据说上面还有他的影子，这可真是一个奇迹！这块石头仍在被展示给虔诚的信徒看。我没有见到这块石头。如果愿意的话，你可以对这个背井离乡的僧人表示怜悯，可是更值得注意的是列于五帝之首的伏羲，据说他的墓就在中岳的东北部。

伏羲以两个重要发明而著称：婚姻和音乐。在他之前还没有稳定的婚姻，没有悦耳的旋律，只有不和谐的噪音，那么他生活的时代又有多么遥远呢？

伏羲还教会他的人民如何捕猎、打鱼、饲养牲畜。据说，受到一只乌龟壳上花纹的启发，他创立了用虚线和实线组成的八卦，并由此建立了一个完整的哲学体系，具体表现在后来出现的一本奇书《易经》之中。据说他发明了某种历法，甚至还说他教会人们如何烹调食物。

不过，我们不必去过分关注周边的地区，还是把注意力集中在中岳山脉本身上吧。

> 稍近，则岭壑开绽。逼入，则崚嶒参差，或齐雨云屯，虚谷霞蒸，掩映前后，方见层峦叠巘，不可穷际。登其岭，周遭俯瞰，峰络岭联，峻峻如吐蕊。南多悬崖，北多峻阪，东多断桥，西多重嶂，居中最高曰峻极峰，顶像幢盖，敞平开朗，左右主峰争奇斗巧，拱向环拥。

谁会说我们这位 18 世纪的旅行家没有诗情画意呢？

在这块高地上吟诵"嵩山进香诗八首"非常合适，它实际上是《诗经·大雅》里一首颂诗的第一节。

这节诗的内容如下：

> 崧高维岳，骏极于天。
> 维岳降神，生甫及申。
> 维申及甫，维周之翰。
> 四国于蕃，四方于宣。

这块高地正是环顾其他山峰"争奇斗巧"的绝佳位置。

首先是华盖这座黑色的山峰，从那里向北望去，可以看到"远处一条若明若暗的天际，下面的村庄就像是蚁丘"。是的，不远处就是中国的忧患——黄河，我们则站在分水岭上。嵩山与黄河之间的山坡上有许多墓碑，其中有些非常华美，标志着一些伟人的陵墓，或是通向这些陵墓的道路。这些土丘，以及那些无忧无虑地在其周围耕种的农夫，使我们想到，早在汉代，"一个人如果从帝陵偷走一捧土，他就会被处死。皇帝会觉得这样的处罚太轻而大为震怒"！

华盖峰在靠近峰顶处耸立着一个用于封祭的祭坛，还有立于周代的一块石碑。封是用来祭天的，在山顶上堆一个小丘来象征上天的崇高；禅是用来祭地的，在一座矮山上平整一块特定的土地来象征地的范围之广。

许多个世纪以来，深深的玉井让参观者了解到人们开始崇拜这座山的准确地点。同样，中天池是在岩石中开凿而成的，清凉、纯净的池水成为许多短诗的主题。那块洗衣石似乎跟诗歌没有太多的联系，但它平整而光滑。秋天的深夜，从洗衣石会传来玉女捶洗帛衣的声音。这位姑娘住在一个洞穴里，后来她的名声传到了汉武帝的耳朵里。汉武帝是个欣赏美丽少女的行家，因此他专门爬上了这座山。他从一个窗户里首次看到了这个美丽的玉女，那扇窗户至今还在。难怪这个洞穴还吸引了其他的隐士，其中有一个人和那位杰出的皇帝重名，可是他却怀有伏尔泰的精神，故意要戳穿众多故事中虚幻和真实的部分，以此来驳斥所有超越了物质的东西。为了要跟这位讨厌的无神论者作对，张道陵带着一套圣书隐居于此，后来得道成仙。但除了住在这儿的此类人物之外，石屋也很值得一看，而且它还可能成为一个舒适的消夏别墅。

西北方向是一个水池的废墟，这个水池开凿于北魏。据说有一个皇帝在这里斋戒了七天，然后和皇宫里的数百名宫女一起升天，他们全都是靠紧紧抓住龙须而升天的。关于这个传说，一位评论家认为："很难确定这个故事的真假，现在剩下的只有一条长满青草的小路、一座破败的古庙和几个贫穷的僧侣。想象一下皇帝驾到时的壮观景象吧——雄壮

宏伟的中岳庙。照片的最前面部分就是用于帝王献祭的祭坛。盖洛 摄

的音乐、宫女的歌声、翻越山脊时车夫的喧哗。现在除了叽叽的鸟鸣，什么也听不到了。"

龙须的故事好像是刘向《列仙传》中传奇故事的变异，这个故事与黄帝有关（他曾是这一带的统治者）。一条长有胡须的龙飞来接黄帝上天，他的所有随从都想利用这次唯一的机会，在龙将要起飞的时候都抓住了龙须和黄帝的弓，龙须被拔了下来，弓落到了地上，这个小小的计谋落空了，黄帝的随从们郁郁寡欢地留在了后面。

另一个隐居之处名为丹灶盆。唐代的时候，一名道士住在这里炼丹，而炼丹需要极为安静的环境。有一次他有急事，就安排一个人去看守丹炉，并叮嘱他一定不要说话。可是那个人后来睡着了，醒来的时候，那人发出了一声惊叫，容器立刻破碎了。"被人看着的锅不会沸腾"——这句成语是多么灵验啊！一位儒家评论者还得出这么一个结论：如果一个人的目标只是浅薄地想通过兑制欲望和培养正确的思想来延长自己的生命，他的身体状态往往只会每况愈下。

至于玉镜峰这个名称的由来，据说是因为从山脚下能够看到一个玉镜飘在空中。这样的传奇故事在各个地区并不罕见；一个本地人非常诚实，据他说，虽然文人、著书人、说书人都坚称那面镜子非常明亮，人们都不敢正眼看它；还说那镜子像秋月一样耀眼明亮，然后逐渐就像晨星那样暗淡下去，但他却从来也没有见过这面镜子。

听到了这些否定的话之后，我们就从吴氏所刻之九金人辑本中摘录了一首元诗，这首诗的作者是遗山：[①]

玉镜见何许，今旦东山陲。
积雨洗昏霾，旭日发光辉。

[①] 即元好问，号遗山。

> 光辉夺人目，滟滟如动移。
> 初如秋月圆，渐如曙星微。
> 曙星不能久，并与晨露晞。
> 此镜从何来，造化秘莫窥。
> 山精或宝气，恍惚令人疑。
> 谁为问岳祇，山英会有归。
> 不生申与甫，瑞光从而为。

我们的结论是，这首诗的描述几乎道出了这面镜子的真相：它具有彩虹或者海市蜃楼的某些特点，只能在雨后太阳初升的时候出现，而且很快就像气球一样升空消失了。于是我们不再怀疑那个被称为魔镜的东西。

万岁峰的另一个名字叫帝王峰，可能是为了纪念伟大的汉武帝来此游览。这位帝王于公元前140年到公元前86年在位。跟西班牙的哈德良[①]一样，他也是一位伟大的旅行家和建设者，他在这里建造了一座宫殿。嵩山的声誉如此卓著，以至于他把精力都集中在这里，想要修炼成仙。于是便在这里献祭并斋戒，可这一切都是徒劳的。他的随从想讨好他，就在墙根制造神秘的声音，还在城墙上留下脚印，他们告诉汉武帝，这些都和神仙有关。因此，他决定筑一座高台，在上面建造一个亭子，用他听到过的声音"万岁，万岁，万万岁"来为它命名。可是，当他向手下的高官陈述自己的计划时，这些官员小心翼翼地用沉默来自保。2000年以后，研究这一山脉的地理学家对此表示怀疑，指出，"万岁"一词在汉武帝之前就已经广为人知，即使他真的在这里用了这个词，也不能说明什么问题。

---

① 哈德良（76—138）是最有教养和艺术家气质的一位罗马皇帝。他的祖籍是西班牙南部的一个城市，因聪颖过人而被指定为帝位继承人。他在位时重建了罗马的许多著名建筑。

自从武帝遇到一个以菖蒲为食的仙人以后，遇圣峰就声名远扬了。这种"甜味的菖蒲"已经被确认为学名是 Acorus calamus 的植物。农历五月初五龙舟节的时候，人们会把菖蒲的叶子做成宝剑的形状，挂在门楣上来辟邪。

那位神仙坚称，他就是因为以菖蒲为食才成了仙，菖蒲可以让任何人长生不老。汉武帝也在这里建了一座宫殿，吃了两年的菖蒲，可依然没有成仙。令他失望的是，一位村民在劳作的同时坚持吃菖蒲，最后竟然成仙了。尽管如此，汉武帝在位长达54年，他应该没什么可抱怨的。他认为这种香草利于长寿，我们的怀疑也许并不完全是错误的。令我们西方人非常好奇的是，一个人在这里住了30年，竟然不经检验就抛弃了自己的猜想，这个理论居然会在无人检验的情况下重复了200年。就在当地的一块石碑上，载有这个故事的另一个版本，说食菖蒲的那个人让汉武帝相信，这种香草是治疗胃痛的一种良药！

这个汉武帝是中国漫长历史中最引人注目的人物之一。他在自己的首都建造了两个巨大的铜人，每个铜人手中都有一个大碗，用来承载可以使人长生不老的灵丹妙药，他希望神灵能赐给他这种仙药。他在宫廷里建造高楼，以便与神仙们建立联系，无数的男女术士纷纷前去为他效劳。我们高大的无线发射塔暗示，汉武帝当时就试图接收过那种听不见的声音！

人们在这儿发现了带有龙形图案的瓦片，说明这些庙宇肯定是某个皇帝建造的。这些常见的帝王标志证明了一场信仰的革命，尽管这种革命实际上难以觉察，但它却是真实的。这座中央山峰曾一度是皇家和国家崇拜的中心，现在这儿还有很多废墟和传说，可是拜神的人却非常稀少。

三条道路中有一条依然被称为御道。有个地方依然标明是汉武帝用权杖击打岩石的地方，当时眼前的一切显然让他非常兴奋，因为山里的鸟儿在空中盘旋，欢声鸣叫，欢迎高举如移动的森林般各种旗帜的队伍。现在，鸟儿依然四处飞翔，而御道上却人迹罕至，只能看见打柴采药的村民。汉武帝的随行队伍中有各种各样的人，其中包括一名生性滑稽的东方（朔）。有一次汉武帝成功地制成了一粒能使人长生不老的仙丹，正要服用，东方请求先检查一下它的形状、大小和颜色。他一拿到仙丹就马上放进嘴里，并向皇帝保证说，它的味道真的不错。受到侮辱的皇帝命令他马上把仙丹吐出来，否则就立即砍下他的头。他却反问，如果砍头的话，仙丹延命之说岂不谬哉？

提起白鹤峰，人们还记得吴中（Wu Chung）①曾在这里住过多年。他经常听到一块巨大的岩石发出响声。有一天，那块岩石裂成了碎片，香气四溢。一切恢复平静以后，他发现那儿竟有许多圣书等着他去阅读。这可能是为了诗意地补充下面这个平淡的故事。当秦始皇决定与过去决裂，开创一个新时代的时候，他把所有的旧书都收集起来予以销毁。（从戴克里先②到爱德华四世，③一个又一个君主都曾经试图这样做。）可是孔鲋及其门徒襄把搜集到的大量书籍运到了嵩山，并用墙封了起来，希望有一天这些书能重见天日。很可能是某次地震破坏了那堵墙，露出了古代的宝藏，中亚近来发现了许多类似的宝藏。

虎口峰被认为是一个躲避秦始皇焚书，保留其他书籍的仓库。李筌发掘了这些书籍，经过仔细研究，他除了得知放慢呼吸可以制怒和过一种纯洁的生活之外并没有学到什么东西。他意识到还有太多的东西需要学习，就把这些书装在一个玉匣里，开始四处拜师。他在骊山看到一位

---

① 似应为刘居中。
② 戴克里先（Diocletian，244—312）是一位罗马皇帝。他与马克西米安同为皇帝，来共同治理罗马帝国；他还在帝国内带头推行了一系列的改革。
③ 爱德华六世（Edward VI，1537—1553）是英国国王亨利八世唯一的儿子，1537年亨利八世去世之后，他即继位，先后在萨默塞特公爵和诺森伯兰公爵的辅佐下担任英国国王，因患结核病而于1553年夭折。

年迈的老太太在烧一棵树，就恳求她解释这样做的原因。她说"火生于木"，原来她正试图消除邪恶的根源！她收李筌为徒，然后从袖子里取出一个瓢，让他用瓢从池塘里取水。令李筌吃惊的是，那个瓢太重了，他根本拿不动，结果瓢沉入了水中。回来道歉时发现，他的师父已经消失了。

三鹤峰位于嵩山的内室。李筌就住在这里炼丹。他在东峰得到了一套书，里面记载着鸟兽的语言。这样，他就可以与鸟兽对话了，还可以听懂鸟兽之间的谈话。他深深沉溺于道教，所以在他去世时，东岳之神立刻向玉皇大帝报告了此事，并请求安排李筌去给他当100年的文书。这中间有些让人迷惑的地方。在《说嵩》第十三卷第一章中，提到了李筌从这个山峰升上了天空。李太白的名字在书中并没有提到。这些故事激怒了所有的儒生，他们认为李太白一辈子都是诗人，具有所有的才华以及与这些才华相伴的所有恶习。"一个拒绝乘坐皇帝游船的人怎么可能会去做一个土地神的奴仆？"可是这样的问题让我们想起，这位多情的诗人是在醉酒之后失足掉下船淹死的，无论用什么方法进入仙界他都不配！

玉人峰以前离山顶200级台阶处有一座中岳庙，庙里不但有彩色的神像，还有一个5寸高的玉人，晶莹剔透，完美无瑕，不像是出自凡人之手。它就是中岳神的模样。这个神像经常消失，可往往在10天以后又出现了。地方志中这样写道：

> 今庙中既无玉像，而自隋以后竟渺无传闻。岂像终隐而不出耶？古宝沉沦可谓喟然。

玉女峰不太远，道士们列出了一大群经常登上这座山的少女。她们被分为青腰、六戊、神丹，等等。其中有一个名为思精，始终穿着青色的衣服；另一个被称为太元，喜欢穿黑色的衣服；赤杰穿朱红色衣服；常阳当然是穿黄色衣服——这种颜色正是这座圣山的神圣颜色。所有关于这些少女的故事都让学者们感到困惑，他们似乎无法确定这儿是否真的有过这样的少女，最后他们没有正面回答这个问题，只是说，如果有的话，她们也是妖怪的化身。

一再谈论玉女和玉人会让西方人感到困惑，这其中还有另外一个原因。我们所说的中国玉是一种绿色、白色或浅绿色的矿石，主要产于土耳其斯坦、帕米尔高原和西伯利亚。刚挖出来的时候，玉是一种柔软的纤维状物质，可是一旦暴露在空气中，它很快就会变硬。中国人把它视为"天地的精华"。我在甘肃的肃州曾遇到过专营玉器的珠宝商，尽管现在北京已经成为玉器雕刻加工的中心。在整个中国，玉的地位就跟钻石在美国的地位一样。我们在谈论钻石纯洁性的时候，汉人的子孙已经把玉石变成了纯洁的同义词。因此，选择这种材料雕刻神像是对纯洁的宣扬，经常佩戴玉质饰品可以提醒人们在言谈举止中要始终保持纯洁。可能正是考虑到这些联系，汉武帝才给山峰取了这些名字，来纪念纯洁的男人和贞洁的少女。

这些山峰中最后值得一提的还有观香峰，因公元前6世纪周王的一个女儿而得名。为了求得长生不老，她和哥哥来到这里。他们住在两个山洞里，通过一个地下通话筒进行联系。从来到这里以后，他们就再也没有离开过自己的山洞，也没有再见面，只是通过声音彼此安慰。事实上，地方志中记载，她来这里的时候，她哥哥已经去世多年了；可是，也许这是另一个哥哥，抑或是她的真诚不但使自己获得了永生，还让她的哥哥复活了！后来，当地的农民甚至挖出了通话筒的残片！

群山依然耸立，可是庙宇却消失了。许多个世纪的宗教虔诚使得人们用神龛和祭坛、亭台和石碑装点了整个中岳山脉。在蒙古人执政的元朝，嵩山得到了政府的大力支持，用一个中国人愤怒的话来说，统治者

中岳嵩山脚下中岳庙庭院内的菩萨长廊

中岳嵩山跑马脊上的"老奶奶"香客。盖洛 摄

"搜刮民脂民膏"来建造庙宇，总数达到了3600座。当然，随着异族征服者垮台，他们所保护的东西就没有得到人们的妥善保管，现在实际使用的庙宇已经屈指可数。在蓝色的爱琴海，拔摩岛上仍然保留着几十座教堂，里面保存着各个时代僧侣们所完成的多幅绘画；不过人们已经不再前去那儿朝圣。但愿人们的心中会有一种更真切的信仰，无论是在西亚还是在中国的中心。

第三章　嵩山的历史

正当斯图亚特王室流亡法国，盼望重新登基的时候，景日昣出生在嵩山脚下。躺在天边晒太阳的睡龙让他的少年时代变得丰富多彩。当时，他一定经常在小山上玩耍，凝视着天镜池；或者某处垂钓，看看能否钓到金锁链。汉武帝曾用这条金锁链捆扎他给神仙的信件，盖上皇帝的印章，投进了龙简穴。他一定也听说过山里那个赤足的男孩张某。张某在死后又重生为仁宗皇帝。这位皇帝一退朝，就会脱掉鞋袜。他的母亲一定曾经给他讲过龙泉中那条神奇的红鱼；他也一定在云钟洞中倾听过看不见的手敲响看不见的钟。

景日昣长大以后，成了读书人。后来他连中三元，取得了做官的资格。在这个阶段，他写了许多卷各种各样的"嵩台随笔和学制书"，这些书写得非常出色，很快就成为有志青年的指南。他随后写了一篇关于《尊生书》的评论。这样，他就找到了官场上的立足点，以后做过各种官。可是，这些官职显然给了他很多空闲时间，因此他认为自己的杰作应该是有关故乡嵩山的一部专著。于是，他搜集了所有与嵩山有关的资料，条件成熟以后，他便凭借自己渊博的学识，开始着手进行认真的研究。

他花了30年的时间来做这件事。他研读古代典籍、辨读碑文、挖掘历史、对所有的结果进行筛选并摘录成连贯的章节。最后，他写成了《嵩厓学》，这本书立刻为他赢得了声誉，并成为一种新的典范。很快，急切的效仿者就开始对他产生了兴趣。孙勷先生在康熙五十九年（1721年）写道："予家岱宗之麓，而自思岱之为志，仅能埒元鼎诸家。异日者，本先生说嵩之意说岱，以掩夫蓁杂绠漏之瑕，先生将引为同调否？"

后来，景日昣被任命为主考官，遇到了范长发，后者"获得了随时可以在客厅拜见景日昣的特权"，并且留下了有趣的个人回忆录。后来他在河南任巡抚时，就刊行了这一回忆录。另一个崇拜者是冯嗣京，他喜欢自称为作家景日昣的弟子，还这样赞扬他的老师：

> 善言决不会被遗忘；善言者也因此得以永生。
> 善言留存至今，就是因为出自善言者之口。
> 而善言者不朽，也就是因为他说了这些话。
> 景日昣为官清廉，也是一位著名的学者。

冯先生在书中告诉我们，景进士是如何成为皇帝的贴身文书和心腹御史的。景日昣的职责是秘密弹劾高官，可是他把所有可能破坏别人声誉的东西都烧毁了。"知夫子所以寿世者，不专在立言也。"

显然，这样有才干的人用半辈子来研究他的故乡，应该写出些值得一读的东西。因此我把尊敬的景日昣对他自己《说嵩》的介绍交给我在上海的朋友励德厚①硕士和徐墨斋（音译）硕士，由他们译成英语。原文如下：

> 嵩名胜甲豫州，历代翠华所由，太史轩辕所采，巨卿世骖巡游。膏秣所经，莫不搜奇揭藻，传为胜谭。潜夫隐沦之托处，骚客逸流凭吊援引，亹亹以为刍脍，形诸纪述，发为唱歌，有赏必适，无幽不探，未易一二。为世味声华者，语也。语之，未尝不怦然神向之。

---

① 励德厚（Harrison King Wright）是美北长老会传教士，1902年来华，曾先后在宁波和上海两地从事传教活动。

轮辙不逾都亭，向平畴昔之愿。姑俟自公暇晷，展卷以当卧游。不幸而插架富有，缺然名山之牍。得昔人一纪一诗，辄为观止。呜呼，衰衣峩冠之族无山水福也，士大夫以为憾。无何绌于踪迹并迥于耳目，虽欲涉猎纵览，渺无纪述可寻，则憾之憾矣。其或皇华载历，休余无多，命驾言游，裹粮几何。数晷稽旬，穷秉烛攀跻之力，未窥千岩万壑之一隅乎？未也。若夫握绾名区，公余济胜，高山在望，幸有主人，而鸣驺之声不可与山鸟唱和，舆盖之队不能共野人往来，樵语、谚谈、故实往往什一。倘有志博洽，旁引触类，令长于此，无亦有未逮者乎？况乎胜地灵薮，缁素所占，其徒辈间，亦铮铮于揄扬。一切虚无、飘举、飞灶、挂锡之诞词，充塞岩泽。某某仙佛被山川，以不龀迄无关正，而遂以为纪游之佳话。则名胜污蔑，将遂终古。耳食之心异，而识之或偶，刻之兴至，永言之，而竟援木授墨以走之于是二氏浮说，乃为艺林所标附。至于坚城不可摧拉，而山川真面目茫然不可复识矣。《嵩高记》始于北魏卢元明，摭述谐语数则，青牛伏龟、开母云母云云。征古者虽言之，非实录也。

青牛应该是黑牛。据说老子就是骑着它走的，或者它拉着老子的车去了西方。启母是登封启母庙一个山门的名称，是嵩山三个山门之一，由禹州的县官朱宠于公元123年建造。为了避汉景帝的名讳（因为碰巧汉景帝的名字也是启），这位官员用了和"启"同一个意思的"开"字。做完这些解释以后，我们继续看下文：

《禹贡》止标外方，《山海经》则有半石、来需、大苦、少室、泰室、讲山、婴梁、浮戏诸名。迄唐，吴筠分误各峰，谓之灵迹载诸道，藏宋楼异赋之勒，真珉以传，而天师之纪遂与嵩不朽。呜呼，嵩曷不幸，而染缁蒙尘至于不可澣洗也。岂惟嵩哉？鸡林、西玉门、东北燕南岭，其间佳山水而胜者何？非二氏之沦溰，而又奚悗于嵩。傅梅作书，于仙佛斐语喋复称道，不赞一辞，杜撰疑似，锡名作古桑。郦经注失征焉，即颍瀗洧勺不辨其流，他可知也大半。幕客上官赠扬之叟辞暨所作诗文，倍之，谓十三篇，即邢台塾刻可也。陆柬《嵩岳志》行迹未及，近陬载车辇洛，过望山阴邸，寓浃旬编璨，闻邑乘为卷帙，浮不近理，挂一漏万。无怪也本朝叶封令长数年，嘉意文献可谓勤矣，偕邑孝廉焦贲亨共事山志大概，祖述邢台原本，唐天师诸说附于述者之义，无少发明。意亦左袒二氏，未有拒辞，择焉不精，语焉不详：如误颍源于玉泉，涸紫虚于逍遥，稽之舆地不无舛焉。夫从来地志之难按区指掌，非将斩靡驾浮而已。禹贡域九州界，画山川，谓其不可移易也。文士骋其笔墨，率意游弄，而流峙常形，岂纸上龙蛇所能翻覆者欤？芒履所致，迹之未见，其有合也，曹氏《名胜志》艺苑南金也！

下面的解释可能过于仔细了，我们要告诉读者，"among the best in any library"的原文是"艺苑南金"（文学花园里的南方金属），这是一种比喻和间接表达法，这个例子说明了翻译中国文学语言的困难。"南金"出现在一篇赋里，和象牙等连在一起，这里泛指珍贵的东西。那句话的意思是"一本非常珍贵的书"。

纪嵩仅满尺幅，多有未确，平洛涧之石淙水也，误。山三交水之玉女砂也，误。台郦注东溪系于崇高县而误东溪为县，蝌蚪岩与蝌蚪石两地而误为一。

这里缺了一页，装订书的人把前一页装订重了，漏掉了一页。作者看来好像要说他自己的写作方法，因为我们已经抓住了相关线索。

其是二说同异谬，取舍之其无关于嵩，备互发者，广索以证佐之如是者五。阅岁衷然成帙，自惟架签无多，眊疲久浸，不能从事于一夜。虽嵩高大观，管蠡多遗，而畇之矻矻编摩者，衷将征迈，亦云毕能。乙未冬被。

命鸿胪间署，弃拙因得古人朝隐之适，次第旧稿，比类为编，名曰《说嵩》。不敢雷同昔人，存其说为得失之林；不敢附会异流，仍其迹备见闻之助。主山为干，附见为支。因其位置罗次比列，便登临者之随地肆考焉。曰嵩高，曰太室，上曰太室阴，曰太室麓，曰太室原，曰少室上，曰少室东，曰少室南，曰少室阴，曰箕山。全嵩本末远近之势，流峙分合之形，古今盛衰之异，贤贵人物芸生，万汇之不齐在十四篇中矣。以是为经，次为纬说，十四篇博载以详之：曰胜野，曰沿革，曰形势，曰水泉，曰封域，曰游祀，曰古迹，曰金石，曰传人，曰物产，曰二氏，曰摭异，曰艺林，曰风什，条陈目张，比类分篡，诸惟从详。仙释之纪，采史传节之嗜好所违，不欲繁载笔也。夫人一睫之力，疏漏殊多，半秃之笔，取裁亦少，劀锥已久，不忍删弃，收拾成幞，用备束刍，高明顾问以代滕颊云尔。然使畇不早贫，则力不能登高涉险；使通藉需次不家食，则时不得披古以证所见；使内仕不清班，则势亦不暇编次成帙。凡畇之为此者，生长于嵩，家世膏沐于嵩，休暇赏心，花朝月夕，坐卧于嵩三径，松菊蒐裘将营，行望首丘于嵩，不过间人之随笔，以志征客之永怀耳。呜呼，未易一二，为世味声华者语也。

康熙五十五年，丙申五月五日，嵩人景日畇冬阳氏题于鸿胪寺署之袖烟堂时祷雨斋居也。

第四章　与嵩山相关的其他名人

《箕山一歌》的作者是一位悠闲的隐士，伟大的尧曾试图把王位传给他，却被他拒绝了。在他有关嵩山的诗歌里，有一节谈到了这个地区的异常之处，说这里适合于产生伟人。这倒是真的，至少在每一个朝代都有来自这个地区的名人，我面前就放着228本传记。男性在其中占了绝对多数，这毫不令人奇怪，因为就连英文的《国家传记辞典》中也很难找到几位著名的女性。可是在这些中国名人的名单中我们仅仅找到了7位妇女，这的确会让人想起福斯塔夫[①]把那少得可怜的面包装在一个偌大口袋里的情形。这种指责只是针对这部特定的书，而就总体来说，这种指责是不公平的，1726年刊行的《图书集成》中就有一个庞大的妇女传记集，即使是在今天，其他国家也找不到类似的书籍，更别提在200年以前了。该书第十六典（全书共有三十二典）的标题是"闺媛典"。传记按照人物所具有的某种卓越品质进行分类，这些品质既有先天的也有后天的。这样我们看到了（按照字母排序）受伤害的、多才多艺的、美丽的、孝顺的、幸运的、仁慈善良的、英勇忠诚的、奇异通灵的、聪明能干的、机智有才的等各种类型的妇女，还有女作家、皈依宗教的妇女、宁死不受辱的妇女、不肯改嫁的寡妇，仅最后的寡妇那一类就超过了210卷！

正是基督教为妇女开辟了新的职业，然而过了一两个世纪以后，我们仍然发现她们的地位又回到了底层。直到现在，我们才看到了觉醒，妇女开始重新获得应有的地位。

---

① 福斯塔夫（Sir John Falstaff）是莎士比亚戏剧中著名的戏剧人物。

我们将从这个权威的集子里选出四个例子，另外加上三个作为对比，来揭示男人是多么的邪恶。《汉书》中讲述了那个朝代的一个故事，也就是公元前100年，一个女人博得了她丈夫的欢心，为自己赢得了特殊的显贵，被封为昭仪。可是她并没能独占丈夫的爱情，他还有一个宠妃名叫王湘（Wang Hsiang）。这位夫人私下向她的丈夫诬告那个宠妃："王湘在脸上擦粉；王湘与侍卫长调情；王湘坐北朝南，就像在位的皇帝一样；王湘对你不忠，是个奸妇。"

那个愚蠢的男人似乎没有让她提供证据，而是相信了她，冲进了那位宠妃的房间。他脱下了宠妃的衣服，并用这些衣服把她捆了起来。然后召集其他妇女，让她们用烧红的烙铁烫她。可怜的王湘一被放开就跳到了井里。即使这样，也不能使那个怀恨在心的夫人满意。尸体打捞上来以后，夫人就命人把她钉在大桩子上，嘴唇和舌头被割了下来，最后，肢解了的尸体被装在盛有桃木灰和毒药的大罐子里，炖成了汤，还让丫环们来观看。这个令人厌恶的故事被不同的史学家记载了下来，他们所做的唯一评论是，这么残酷的事情发生在圣山中岳，岂不怪哉！"这怎么能跟太室所弘扬的博爱精神相一致呢？"

很不幸，另一个妇女也是如此，她伤害别人的权力更大，因为她的地位更高。也许她可以更好地为自己辩护，可就像英国的理查三世一样，我们只有在她死后，才能记下从她对手口中传出来的故事。武后14岁就被选入唐朝一个帝王的后宫，皇帝死后，她和其他所有的妇女都被隔离了。可是新继位的皇帝，也就是她的继子，爱上了她，把她带回了后宫。她在后宫设法挑拨一个皇后与另一个宠妃相斗，最后把两人都除掉了，自己当上了皇后。这仍然不能满足她的野心，就像曼特农夫人①一样，她

---

① 曼特农夫人（Madame de Maintenon，1635—1719）是法王路易十四的第二个妻子，她也是从社会下层一步步爬上了王后的地位。

很快就成为实际上的统治者。她的"继子"丈夫死后，她剥夺了亲生儿子的皇权，当上了皇帝，戴着假胡须，登基了。值得注意的是，埃及和巴比伦也有富于才干的妇女扮演了同样的角色。新的武"皇帝"虽然违反了常规，但事实很快就证明她是一个精明能干的统治者，她于684年到705年在位，并在此期间更改了年号，感到有必要为"他的"统治披上某种宗教的外衣，她突然想到了封禅中岳，也就是嵩山。三阳宫建在山的南面，可是武后登基以后，对这座宫殿不满意，就在大石岭建造了另一座宫殿，并在那里住了四年。她封嵩山的土地神和地母娘娘为天神，后来又进一步提高了他们在天上的排位，封其为天中皇帝和天中皇后，改变了国号和年号，还举行了规模盛大的封禅仪式，大赦天下，并在新祭坛的南面立下了她亲手题写的石碑。

她有一个侄子叫武攸嗣，她曾答应过封他为高官，可他宁愿过一种自由自在的生活，就改了名字以逃避监视，专心研究《易经》或庄子的道家学说。武后派遣了武攸嗣的兄弟去说服他，"可是他非常固执。"他在颍河南面买了几块地，派人去耕种，他自己则专心沉迷于书籍当中。夏天在凉亭下读书，冬天就到山洞里去读书，休闲的时候和普通人待在一起。武后派人监视他，因为她不相信这些，可是派去的人报告说，她派人送去的贵重礼物原封未动，上面落满了灰尘，而"他却在峡谷里或山坡上悠闲自得"。他得到了回报，后来，一次宫廷革命再次把他年事已高的姑姑隔离，一度被剥夺权力的皇帝重新掌握了政权。武氏家族的其他人都被杀死了，他却被邀请到朝廷去，可是他宁愿待在自己在嵩山的小农场里，无论继位的皇帝如何向他致意并向他做出安全的许诺，他都无动于衷。

《登封志》中记载了一个大约发生在1350年的故事。当时明朝正在与入侵的蒙古人争夺天下。张景辉住在嵩山，他娶了一名陕西女子贺氏。战乱中，他被杀死了，她冒着危险前往战场去寻找他的尸体，并把它安葬在一块风水宝地。通常情况下，这是一件非常重要的事情；可是，当时处于非常时期，男方的亲戚又非常懦弱，留下她独自面对危险。她成功地找到了尸体，并把尸体运回了嵩山，在此之前已经选定了合适的墓穴，葬礼上举行了所有规定的仪式，埋葬的地点就是人们所谓的龙脉。她带着两个儿子来到丈夫的哥哥家。他似乎没有感到自己的责任，无情地催促她改嫁。为了证明自己的誓言，她挖掉了自己的一只眼睛，如此一来，所有的人都会意识到她的忠贞，而且再也没有人认为她很美了。天下太平以后，她搬进了圣城登封，专心教育自己的孩子，靠纺纱和搓麻绳过日子。她很高兴看到自己的一个儿子通过科举考试做了官。可是她儿子因为犯了法，被罚去做苦役。她找到皇帝请求赦免，皇帝听了她的故事以后，就赦免了她的儿子。

景喜真去世了，留下了一个20岁的寡妇。她丈夫的兄弟似乎一方面把她看作是负担，另一方面又被她所深深吸引。他逼她改嫁，可是她抵住了诱惑。为了坚定决心，她剪掉了自己的头发，还割掉了自己的鼻子，浑身都是鲜血。这样她就不用因为忘记夫家而有失体面了。可是后来出现了一场饥荒，她无法养活自己，而当时她的娘家不得不迁到90里外的地方，所以她也跟着娘家到了那里，靠给商人做挑夫养家糊口。这样她就能培养自己的儿子，好让他光宗耀祖。

这种行为准则和印度是多么不同啊！在印度，寡妇经常成为她丈夫兄弟的情妇，最好的也就是一直守寡并处于半饥饿状态。中国好像有更高尚的办法。

从《列女传》中，我们选出了玉的故事，因为她的名字太普通了，为了便于区分，人们称她为侯氏或侯夫人。她本来和自己的父亲住在山里，可父亲被人谋杀，她便杀死凶手，替父亲报了仇。一个女人杀掉一个男人，这似乎是件很危险的事，地方官员准备定她的罪；可是一个聪明的小伙子指出，她忠实于自己最深层的本能之一，达到了孝的至高境界：她杀人不是犯罪，而是源自伟大的血缘关系，为她父亲争了光。于是她就被释放了。那个小伙子就像参加审判的丹尼尔那样，在他声名卓著的事业道路上迈出了第一步。

另一个妇女的动机也一样。公孙结下了一个仇人，后者有一天来杀他。公孙和他的妻子逃走了；可是他的妻子因为年纪太大，在逃跑的时候被抓住了。仇人正要杀死她，她13岁的女儿荷冲了出来，跪在仇人的面前，恳求说，自己的母亲"病得很厉害"，再说她母亲已经那么老了，早晚得死去，杀死母亲很难满足仇人的复仇心理，而她自己是父母的心头肉，杀死她可能是最残忍的报复。这个推理逻辑显然是成立的，于是荷被杀死，而她的母亲却活了下来。

有一个妇女因为保持了自己的贞节而受到赞扬，虽然她自己的名字并不显赫，在寡居之前，人们称她为陈琏妻。陈琏被明末的一群强盗杀死了，他家里的大部分成员也遭到同样的命运，只有陈琏妻和一个孩子幸免于难。这些强盗想让她入伙，可是她却诅咒他们，说："死就死，一了百了。我怎么能跟着你们这帮无赖丢脸呢？"虽然强盗用死来威胁她，可她还是拒绝了。他们想利用她的母性，就准备杀死她的孩子。可是她仍然不屈服："你们已经杀了我全家，怎么能指望一个哇哇哭的孩子从强盗手里幸免于难呢？就算你们放了这个孩子，不清白的我哪里还有脸去见我死去的丈夫？"在强盗们转身的时候，她在丈夫的尸体旁边上吊自杀了。

当我们停下来评价这些妇女或者评价她们的传记时，我们被书中对她们品格的描述所深深打动了。美国人总想知道一个人已经积累了多少财富。拉迪亚德·吉卜林讲述汤姆林森的故事，其寓意就是：一个人一定要有所追求。可是在中国通过探求人性的本质，能够更接近事情的中心，财富是身外不可确定的东西。桥梁、发动机和船舶更多的是为了方便别人，最重要的事情并不是一个人拥有什么，也不是他在干什么，而是他是什么样的人。

现在从女人转向男人,假如说我们已经看过了两位冷酷妇女的例子,现在我们把她们和一个圣洁的道士做一下对比。潘诞声称他有300岁了,还知道一种神奇的金丹秘方。炀帝命令他炼制一些金丹,为此他进行了大量的准备工作,包括兴建嵩南观。钱花了几百万,最后,炼丹术士需要石胆和石髓。显然,这需要把大石龙凿开。人们从多处开始凿,想找到石龙的胆和髓。可是,人们并没有很好地研究那条石龙的结构,虽然有些洞凿了一千多尺深,可还是什么也没找到。最后,得知失败的消息以后,潘诞说,如果能为他提供三斛六斗童男童女的骨髓和胆汁来作为替代品,他也可以炼成金丹。可是皇帝不愿用这样的代价来换取他的药,宁愿用潘诞的骨髓和胆汁来满足自己。正是这类故事的流传,才会产生常见的一种谣言,说外国人在他们的医院里取出病人的眼睛和脑子。但并不是所有道士的丸药都令人讨厌,有时候护身符就和肩胛绷带一样无害、无毒,而又毫无用处。我见过保护房子的咒符,各种形式的都有:在一张普通的纸上画着张天师骑着老虎,带着剑和扇子;四周到处都是苍蝇、毛虫、蛇;每一张纸的两面都分别印着一首诗,而这首诗总有一天会应验:

四月四日日当午,
天师骑虎向前冲;
血盆大口映青天,
阴间魔鬼已逃走。

张天师的印鉴使这种符咒生效并具有法力。

许由要比潘诞老得多,他生活在尧帝时代,其故事被伟大的历史学家太史公(即中国的希罗多德——司马迁)记录了下来。在那遥远的时代，帝王似乎通常意识到会有一个退位的年龄，他们不会在自己的职位上一直待到去世。尧努力寻找一个继承人，认为许由是一个合适的人选，就前去说服他。可是这个谦虚的人回答说："子治天下，天下既已治也，而我犹代子，吾将名乎？名者，实之宾也，吾将为宾乎？鹪鹩巢于深林，不过一枝；偃鼠饮河，不过满腹。归休乎君，予无所用天下为。"因此，他拒绝了尧的请求，逃到中岳，到颍河北岸箕山脚下种地去了。这里有一点非常重要，"阳"用于山的时候，指山的南坡，因为这一面朝着太阳；可是"阳"用于河流的时候，总是指北岸，因为河的北岸是朝着太阳的。

他没有因自己拒绝了大好机会而牢骚满腹，也没有因拒绝这样的机会而夸耀自己的谦虚。稍后，尧又找到他，降低了要求，请他担任九州长。可是许由再次拒绝了他，"在颍河里洗了自己的耳朵"。碰巧巢父（另一个更谦虚的人）到河边来饮牛，他在下游看到许由奇怪的举动，就询问原因，得知许由洗耳朵是因为这个新的诱惑，就说："子若处高岸深谷，人道不通，谁能见子？子固浮游欲闻，求其名誉，污吾犊口。"因此，他牵着牛走了一圈，让它到许由的上游去饮水。

箕山的弃瓢岩处有"洗耳河"和"洗耳池"。这个故事是这样的：有些善良的人看到许由极为贫困，就给他一个瓢，让他用来喝水。可是，对苦行的许由来说，这样一个瓢也太奢侈了，因此他把这个瓢挂在小屋边的一棵树上。可是风吹过瓢的时候发出一种响声，让他感到愉快，因此，为了免受沾染，他把这个瓢从悬崖边扔了下去。现在还能在山上看到许由的墓。

我们好奇地从吕不韦撰写的《吕氏春秋》中了解到，商代（公元前1776年）的第一个君主汤统一天下后，也想把天下让给一个名叫卞随的人，后者对此极为反感，以至于跳入颍河自杀了。的确有很多人过着一种平静的、沉思的乡村生活，他们会辞谢重任，但如果他们真是按其朋友的评价那样能胜任工作的话，难道他们有权去追求自身的安逸却不顾国家的繁荣吗？

出生于嵩山地区的甫侯是个刑法改革家。在他之前，刑罚是极为残酷的，可是他说服周穆王颁布了新法律，可以用罚金来代替人身折磨。这种替代方法在英国一直很流行，可是这样能充分惩罚有钱人吗？不管怎么说，所有的人都赞扬那位见不得木枷或凌迟等酷刑的人。

赵国公子简子有两匹白骡子，非常珍贵，也非常驯服，公子非常珍视它们。登封的大将胥渠病了，医生说只有白骡子的肝脏可以治好他的病，否则他就会死去。赵简子的仆人感到难为情，因为胥鼓起勇气请公子给他一个骡子肝。仆人们请求赵公子杀了胥，因为他太放肆了。可是赵公子问道："夫杀人以活畜，不亦不仁乎？杀畜以活人，不亦仁乎？"因此，他命令厨师杀了一匹白骡子，把骡肝送给了胥。不久以后，赵国派兵去攻打邻国。胥的朋友带领1400人来帮助他。这些人加入了战斗，左右侧各700人。胥率领部下猛攻，结果大获全胜。

范弇是宋朝的一位诗人，也在这座山上生活过。下面的四行诗就是他创作的：

饮酒二升，
糶麦一斗。
磨面五斤，
可饱寸口。

这首诗经常被改成座右铭，还有一首诗表达的意思和这一首诗非常相似：

些小言词莫若休，
不须经县与经州。

> 衙头府底陪茶酒,
> 赢得猫儿卖了牛。

张孝基娶了一个富人的女儿,这个富人的儿子很坏,被富人赶出了家门。富人病重的时候,把自己的财产给了张孝基,张孝基管理得很好。与此同时,富人的儿子成了路边的乞丐。孝基很可怜他,就给了他一份浇园的工作,他干活很卖力。孝基感到惊喜,就让他管理账房。富人的儿子回答说,能到园子里来已经超过他的期望了,如果让他掌管财物,就超过他的期望太多了。最后孝基还是让他管理了账房。他工作非常投入,变得非常温顺,老毛病不见了。孝基经过仔细观察,发现他的毛病彻底改掉以后,就把整个家产给了他,这时候富人的儿子已经变成一个很有教养的好人了。后来,孝基去世了。一次,他的许多朋友在游览嵩山时,看到一大队车马,旌旗招展,好像是总督的护卫。一辆车里坐着这队人马的首领,他们认出那就是孝基。他们惊喜地走过去向他致敬,并询问这是怎么回事,孝基回答:"至高无上的神,也就是黄帝,命令我掌管这座山,因为我把财产还给了我的妻舅。"随即整个队伍消失了,人们知道一个新的神仙,也就是嵩山之神由此诞生了。嵩山之神是一位账房先生。

第五章　两种君子，以及第三种

当地的一位古董商讲述了道士和僧人这两类人的传记故事。他自己既不信道也不信佛，而是像伟大的前辈孔子一样，把自己的思想集中在现世以及生活中的礼仪上，因此，他对别人的评价总是冷淡和批评性的。一个人真的可能只专注于赤裸裸的物质中心主义吗？难道我们本性中没有神秘的一面？难道我们对看不见的、发人深思的东西没有感觉吗？那些对此表示否定的人很快就会发现，从门送出去的会从窗户进来，如果没有了对上帝的崇拜，那么不久就会去炼制神奇的丹药。为了领会这两种伟大宗教的思想，学者应该认真钻研它们，就像一些最杰出的佛教和道教代表在实践中所做的那样，他们来这里就是为了沉思和修身养性。

长生不老的愿望深深植根于人们心中。《圣经》中的犹太人祖先们在这方面得到了丰厚的回报，据说，约伯因他晚年遭受的痛苦得到了补偿。这些古代的希伯来人对未来没有清醒的认识，他们把注意力集中在现世。

在中国所强调的是家族的延续性——祖先的牌位说明了这一点，或者强调的是个人美德，这些美德被用纪念碑的题字和碑文记录下来。很自然，在一座圣山上，这种信念的证据是非常引人注目的，很多都立在卧龙的旁边，以寻求生命的延续。

古代的历史为我们提供了有关这两类人的很多例子。

汉代的张道陵住在鹤鸣山上，专心配制"龙虎大丹"。他遇到了一位"神"，后者指点他去中峰，说那里有一个洞，里面藏着三本三皇时期的古老奇书，谁发现并得益于这些书，谁就可以升天。

　　张道陵挖到了那些神奇的书籍，并进行了仔细研究。随着知识的不断丰富，他的听力也大为增强，成了活扩音器，或者说长途电话。接下来，他破解了飘浮之谜，成了一架人体飞机。乘法表不再是什么难题，因为他把自己变成了许多人；也没有了什么空间限制，他可以在瞬间到达任何地方；光学原理在他的控制之下，因为他不再投下影子。幽冥世界知道了他的主人身份，众多的精灵听从他的命令。他获得了"天师"的称号。但是，奇怪的是，人们看到一条巨蟒杀了他。更奇怪的是，他的儿子赶到现场却没有发现尸体——难道他跑到巨蟒肚子里游览去了吗？几年以后，传来了令他儿子放心的消息，说就在当时那个关键时刻，他的修炼达到了完满，他升了天，成为天宫里的一名道士。他的儿子成了山上世袭的道士，对于他的记忆，人们应该感到永远都是新鲜的。实际上，他的信徒遍布这个地区。

　　对这一类人以及他们的目标和部分故事，我们就说这么多吧。至于另一类人，我们使用的是《圣贤录》中的一篇传记，这个人的变化和前途很有教育意义。嵩山有一座被破坏了的神像。晚上，那个神灵出现在仁宗皇帝面前，和他讲条件说："如果你修复了我的像，我会变成一只黑色的蜜蜂来帮助你的军队。"皇帝觉得回报太低了，就没有同意。那个神就答应变成许多蜜蜂，于是事情谈妥了。很快，神像修好了。接下来就是与赵元昊交战（1034年），赵带领无数的人马参战，可是他们遇上了遮天盖地的蜜蜂，因此迷失了方向，许多人被俘。经过检查，除了肉里的黑点外，他们并没有受伤，这些黑点证明他们曾经被黑蜜蜂蜇过。

　　轻信和接受这种半真半假的故事，在《抱朴子》所讲述的一个故事中得到了验证和讽刺。在通往汝阳的路上，有一座古墓，旁边有一尊石像。一位干瘪的驼背老太婆经过这里时想在它的阴影里休息一下，就放下了自己的小包裹。继续赶路时，她把放在神像上的米饼忘了。其他一些赶路的人发现了这些米饼，就询问这是什么意思，一位爱开玩笑的人说，石头人有灵，可以治病，因为它治愈了人们的病，所以人们拿这些饼来表示感谢。这个故事一传十，十传百，每次讲述都添油加醋。触摸石像的头可以治头疼，抚摸石像的肚子可以治肚子疼，一个全瞎的人可以摸一摸石像的眼睛，于是，供品多了起来，和尚看到了机会，因此，在这里建起一座庙，鸡、羊、猪、牛都可以作为供品，和尚们则负责处理这些供品。他们发现动听的音乐可以激发人们的崇拜心理，一个朝圣中心建了起来，方圆数百里的人都来请求神的帮助。可是，有一天，那个农村老太太又经过这里，如此大的变化让她吃惊地停了下来，听到那个故事以后，她想起了自己曾在这里睡过觉，还想起了被自己遗忘的午餐。她讲述了自己的故事，在一片讥笑声中，心怀敌意的僧人们赶到这里毁坏了一切，包括那个石头人。不过，坟墓还保留着。

在这里，我们发现有很多盲目的灵魂在摸索着去发现上帝，假如他们碰巧能找到的话。倘若每一种古老的宗教都有各自的理想君子，我们似乎也可以树立一个新的理想典范，就像田某（S. K. Tien）那样，他是从奥古斯丁教派中一位有教养的美国传教士斯皮拉那儿接触到基督教的，该教派属于路德教会，其总部设在激进的堪萨斯州音乐城林兹伯格，每年都有500人的合唱队在那儿高唱气势磅礴的《弥赛亚》。那儿的亨德尔清唱剧表演堪称是世界上最棒的。

1913年，为期5天的大集市在禹州举行，那里距离中岳庙只有110里路。当时有25000人参加了那次集市。基督徒们在那儿展示了他们的主日旗，上面写着"今日礼拜"。人们成群结队地来到了传教使团的驻地，在熙熙攘攘的几千人中，有一个和尚跪下来喊道："我用了43年的时间来寻找通往天国的道路，今天终于看到了第一个台阶。"斯皮拉先生把他带到书房，但他在那儿既不敢坐，也不敢喝茶，一心只想着自己的精神需要，并希望能满足这种渴求。斯皮拉给他读了"上帝之子，基督耶稣的血赎清了所有的罪孽",他不敢听,因为他曾经是一个小偷(虽然是个和尚),经常向上香的人索要钱财,在牢里被关过三个月,还曾经杀过一个人,吃过一个烤婴儿!他曾真心地忏悔和悔改过,以正义为目标,并且收了2000个弟子。说真的,他还在一座神像面前跪了三年半,几乎不分昼夜。他曾把自己的200亩地卖掉,把所得都用于献祭。虽然他曾因祈祷灵验,尤其是因为求雨灵验而高兴过,可是他的良心仍然无法平静。

因此,他开始寻找别的信仰,参加了大刀会,该会的首领声称没有子弹或刀剑能伤害他。他还自愿让和尚试一下。下面是和尚自己的描述:"他祈祷了5分钟,然后我拿了一把大刀砍他的胳膊,刀弹了回来!没有刀能伤害他,他祈祷着,凝视太阳,在火炉上跳上跳下。然后我朝着他的胳膊猛砍下去,刀几乎从我手里飞了出去!可是后来他告诉我,如果我用刀在他胳膊上来回切,他可能就会受伤了。"

对于这种经历,斯皮拉先生无话可说,不过他推测那可能是因为魔鬼帮了忙。他使用了自己的武器,即精神之剑,最后用"把我们从所有的罪孽中挽救出来"的保证抓住那个和尚的心。传教士跟这位和尚在一起谈了一天的话,田某在离去时给他的朋友带去了一些小册子。他建议这些朋友也去传教使团的驻地,还向他的弟子坦白了自己的罪孽,催促他们去追随新的教义,别再追随他。他的家人和大约40个弟子都这么做了,佛教由此在这个地区失去了控制力。

田某找到了地方官员,坦白了自己的罪行,愿意接受任何惩罚,可是遇到了相同的精神:"如果上帝和你的弟子宽恕你,我也宽恕你。"

田某不是一个传教士,但他可以为基督作证。现已60岁的他正在耐心地向上帝表示自悔,并等待着召唤,当然不是入涅槃,而是升入天堂。这是一个真正的基督教君子。他回应了林兹伯格合唱队的歌声:"哈利路亚!"

第四部分 白色的西岳华山

华山

天下名山五千有奇，以五岳为最著。五岳分位五方，奇秀挺拔以太华为最著。

——陕甘总督杨昌浚

虽芟繁补阙，有俟高明，而管中窥豹亦庶几乎一斑之见云。俾使读者诸君一瞥华山的真貌。

——李榕荫

第一章　乘坐火车、轿子和驴子

离开中岳嵩山，我们踏上了前往西岳的旅程。西岳位于西方，属金位。这里的"西方"并没有人们想象得那么遥远，实际上仅仅横穿了半个中国而已，其距离也远不及我们探索长城时西行的路程，因为长城位于更遥远的北方。不过，这也说明了五岳并称之时人们的空间意识。在那个时候，东经106度以西的地方显然尚未开化。我们确实知道，那些汉人的后裔在向西渗透到更远的地方，并于富饶的大夏国接触到另一文明时，对他们来说是多么大的刺激。这种对西方的温和解释至少有一个好处，那就是给笔者这位美国朝圣者节省了漫长的旅途。可是说来也奇怪，欧洲人对于五岳几乎可以说是一无所知，我们找不到任何相关的书籍可供参考。幸运的是，河南巡抚吴重熹阁下很周到地为我们找来了当地的地方志等文献，做好了必要的准备！此外，我们手头上还有一部由吴氏从9位元代作家著作中纂修的文献汇编，全书共有20多卷。

华山是五岳之中最难到达的。东岳泰山离北京到南京的铁路干线很近。乘船沿湘水溯流而上就能到达南岳衡山，上岸的码头离御道不到30里路。从北京至汉口铁路干线上的许州到中岳嵩山，乘马车或坐轿子仅需要一天半的时间。我们还会发现，北岳恒山距离长城大转弯处著名的南口关也不过50里。但西岳华山的情况却大不相同。

从地图上看，沿黄河逆流而上可以乘坐轮船或汽船，或者自己雇一条小船。不过，黄河并不像长江那样可以常年通航。就连亚马孙河和刚果河上也有常年通行的航线，但黄河却是一个例外。在黄河完成预期的改造之前，这种情况不会改变。这项令人惊叹的工程将会在美国工程技术人员的帮助下，由勤勉的中国人来完成。

再看看地图，就会发现这儿的道路纵横交错，其原因下面马上就要告诉大家。中国的道路与澳大利亚人烟稀少的腹地情况有些相似，这些道路并非用水泥铺成的高速路，路上可以让汽车以每小时40英里的速度飞驰。因此这段旅程要先乘坐火车前往位于铁路主干线上的河南府，然后沿着新建的铁路前往观音堂，在那儿就可以坐轿子、骑骡或坐骡轿到潼关。那儿距华阴庙只有35里，剩下的15里路仍需骑驴。整个路程要在黄土高原上走三天。

我们在铁路支线乘坐的是一个五等车厢，这对于我们访问五岳倒是很合适。敞篷车厢的四周车厢壁有一码高，我们就坐在自己的行李上。因为是在最后一节车厢，所以我们有幸能够闻到从前面头等车厢中上流人士散发出的富于东方特色的香气。那龙形的一列列车厢看上去极为怪异，只有伯爵庭院里的缩微火车模型可与之相比。其车厢是刻意模仿中国风格制成的，机车顶部还罩了一个狰狞的火龙头。所有的车厢都是敞篷的，挤满了快乐的旅行者，每人都随身带着一把阳伞，以遮挡阳光。蛇行的列车缓缓驶向夕阳，强烈的光线照射在一排排色彩斑斓的阳伞上，真是一道值得观赏的风景线。这是一群快乐的人，好像正在参加一个流动的节日庆典。每个车站都提供餐饮，我们觉得最安全的食品是西瓜，可以自己切开，但是新鲜的鸡蛋却很少见。

到了观音堂，骡轿早已备好，我们继续西行。这条路线和黄河平行，让我们想起了一句古老的谚语："不到黄河心不死，到了黄河也枉然。"第二天，我们进入了一个险峻的山谷，峭壁挡住了我们的视线，看不到任何风景。这一地区与板岩采石场有些类似，非常狭窄。但峭壁和地面上都是清一色的黄土，流经此地的河流和入海口的海洋也被它染成了黄色。黄土似乎是被吹到这儿来的，从来没人精确地测量出这些黄土的厚度。黄土的渗水能力惊人,所以这里的井都必须打得很深。我们来的时候,刚下过一场大雨,骡夫一般乐意在最高处行走,而不愿在峡谷里艰难地跋涉。这些雨水非同寻常,它们使土地变得肥沃。土壤里好像有无数的丝状孔道,因此在沉积层的每一段上都有青草生根发芽。这些垂直的小孔道也使峡谷陡壁亘古不变。中国人把这种东西称为姜石,不过,如果让一个欧洲的地质学家来看,他会发现这些土壤和莱茵河谷中的沉积物有些相似之处,并会将后者的原称"风成黄土"(Löss)移用到要辽阔得多的中国黄土高原。我们在密西西比盆地也见到过相似的土壤,不过,骡马和土壤加在一起,让我们感到不那么舒服。雨后,地表很快就被风吹干了。土壤被碾磨成粉,每阵微风吹都会卷起黄色的尘雾,就像阿拉伯半岛和苏丹的沙尘暴。不过,这些尘土并没有什么破坏作用,而是使土壤变得肥沃,因此当地的农民都十分感激风的作用,也就能够容忍这些黄色的尘霾。

大暑这一天,即农历六月二十七日,阳历7月24日,我们风尘仆仆的骡轿队进入了黄河拐弯处的著名关隘——潼关的东城门。我们在老电报局大院的槐树树荫下度过了一个闷热的夜晚。当地的教会"首领"(中国内地会)把这个大院买了下来。早上,我们被军号所惊醒,继续踏上了最后一段的旅程。潼关本身在此值得一提。我们并不是第一次造访这里,早在我们沿着长城走到它壮观的尽头,并从西藏返回时,就曾来过这个关隘,并在此宿夜。不过,那时候这里相当不安宁,和平以及宁静一向与军事要塞和城垛无缘!"我们穿越了同一个关隘"——的确如此,要想绕过它都很难。

多山的山西省阻挡了黄河的去路,迫使它向南流了400多英里,直到在这里分为两条东去的支流,又一起穿过群山流往东方。因此,道路也发生了相应的改变,常有军队往来其间。1643年11月,起义军的将领李自成在屠杀了3万多敌人之后夺取了这个关隘,"血流成河"。正如

一名前往华山的香客。摄于黄河拐弯处的潼关关隘

位于华山脚下山谷口的玉泉院中,一个面向陈希夷神龛的道士。盖洛 摄

拉美西斯、辛那赫里布、康比兹、拿破仑、艾伦比时期的军队总是来往于从埃及到叙利亚的海岸那样；正如哈德里安、爱德华金雀花王朝、克伦威尔和小僭君时期的皮克特人或苏格兰人总是如潮水般从卡莱尔和兰开夏郡涌入英格兰那样；正如阿勒格尼山的峡谷曾经吸引土著居民、拓荒者、军队和铁路工程师那样，这座峡谷无疑也是屡屡见证历史危机的地方。王朝的命运在此一次次地受到了考验，无数武士的鲜血染红了这片黄土地。这里有一个保护关口的坚固要塞，就像从奥古斯都时代就坐落在美因茨的堡垒那样。稍远一点，是一个堡垒般的省府，古代有许多强大的统治者将他们的皇宫就建立在这个边境城市里，这个城市现在叫作西安。

游览华山时在这座圣山上留名的202位游客中，有一个人跟这座要塞有些关系。"开国公苏颖，开元二十六年八月二十七日从内史奉敕祭。"碑文由一位著名书法家书写。这位书法家的作品广为流传，各地都有出售，并被人们当作最好的摹写范本。这正如彼特拉克的手写体被复制成为斜体活字，以及波尔森的希腊字手写体也到处被人们视为标准字体一样。颜真卿却不仅仅是一位艺术家，当年胡人的入侵曾迫使皇帝退避四川。颜（真卿）和他的兄弟组织义军，历经百战驱走了入侵的外敌，不过，他在战争中也失去了兄弟。他拥护皇帝重回故都，并被赐封鲁郡国公。

我们沿着黄河右岸的路抵达潼关要塞，也有人从东北方向的另一条路前来从事贸易。数百年来，这条商路连接着元朝都城和偏远的西部诸省。就在本世纪，它见证了慈禧太后一行逃离受到日本和欧洲列强威胁的京师，来到了这个古老而偏僻的地方。想象一下那一眼望不到头的车队载着西太后和太监们、她的傀儡儿子和所有的随从、玉玺，以及用于构成一个宫廷的所有装备。想象一下他们在途中更换驮兽的情景，以及他们在获鹿县停下来时所引起的惊奇。

"为什么不走了？"

"太后，马车必须更换才行。"

"那我们换乘另一辆。"

"太后，每一辆马车都必须更换。"

"那我们就在这儿等着。"

"太后，每个人都得在这儿等着。"

"但那些头戴尖顶钢盔的恶魔也许正在后面紧追不舍。"

"太后，这儿有个安全的地方。"

"马上带我去这座堡垒。"

"不，太后，不是堡垒，而是三个外国传教士的寨子，传教士们都很热情，尤其对那些身处危难的人。"

"但是那些头戴尖顶钢盔，脚蹬长靴的洋人会不会来捣毁这个寨子？尽管数世纪以前，我们威武的祖先就赶走了匈奴，他们的首领阿提拉逃往西方，并在那里建起了一个帝国。如今他们头顶兀鹰的首领派遣脚蹬长靴，头戴尖顶钢盔的士兵，命令将那些令他们永远害怕的人赶尽杀绝。他会放过这个寨子吗？"

"太后，如果他和那些传教士是同胞的话，他会放过他们的。因为他们热爱所有的人，这里所有的本地人也热爱他们。叛军曾经追杀他们，但他们的神拯救了他们七次，甚至换掉了谋杀者的肝脏。如果兀鹰国王也像他们那样，而非恶魔，那您在他们的寨子里就是安全的。您看那寨子上有 C.I.M[①] 的标记。"

就这样，慈禧太后了解到了那些从遥远的地方来到这儿的西方传教士是些什么样的人，以及他们跟匈奴有何区别，而此时她手下的保定府

---

① C. I. M. 是 China Inland Mission 的缩写，意为"中国内地会"。这是由欧美各国传教士们所组成的一个最大的在华新教传教使团。

和太原府官员正在屠杀那些曾要求他们给予保护的外国传教士。

为什么要在这儿停留呢？由于获鹿县位于滹沱河流域地势较低的一端，道路从这里开始攀升，越过太行山到达汾河盆地。路面上有深陷的凹槽，马车轮子正好能通过这些凹槽。但轮距不是很合适，每辆马车必须卸下车轴和车轮来逐一调整才能通过。我们在山间铁路上也碰到了类似的困难，但几乎每次，全体乘客都要下车，还要卸下货物，全部转移到新的马车上。路边可以找到一些工匠铺子，在那儿可以调整车轮和车轴，就像在英格兰的利兹和布拉德福德之间的情形一样。

我们并没有因此而在那儿滞留，因为我们并非来自北京，而且我们坐的是骡轿。我们也没有像那位出逃的慈禧太后一样，有渡黄河的困难，因为我们已经在黄河的右岸了。然而我们在回程中的确碰到了自己的困难。"黄土绝壁"在地震和大雨滂沱时极端危险，正是后者差点要了我们的命。一场大暴雨袭来，给我们造成了双重困境。雨水浸入无数的孔隙，巨大的厚板状姜石随时都可能悄然倒塌。执掌土壤和峡谷的嵩山之神失职了。有一次，这样的山崩瞄准了我们，不过发生得稍微早了点儿，使我们得以绕着圈逃离了这个土堆。剩下的雨水则顺着像人工水渠一样凹陷的路面流淌。洪水冲刷路基的场面非常宏大，我们开始将注意力集中到骡子和自己的腿上，注意其离开水面的相对高度，考虑着怎样才能使头保持在水面之上。我们并不想轻易掉进水里，就努力在摇摇晃晃的轿子上保持着身体平衡。唯一的合理选择似乎是，如果轿子是防水的，那就握一把小刀，以便在紧急情况下能够割断轿身与骡子的联系，顺水漂流，直到在河边搁浅为止。在那儿也许会有一位公主发现一个新奇的箱子，并对箱子里面的人发慈悲心。幸亏我们走出了峡谷，来到一个浅滩，及时地渡过了河，从主街道进入了盘坨集市所在的村庄。主街道两旁可以看到一座座的磨坊，村民们全都出来鸣放爆竹，但这并非在欢迎我们，而是为了吓唬洪魔。受惊吓的倒是我们的骡子，它们将自己误认作洪魔了。这让我们意外地滞留了下来。由于这儿的客栈都进了水，只适宜于接待那些水下的或两栖的客人，所以我们很乐意地接受了一位和善商人的盛情接待。他为我们打开了他的"和善堂"。这是一间药铺，神秘的药盒上都是些稀奇古怪的名称：

  蜜饯苹果、温桲、李子和葫芦，
  比奶油更柔滑的果冻，
  肉桂色的清澈透明糖浆①。

  我们幻想能再次发生奇遇。最容易想象的就是这样一种情形——某个仁慈的神灵吹来一阵轻风，吹着我们脆弱的轿子沿河顺流而下，然后从一条新路将我们送到五岳的最后一座山峰上。

  有些人似乎不愿意让自己的坟墓远离今世的家乡。下面是一位泰山隐士的传记：

  （张忠）恬静寡欲，清虚服气，餐芝饵食，修导养之法。……年在期颐，而视听无爽。苻坚遣使征之。

  及至长安，坚赐以冠衣。辞曰："年朽发落，不堪衣冠。请以野服入觐。"从之。及见，坚谓之曰："先生考磐山林，研精道素。独善之美有余，兼济之功未也。故远屈先生，将任师尚夫。"忠曰："皆因丧乱，避地泰山，与鸟兽为侣，以全朝夕之命。属尧舜之世，思一奉圣颜。年衰志谢，不堪展效，尚父之况，非敢窃拟。山栖之性，情存岩岫，乞还余齿，归死岱宗。"坚以安车送之。行达华山，叹曰："我东岳道士，没于西岳。命也，奈何！"

---

 ① 济慈：《圣爱格尼斯之夜》。——原注

他又走了50里，快到潼关时，就溘然长逝了……死后他被授予"安道"（热爱教义）的称号。这位隐士为何拒绝死在美丽而神圣的华山，其理由已经不得而知。也许他是渴望在自己的朋友中间咽下最后一口气吧。无论在那儿生活还是死去，华山无疑都是世界上最美丽的地方。

一旦见到华山，就很难再将目光移开。一走出西城门，迎面就看到了高耸入云的华山，从那以后，我们几乎总是在盯着它看。正可谓"华山高耸西门外"。初次见到华山，我们欣喜若狂，期待着攀上顶峰，并在金庙中盘桓数日。在这座巍峨壮丽的雄峰面前，我们并没有表现得像下面这位古人那样。

《唐语林》一书中曾有这样一则记载：

> 东夷有识于山川者遍礼五岳，一拜而退，惟入关望华山，自关西门步步拜礼至华山，仰望叹诧，七日而去，谓："京师衣冠文物之盛，由此而致。"

毋庸置疑，此言不虚。也许应该相信他真的从西城门一步一拜地走到了华山峪口。我们很奇怪他并没有每五步跪拜一次。朝圣者们往往在通往圣山的道路上以身量地，跪拜而行。在一千多年前，"卢松（Lu Sung）向山如此礼拜二十年"。

上午8点，我们走出潼关西门时，城门上没有装饰着用辫子挽在一起的人头花环。虽然这儿最近曾经有过这种情形，但比起在伦敦桥或殿门①钉人头的时间要晚得多。走了五里路之后，华山那高耸的花瓣状山峰看得更清楚了。在御道上行进时，绵延的群山看起来像一大团天鹅绒。

---

① 殿门（Temple Bar）位于伦敦市中心的舰队街中央，是通往市中心金融区的一个大门。

第四部分　白色的西岳华山 | 277

从古柏路看 7 月的华山。"晋（373—397 年）太康八年，太守魏君实来往西岳古庙，夹道载柏，迄于山荫，凡数千株。今上山路。"《王处一志》。盖洛 摄

西岳华山图

《古今图书集成》，方舆汇编，山川典，第六十七卷，华山部汇考一之二。1. 北峰；2. 小上方；3. 云台观；4. 东峰；5. 避诏崖；6. 南峰；7. 西峰；8. 将军树；9. 玉女峰；10. 洗头盆；11. 玉井；12. 石月；13. 苍龙岭；14. 夕月崖；15. 肥蠵（Wei）（这是华山特有的一种蛇，六足而四翼，现则天下大旱；汤时此蛇现于阳山下）穴；16. 凤凰山；17. 百尺峡；18. 大上方；19. 千尺幢；20. 青柯坪；21. 十八盘；22. 毛女洞；23. 北斗坪；24. 希夷峡（老子语）；25. 沙萝坪。

有一位旅行者在游记中写道，华山的轮廓有点像一头大象。的确，长达35里的路途中到处都有引人入胜的风景。这是一条尽头为华阴庙的主街，那儿有一个集市，肉、鱼、水果和蔬菜应有尽有，特别是灵宝大枣，又叫枣子，大声说这个词组时，听起来像另外一个词组，意思是"早生贵子"，因此婚礼上经常见到这样的玩笑，即把这种特别的水果不断扔向新娘子。

不过，城镇上最引人注目的还是这座为供奉圣山而建的辉煌庙宇，这儿的村庄也因此得名。据说正午时，这座庙的主建筑、大门和峰顶以及太阳正好在一条直线上。引用本地作者的一句话来说："其房基宽大，橡木高大漂亮。"庙顶上是黄色的琉璃瓦，使整个建筑看上去就像一座皇家宫殿，四周环绕着一个美丽的公园。这儿的和尚用一种极为特殊的办法来取悦香客，将数个宽敞漂亮的房屋辟为客栈，里面有男人想要的一切——包括女人。他们似乎直接把报酬付给了庙里的和尚。这让我们想起不堪回首的往昔，当时温彻斯特主教特许在其伦敦的官邸周围建了类似的旅店。说句公平话，在中国很少有地方敢如此明目张胆地置廉耻于不顾。

我们非常好奇地想知道西岳庙为何不建在离华山脚下峪口十里，而是距潼关却只有五里的这个地方。一句谚语反映了一条古代的记载，"舜时此地五年一献祭"。但那时这里没有庙宇。这座庙兴建于汉武帝统治时期，起初位于黄神谷，直到公元454年，才迁至御道以北。

中国内地会建在大街上的传教士团驻地几乎就在这座庙的正对面。我们的到来吸引了一大群人，瑞闻生[1]、吴周泰[2]以及任栋臣[3]等各位先生抓住这个机会，讲述了他们的各自经历，这些故事证明他们都是些足

---

[1] 瑞闻生（J. H. Svensson）是1915年以前来华的瑞典瑞华盟会和内地会传教士。
[2] 吴周泰（J. E. Olsson）是1910年来华的内地会传教士。
[3] 任栋臣（M. Ringberg）是1908年来华的瑞典瑞华盟会和内地会传教士。

智多谋的人。这条街两边的反差多大啊！无论是建筑的吸引力，所传递的信息，还是提供信息的人，均迥然不同。

洪水泛滥时，寺庙周围就显得不那么引人入胜了。不过我们还是作了短暂的游览。很多香炉已经倒塌，到处是一片衰败的迹象。寺庙的庭院离军事通道太近，所以这儿遗留下来的古迹不多。这样看来，那把剑身长五尺，上面刻有"镇岳上方"等字样的周王剑在经历了几千年之后，绝不会再留在原处了；汉武帝那把年代近得多的剑也不可能看到了。后者在即位的第一年就浇铸了一个五尺高的青铜大鼎，上面铭刻着"万国服贻长久，铸神鼎承天酒"。这个鼎承受了上天的恩典，但并没有成为永世长存的景观，寺庙的财产目录表明，它早就遗失了。三场灭顶之灾毁坏了寺庙：三国初期的黄巾军起兵造反时洗劫了这里；明朝的一次地震再次毁坏了它；明朝嘉靖年间的一次修缮也造成了破坏。因为修缮时，工匠们为了赶时间，就把身边能找到的石碑砸碎，以用作建造新围墙的碎石。幸运的是，有一位热心古文物的官员负责掌管最后一座建筑的修缮工作。他把每一堵墙都小心地拆下来，将原来石碑的碎片清洗干净，然后专心地将它们拼凑复原。尽管我们还能看到54件被修复的文物，但有些石碑已经被严重毁坏，已经看不清它们原来的面目，有些则还具有历史价值。下面是五块这样的石碑碑文：

> 孝武皇帝修封禅之礼，思登假之道。巡省五岳，禋祀丰备，故立宫其下。宫曰集灵宫；殿曰存仙殿；门曰望仙门。

汉华山庙碑的记载如下：

> 《春秋传》曰：山岳则配天，乾坤定位，山泽通气，云行雨施，

西岳庙图

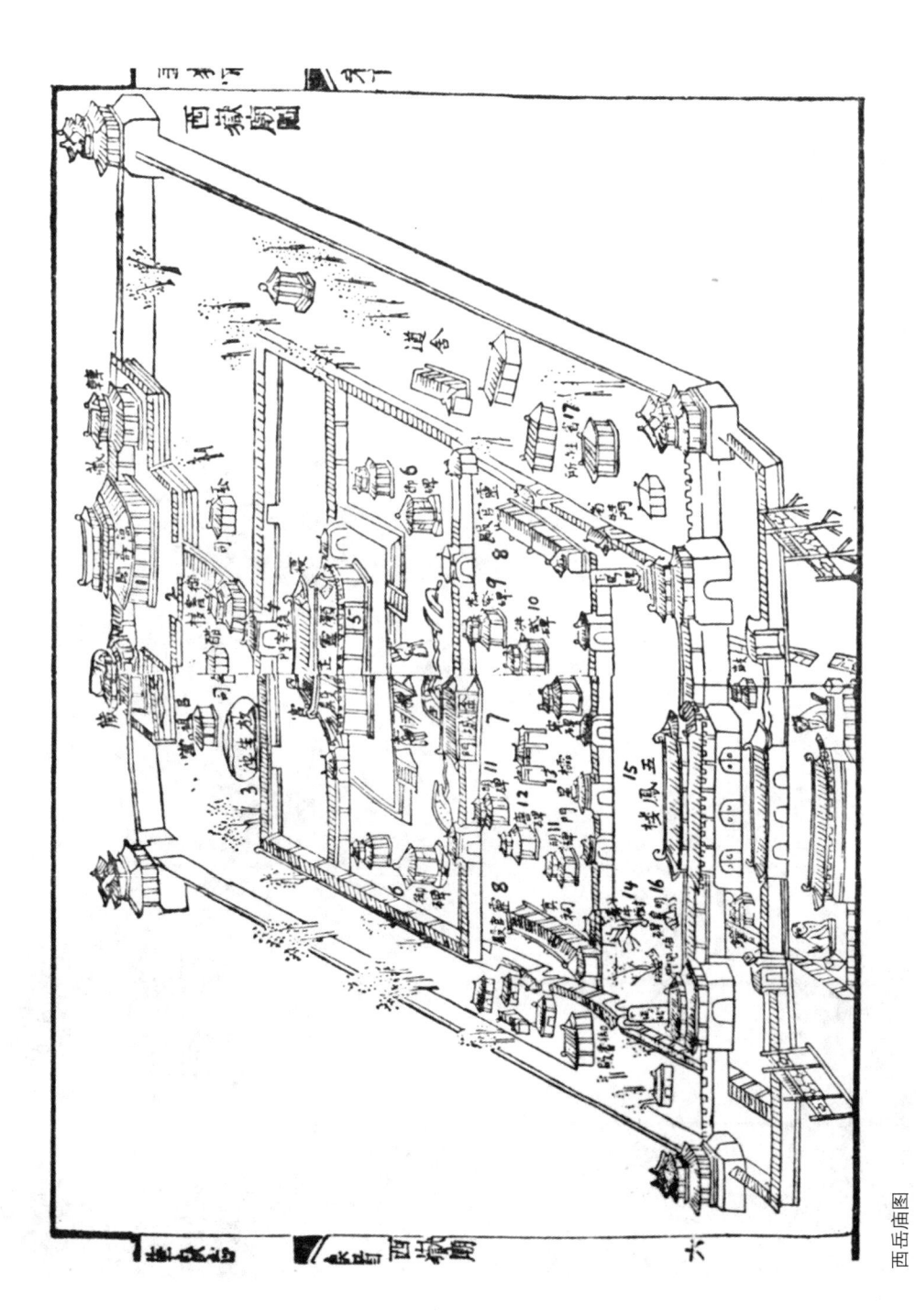

图中建筑的名称：1.万寿阁；2.御书楼；3.放生池；4.后宰门；5.灏灵正殿；6.御碑；7.金城门；8.灵官殿；9.御祭碑；10.洪武碑；11.明碑；12.唐碑；13.欞星门；14.青牛树；15.五凤楼；16.明皇碑；17.省牲所。

华山峪口天堂的石舫

通往华山南峰的陡峭山路。这是一位慈善家在天然岩石上开凿出的石阶,以及为保护年老体弱者而修建的栏杆。
盖洛 摄

赋成万物之义也。《祀典》曰：日月星辰所昭仰也，地里山川所生殖也，功加以民，祀以报之……是以唐虞畴咨四岳，五岁一巡狩，皆以四时之仲月，各省其方，亲至其山，柴祭燔燎。

下面的记载引自《山志》，转抄自汉碑：

延熹四年（公元161年）七月甲子，（弘农太守、安国亭侯、汝南袁逢）掌华岳之正位，应古制修废起，顿闵其若兹深达。和民事神之义精通诚至，灼祭之福乃案经传所载，原本所由，铭勒斯石，垂之于后：

岩岩西岳，峻极苍穹；奄有河朔，遂荒华阳；触石兴云，雨我农桑；资粮品物，亦相瑶光；崇冠二州，古曰雍梁；凭于崷岐，文武克昌；天子展义，巡守省方；玉帛之贽，礼于岱元；六乐之变，舞以致康；在汉中叶，建设宇堂；山月之守，是秩是望；侯惟安国，兼命斯章；尊修灵基，肃共坛场；明德惟馨，神歆其芳；遏攘凶札，挛敛吉祥；岁有其年，民说无疆。

汉光和二年（公元179年）十月修。

祭祀三公者……以其能兴云雨，产万物，通精气。有益于人则祀之。故帝舜受尧，历数亲自巡省，设五鼎之奠，燔柴燎烟，致敬神祇，又用昭明。

百谷繁殖，黎民时雍，鸟兽率舞，凤凰来仪……

第二章　睡仙

像一只白色飞蛾，他的思想飞进了黑暗，
用它敏感的舌头四处探索；
质疑，为找到这样新的快乐而颤抖，
就宛如飞蛾的翅膀上下抖动，
用好奇，优美的飞翔掠过黯淡阴影的大树。

下面我们就来听听洪武皇帝——这个农民的儿子曾当过和尚，后来起义成功，做了明朝的开国皇帝——在梦中的想法：

猗西岳之高也哉，吾梦而往。去山近将百里，忽睹穿云抵汉，岩崖灿烂而五光，正遥望间，不知其所以，俄而已升峰顶。略少俯视，见群峦叠嶂，拱护周回，苍松森森，遮岩映谷，朱崖突兀而凌空；其豺狐野鸟黄猿狡兔略不见其踪，悄然洁净荡荡乎峦峰，吾将周游岳顶。忽白鹤之来双蓦，异香之缭绕，管弦丝竹之声杂然而来。试仰观，见河汉之辉辉，星辰已布吾之左右，少时一神跪言曰：慎哉！上帝咫尺。既听斯言，方知西岳之高，柱天之势如此。于是乎诚惶诚恐，稽首顿首再拜，瞻天愈觉神殊气爽，体健身轻，俄闻风生万壑，雷吼诸峰。吾感天之造化，必民获年丰，遂举手加额，豁然而梦觉于戏，朝乃作思，夜必多梦，吾梦华山，乐游神境，岂不异哉！

如果皇帝觉得繁重的工作有利于睡眠，我们会认为再自然不过了。然而陈抟或陈希夷所记载的事情却要神奇得多。在远离泰山的云门山岩壁上能看见这位道士书写的"福""寿"，即"幸福和长寿"。

我们将会看到他是如何获得长寿，以及这种长寿是否真的可以称为幸福。华山是他毕生劳作的地方，不是他长眠一生之处。华阴庙的院子里有两块一码见方的石碑，每块碑上都只刻了一个字，下面刻着"陈抟书"。奇怪的是，西方人欣赏的是图画、雕塑和版画，无论那上面画的是风景、人物、静物或历史景观，而中国人却会对一个最多不超过二十几个笔画的汉字赞不绝口。我们几乎不可能达到如此高雅的审美体验。幸运的是，陈抟还有其他令我们钦佩的成就。华山的正式入山口距此处12里，穿过张超谷就到了。陈抟于宋朝皇祐年间（1049—1054年）在此兴建了玉泉院，水晶般透明闪亮的玉泉水在潺潺流淌，经过一条暗渠从庭院中央涌出，形成一条美丽的山溪曲曲折折地流经庭院。院子里有设计精美的庙宇、亭阁、长廊、石舫、幽径、灌木、花朵，还有无忧亭。这个宁静的公园就是通向那座美丽山峰的最佳入口。当然，据说玉泉水被认为是一种很好的药物："（其）渗出者清冽而甘，服之可去沉疴"。也许正因为如此，尽管它多次毁于洪水和动乱，却每次都能重修。最后一次重修大约在1798年。多年来，这里有一座著名的书院，为学术研究提供了无与伦比的优越环境。

那么这位具有如此艺术素养，令我们获益匪浅的陈抟到底是谁呢？他生活在1000多年前，但不要把他与宋代的另一位陈姓学者混为一谈。陈抟4岁的时候还不会说话，一次在河边玩耍的时候，一位身穿蓝衣的妇女走过来为他哺乳。从那以后，他变得异常聪悟，经、史和百家之言往往一见成诵，过目不忘。尽管如此，他依然手不释卷。他颇有诗名，可是很多人却视他为术士。后唐长兴年间，他曾去考过学位仅低于翰林的进士。他不求仕禄，而宁愿过一种修炼和睡眠的生活，"以山水为乐"。

有人建议他到武当山去，说那儿是一个修炼的好地方。他在那里生活了20年，每天服气辟谷，主要靠喝几杯酒来维持生命。有时候，他也会皱眉蹙额。"每闻一朝革命，辄颦蹙数日。"所以在他骑着白骡前往华山的途中，听说新的皇帝登基，结束了五代时期，就放声大笑，扔下鞭子，滑下白骡说道："天下自此定矣。"从此，他就在华山安顿了下来。他一次次被邀出仕，但他的回答永远是："我对这些一无所知，我只是个睡仙。"以此表明他与世无争。关于他睡眠的传说有许多文字记载，为此他声名鹊起。据说他一次能长睡100个昼夜。"人们都说他通过法术改变了自己的形体。"所有神秘的能力都被认为是他创造的，所以一个迷信的皇帝就派人去邀请他，"至禁中留止月余"。当皇帝请他透露黄白之术的秘密时，他大胆地回答："陛下为四海（即整个王朝）之主，当以致治为志，奈何留意黄白之事乎！"皇帝非常明智地接受了劝谏，并请他担任一项官职，但是陈抟固辞不受。后来，皇帝发现陈抟不肯教他任何法术，就把他送回了华山。诏令当地官吏提供给其所需的一切，每年一次四方巡守之际都会去拜访他。还有一次，皇帝又吩咐一位前往都城的官员，赐给陈抟50匹丝绸和30斤茶叶。根据《华山史》记载，太宗时（公元985年），皇帝召见陈抟，对他非常尊敬，并对宰相说："抟独善其身，不干势利，所谓方外之士也。"陈抟在华山生活了40年之后，这位皇帝又一次召见他。当时宰相向他请教修养之道，他回答说："抟山野之人，于时无用，亦不知神仙黄白之事，吐纳养生之理，非有方术可传，假令白日冲天，亦无益于世，今圣上龙颜秀异，有天神之表，博达古今，深究治乱，真有道仁圣之主也，正君臣协心同德，兴化治致之秋，勤行修炼无出于此。"

　　皇帝得知此事，益加礼重于他，并向他征询致治之策。有一次，皇帝欲挑选皇太子，请陈抟前去考察他的一个儿子。这位贤士走到了门口就转身返回了。皇帝问他这是为什么，他回答道："皇门厮役皆将相也，何必见王？"

于是建储之议遂定。

据记载，陈抟曾经一觉睡了 18 年，此前还曾一觉睡了 36 年。这肯定会让乔治三世感到震惊。他曾说过，男人睡六个小时，女人睡七个小时，傻瓜才睡八个小时。皇帝把陈抟锁在一间屋里，一个月后打开门的时候，发现他还在睡觉。他在昏睡的状态中还为皇上作了一首颂诗：

> 臣爱睡，臣爱睡。
> 不卧毡不盖被。
> 片石枕头，蓑衣铺地。
> 震雷掣电鬼神惊，
> 臣当其时正鼾睡。
> 闲思张良，闷想范蠡，
> 说甚孟德，休言刘备，
> 三四君子只是争些闲气。
> 怎如我
> 向青山顶上，白云堆里，
> 展开眉头，解放肚皮，且一觉睡！
> 管甚玉兔东升，红日西坠。

人们都惊叹于他长睡的能力，他因经常长睡数月而闻名。他这样清晰地阐述自己的观点："常人无所重，惟睡乃为重。"查尔斯·金斯利也说过，世界上没有什么能像睡觉那么令人称心如意了。陈抟说："举世皆为息，魂离神不动；觉来无所知，贪求心欲动；堪笑尘中人，不知梦是梦。"

他与皇帝之间的很多来往书信得以传世。皇帝在其中的一封朱笔信

中,再度向他发出邀请并馈赠礼物给他,但他在回信中谦恭地婉言谢绝了:

> 念臣性同猿鹤,心若土灰,不晓仁义之浅深,安知礼仪之去就。败荷作服,脱箨为冠。体有青毛,足无草履。苟临轩陛,贻笑圣明。……数行丹诏,徒烦丹凤衔来,一片闲心,却被白云留住。渴饮溪头之水,饱吟松下之风,永嘲日月之清,笑傲云霞之表,遂性所乐,得意何言。精神高于物外,肌体浮于云烟,虽潜至道之根,第尽陶成之域,臣敢仰期睿眷,俯顺愚衷,谨以此闻。

皇帝就依其语,下诏赐紫衣一袭,号希夷先生,并命令重修了华山庙。

过了些日子,陈抟吩咐他的一个弟子在张超谷为其凿石作室。然后他又给皇帝写了一封数百言的信,其中写道:"臣抟大数有终,圣朝难恋,已于今月二十二日化形于莲花峰下张超谷中。"他果然如期而卒。但他的肢体七天后依然温暖柔软。还有五色祥云蔽塞洞口,弥月不散,恐怕人们误认为这又是一次睡眠吧。

据《苏志皋记》记载,皇祐(1049—1054年)二年的夏天,陈抟令其徒于张超谷凿石室。

> 成,大笑,为群徒曰:巉岩太华,气清景秀,吾之所归。秋七月念九日,令得升辈各就寝,及曙则以左手支颐而逝。相传涉世二百年,后人更谷名为希夷峡。旁建祠塑像,历世道士主祀事,每出骸骨向人乞施予。嘉靖癸丑(1553年)春三月三日,巡按侍郎长兴姚一元画溪……与予谒岳庙至峡。道士复出骸骨见示。画溪意欲葬之,予从旁赞曰:"掩骼埋胔,仁政一端,况先贤遗骸乎?"

是夜梦先生谓曰："吾所向必戴岳履河，盖图之。"翌日，画溪遗牒于予，嘱葬必得石榔，且嘱记其事略。……翌日卜地……即玉泉院也……且南仰乔岳，北俯大河，其间城市村墟，原隰林薮，栉比鳞次者无限，真善地也。但虞石如骈齿，开圹为难……是月二十七日，华阴丞受牒以衣衾葬于此……时久旱，倏尔雷雨大至，或以为先生之妥其灵也。予曰："葬先生者礼也，他非所知……"万历年间，水啮函出，复反葬于峡。

峪口有座"怪石林立"、非常漂亮的园林就是为这位睡仙、隐士和修炼者而修建的，我们接着骑驴到达了那儿。走了10里之后，我们一行来到了著名的云台观。据《南轩记》记载，这里过去曾有一座书院。再往前走二里路，就到了"环绕着一个小土丘"的玉泉。我们在道观里发现了道光辛卯年（1831年）所刻的《华山志》雕版，上面刻着政治家李榕荫（字云圃）收集的有关圣山的所有记录，内容涉及华山的各个方面：地质、植物、食物、历史、传说、地理。许多政客在莲花峰寻求宁静和庇护。让我们来拜读一下其中一位政客为著名的《华山志》所写的序言：

余以病假，归卧华麓。高山在仰，可望而不可即，悼叹者久之。一日李云圃来访，言及华山胜概，因以所辑《华山志》见，政余读之，见其序次清晰，记载详明，顿觉心旷神怡，不啻观图愈疾也。复念华山记载，久无完书，为名山一恨。余以华人夙怀缀辑，而于事鞅掌，有志未逮。今云圃先得我心之所同然，诚大快事也。爰命梓人即付之枣梨，以公同好。俾名山胜迹，永传不朽，则余之托栖华下者亦为不虚矣。

是为序

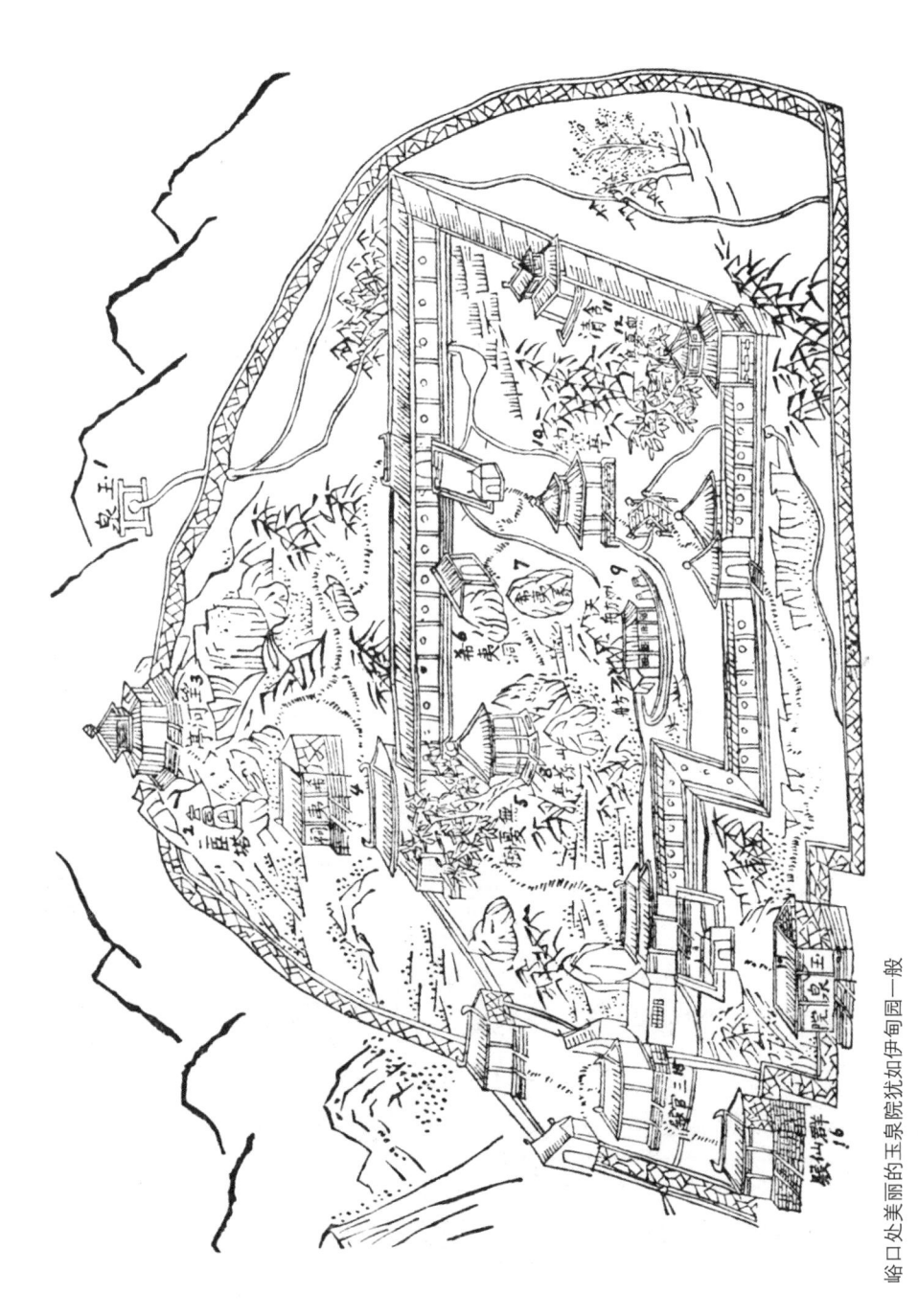

第四部分 白色的西岳华山 | 291

峪口处美丽的玉泉院犹如伊甸园一般
图中建筑：1. 玉泉；2. 二臣塔；3. 望河亭；4. 希夷祠；5. 无忧树；6. 希夷洞；7. 希夷冢；8. 山荪亭；9. 石舫；10. 纳凉亭；11. 含清忧亭；13. 三官殿；14. 群仙殿；15. 玉泉院。

道光辛卯正月望日（1831年2月27日）华麓杨翼武燕庭氏题于清白别墅。

杨翼武印

燕庭

将来会有许多外国人前来峪口参观并攀上莲花峰，不少人会询问关于圣山的书籍文献，我们提供的资料如下：道光元年岁次辛巳冬十月朔旦（1821年11月18日），云圃在山门写下了关于华山文献的简要说明。他写道：

华山旧有志，始于宋之庐鸿金王处一取《仙传图经》，益为七十余篇。元史志经又搜访古今碑记表传诗文，辑为十四卷，而志始备。明李时芳纂《华岳全集》十三卷；马明卿又增李集为十四卷，可谓详且备矣。然务为摭实而略于考核，近代王宜辅又尝属稿而未成书，今行于世者维明卿之志尔。

姚公远焘羽讥其庞杂简略，未尽华山之妙，于是芟繁举要，订为华志十二卷，自谓折中至当，而其书未传。他若路一麟之《华山小志》，东荫商之《华山经》，王宏撰之《华山记注》，虽简核详明，成一家言而无与于纪载之林，非流览者之所宜究心乎？

榕托栖华下，舍馆云台二十余年，因于岳之胜概时加考核，稽之往籍，参之近今，凡牧竖樵夫之一话一言，莫不详察而切究之。旁参互证，务求的实，合者存之，谬者证之，总以实而可据者为是。曰名胜、曰人物、曰物产、曰金石、曰艺文、曰纪事、曰识余凡七篇，其每门纂辑之旨，各以小序详之，虽芟繁补阙，有俟高明，而管中窥豹亦庶几乎一斑之见云。

好家伙！两位学者"阅十余年而始成"，直到暂居玉泉院的艺术大师赵本易听说此事，"随即抄去"，这项工作才最终宣告完成。陈抟在山志中占据了一个引人注目的位置。希夷祠自然也在峪口玉泉院的诸建筑中占据了一个显著的位置，山志中提到万历年间对这座祠堂的修缮。不仅如此，在《余懋衡记》中还能读到以下的优美段落：

> 先生元气为粮，白云为幄，清风为驭，明月为灯。紫陌红尘，朱门甲第，极人世之纷纷扰扰，不足以当先生一瞬，而独息心泉石，养道莲峰。炉中龙虎，卦上乾坤……学兼体用，识达天人，蕴采弢真，洞天大隐。虽曾应诏，一应便归。青山无恙，玉井尝问，此其高踪遐举。回视北山移文、终南捷径者，何啻冰炭哉！易学传流，自穆而李至邵尧夫，皇极经世，渊源所渐，先生之力也。今先生去世已久，而浩气真风飘飘于阆苑瑶台间，若太华顶上，先生平所栖迟者，而其神何所不在也？

在大师们经常出入的地方寻找灵感不是现在的风气，作者试图回答一个切中要害的问题："山之名以人著，山无名人，山不名矣。然皆足为山增重。"

有关这位睡仙的奇闻轶事卷帙浩繁，我们从中找到了他为华山所做的一首赞美诗：

> 为爱西峰好，吟头尽日昂；
> 岩花红作阵，溪水绿成行。
> 几夜碍新月，半山无斜阳；
> 寄言嘉遁客，此处是仙乡。

但这只是他的消遣而已。侍臣们认为，他将时间用于炼丹了；在守财奴看来，他是在修炼黄白之术；而实际上他正在冥思自己的哲学。之后他将无极图作为自己的教义刻在了石头上。这个图当然也分为五个部分，因为所有美好的事物都是五分的。这个图的遗迹在华山似乎已经不复存在了，但至少图中五个部分的标题应该记录在此。对于第一部分的题目，谁也不会感到奇怪："初一曰'元牝之门'；次二曰炼精化气，炼气化神；次三曰五行定位，五气朝元；次四曰阴阳配合，曰：取坎填离。"陈抟无极图的最后一部分画龙点睛地道出了他哲学中的最高境界，"最上曰炼气还虚，复归无极！"

峪口这个政客的乐园太漂亮了，我们不宜久留，以免也被一种懒散的情绪所支配。除非我们能像道士一样，会施魔法，除了红色的浮云以外什么也不吃，所以这一切不过都是美梦而已。穿过赏心悦目的花园，翻越神圣的地方，面向太华山，进入峪口，攀缘绝壁，登上高达千仞的方形峰顶去。所有这一切，靠的不是睡觉，而是行动。

第三章　从峪口到青柯坪

登上华山

由于"盖游岳者皆取道山北",太华山的道路自然也分两个部分。山脚下峪口旁的玉泉院和峰顶金殿之间的中间有一个小块平地名为青柯坪,我们打算就在这个地方稍做停留。

登上这半山腰要走 20 里路。那些腰包深不可测的游客可以雇一个山地滑竿。不幸的是,我们所雇的那个滑竿本身也是深不可测的,或者说是座位底部有个窟窿的。在踏上这条危险重重的小径之前,必须对它进行修补,我们才敢坐上去:山路本来就很崎岖陡峭,再加上山崩随时都可能发生。如果王母娘娘突然乘坐着镶满珠宝的礼车降临,并邀请我们同车前往的话,我们的恼怒肯定就烟消云散了!据说她曾乘着一个绝妙的古代飞行器在这一带游弋。"王母数现金渤院,衣黄裳,戴金冠,乘宝辇,驾五色斑龙九头,上有羽盖,左右金童玉女仙官将吏莫穷其数!"

我们的轿夫很迷信。他们拒绝拍照,并说,"我们并不想一辈子都在抬轿子"。此地的摄影效果非常完美!不过,没有谁会因为被谢绝而责备这些当地人,因为照片所提供的不朽对于他们来说却是一种可怕的惩罚!

这条小径有别于香客们攀登泰山时所走那条漂亮的盘路。这里除了围绕巨石的山间小路外别无他路。道路弯曲是为了避开所有轻微的阻碍，或者使负重者攀登的坡度减小。沿路总有一条活跃的小溪相随左右，我们足足穿越了这条小溪 20 多次。

夕阳几乎已经西下，那滑竿才似乎终于修补完毕。因此，我们就在玉泉院告别了四株无忧树——我们没有细数究竟有多少棵——和无忧亭，还有那位老道士及其猛犬。顶峰在召唤着我们。尽管当时天色已晚，我们还是出发了，满心希望能够抵达并留宿在下一座寺庙，即半山腰的青柯坪。旅行指南激发了我们的诗意，因服琼浆而白日升天的明星玉女，莲花峰，飞燕峰！这些都是对风景名胜的称呼。它们名副其实。沿路都是美丽的风景，偶尔还有真正的眺望台。对历史知识十分熟悉的观光者还会别有乐趣，因为在各个拐角处都可以给人带来很多联想，那儿的废墟或遗迹会邀人驻足停留，并浮想联翩：旅行指南上标出了 227 处名胜古迹。但是，就像一个画廊有很多不同等级和种类的佳作一样，观赏者可能会出于某种兴趣前去参观，但不可能实际看完所有这 220 多处图示的景点。

当铁路一直延伸到这儿时——要穿越黄土层修筑铁路将是一项艰巨的工程，这儿无疑可以跟长城和长江三峡并列为自然奇观，我们可以期待这一天。由于观光者被这里的一连串悬崖所吸引，一座高大的五龙旅馆将会出现在峪口美丽的玉泉院附近。睡仙曾在此地熟睡过很多个月，这里离关帝这位战神的诞生地也很近。

五龙旅馆的菜单上将会提供 57 种食物，与《华山志》中所列举的物产数目一样。虽然在远古时代，这里曾是各种神秘植物和天宫鲜花的产地。时至今日，仍有 57 种食物可供那些想靠高山土产生活的人来选择。来此学习辟谷术的人不会住进五龙旅馆，但是其他人可能会觉得旅馆里那些来自方志的食谱很有意思：五粒松和松脂都与琥珀有关，而非跟食物有关。白石是一种坚硬的食物，不过尝起来像蜂蜜。美味的松子和石楠紫斑非常诱人，但是吃石楠的时候要小心，因为"女子不可久服，令思男！"。

关于无忧树，还有一个有趣的印度故事。而寂寞树、龙藤和栗子、莲花以及白芝能够让我们在享用圣山坚果、水果和种子时尽可能地锻炼自己的判断力。菜单中还不时穿插有一些适时的说明，"吃白芝可通神明！"山葱，也有人称之为鹿耳，据说味道很可口。土豆、卷心菜、蘑菇和灵豆也很好吃。"服一粒（灵豆），四十九日不饥，筋力如故，颜色如婴儿。"这座山里住着龙、神马、奇豹和各种各样的精灵。在被邀请品尝土特产时，我显得有点拘谨。游客们应该避开禹余粮，又称"还魂"。如果一个死人吃了一粒禹余粮，他将会复活！看来操办葬礼时一定要小心，以免忽然发现尸体不见了。

当然，这里还有可以预知未来的青鸟和五色鹜鸟，更不用说六足四翼的蛇了，据说它是饥荒的征兆。我们差点儿忘了把有关细辛的记载告诉游客们了，"服之令人遍体生香"。

看了这些说明之后，有谁不会感到好奇呢？广告宣传员会找到充足的材料来说明在五龙旅馆下榻的好处。"华山古文以为惇物，即物产很多；现称华山，因为那儿所有的东西都长得很繁盛。太华之山削成而四方，其高五千仞，⋯⋯如半天之云。"广袤的原野上耸立着三座高大的山峰，再加上其他两座高度稍逊的山峰，便组成了奇妙而神圣的五岳。没人知道这些山峰究竟有多少"仞"高，我们的盒式气压计在复杂的大气环境中无法为我们提供准确的海拔高度。（为何测绘员们不带着设计精巧的测杆来测量呢？）莲花峰上有三峰，上接三光，中有石池，二十八所应二十八宿，怀蕴金玉，蓄藏风雷。此地"为大帝之别宫，乃神仙之窟宅也。名太极，总仙之天，为白帝所治，太白星宿所统。这就是禹州的安全保障"。

必须指出的是，太白就是我们所说的金星，但希腊人并没有把行星和山峰跟他们的爱神阿佛洛狄特做过这样的联系，这破坏了西西里岛上对厄律克斯山的崇拜。使纳斯伯格在尼伯龙根时代成了一种诱惑。中国的宗教还没有像柯林斯和现在印度南部的许多大寺庙那样堕落到为罪恶辩护。无论在神话还是在现实中，这种堕落都不常见。

五龙池将会是修建新五龙旅馆的一个绝佳地点。不过，游客以后不该再向池中扔石块了，就像新西兰的旅馆业者习惯于将黄色肥皂丢入某些间歇温泉中一样。读者马上就会明白我为什么会发出这样的警告了。

明代有一个女孩，她的容貌和举止都很优雅。"只要看她一眼，年轻人就会神魂颠倒。"但她的父亲邢却很悲伤，因为她患有一种怪病，没人能治。一天，有位年轻人登门拜访，自称是个郎中。他对邢说："我能治好你的女儿，但有个条件，你得同意我和她结为夫妇。"看到他举止优雅，相貌英俊，颇有魅力，而女儿又面临危险，他和夫人没有别的办法，只好答应了这门婚事。英俊的年轻人给她服下了一剂神秘药物，她很快就康复了。经过询问，他们得知这个年轻人的家就在华山的快乐谷。他们约定了婚期，姑娘身着新衣坐着花轿赶到了约定的地点。但令大家意外的是，没有人前来迎娶。正当众人迷惑不解的时候，瀑布发出隆隆的声响，一阵大风将新娘卷入了潭中。人们想方设法试图救回这个姑娘，可一切都是徒劳。参加婚礼的人悲伤地离开了水潭，她的父母也回到了自己的家。过了几天，女孩在梦中出现，告诉父母她已经嫁给了潭中的龙，天旱的时候，他们可以到潭边扔一些石块告诉她，她的丈夫就会施恩降雨。当时正好一年多没有下雨，非常干旱，他们把梦到的怪事告诉了邻居。人们就到谷口的龙潭祈雨。刚扔下一块石头，马上天降大雨。"旱祷辄应，至今犹然。"8个世纪以前，不知道白居易是否说过："物不自神，龙岂无求于我？"

我们饶有兴趣地停下来，欣赏"深达9层"的五龙潭。没人能告诉我们，这五条龙是一条龙的五个部分呢，还是一个龙家族的五兄弟，或者是邢的女儿变成了龙，与她的丈夫以及3条小龙一起出现。有关陈抟五位门徒的传说让这个故事变得更加复杂。正如我们所知，这位睡仙第一次隐居闭关坐禅是在武当山。积累了足够的智慧以后，他开始讲授《易经》。不久，有五位老人前来听讲，为表示感激，他们告诉陈抟，那里并不是一个理想的修炼场所。听了他们的建议，陈抟合上了双眼——这对他来说十分自然，于是他就被用云朵带到了华山。这五位老人就是池中之龙。"希夷之睡乃五龙蛰法，盖龙所授也。"

不过，普通男女得到这样的邀请是极为罕见的。来这儿的大多数隐士都明白这一点。许多人是在30岁以前就来到了这里，因为"30—40岁之间的人会被五种欲望折磨得筋疲力尽"，他们希望能在山神的帮助下抑制这五欲。

山壁上有很多天然洞穴，也有不少人工石室，这里是隐士们的栖息地。显然，这里曾经盛行苦修，修炼的盛况远远超过现在。从前有位姓鲁的女门生住在一个叫长乐的地方。她只吃芝麻，一直活到80多岁，而且越活越年轻，面如桃花。一天，她与故人告别，说要到华山去。50多年后，昔日故友在此地游览时遇到了她：她骑着白鹿，身后跟着50名玉女！

我们离玉泉院不太远，回头看到孤寂凄凉的景色，不由让我们想起了大学士杨某所写的诗。杨告老之后，"退居华山下"，他为人昭俭，这从其"自题家园"诗中可以看出来：

  池莲憔悴无颜色，园竹低垂有四围。
  园竹池莲莫惆怅，相看恰似主人心。

和王伯仁（Wang Po-jen）一样，我们也"不无感慨地眺望废墟"。在熊牢岭，我们见到了王氏洞，魏时王氏曾在此居住，研究"五兽

一个非常宽敞的人工洞穴，可能是两千多年来隐士居住的地方，位于华山西峰顶峰附近。盖洛 摄

华山南峰山的南天门,"南天门"三个字是刻在两个石雕柱子支撑的门楣上的。N. 斯文森 摄

之法"。他先是以采集药草为生，后来开辟了一小块农田，一些不同寻常的动物——包括一头老虎和一头豹子，帮助他耕种土地。"他曾在溪边种了一些黄精"，他在此研究辟谷之法，还研究类似长生修行之法。"我不允许自己吃那些柔软的食物。"这些强人自愿吃"石粉"和"晨雾"为生，以抑制邪恶的欲望，所以总是得到那些大老粗的崇拜。

《华岳志》中经常提到这些山人，他们并不总是罗汉、仙人，甚至隐士。山人往往是思想者的一个称号，无论他是否与世隔绝。隐士们居住在岩洞里，那儿没有任何奢侈品，家徒四壁，生活单调乏味，还常有鬼魂出没。就算山洞里有平坦的地面，也不会铺上沙子或卵石。在这里修炼会助长好逸恶劳的懒散习惯，不过却对眼睛有益，有利于冥想五行：木、火、土、金、水。有些人无疑真的想要探索自然的奥秘，但很多人却认为，这样的修炼日复一日，浪费时间，令人厌倦。

"隐士们的人间天堂"，他们是这样想的，也这样教导别人。这些人如果读到雪莱的"阿拉斯特，或遁世的灵魂"，也许会感到颇有收获。遁世的灵魂是邪恶的吗？孔子不是也声称"莫见乎隐"吗？不少隐士隐居在这座圣山，每个人都"不跟终有一死的人类相伴"，而是想远离那悲惨的人世、不应得的贫穷生活和人类无穷的需求，全心沉入自我之中——因为他们把大量的时间花在冥思上了。的确，有少数人在沸腾的神秘大锅中调制着仙丹，他们把这些药分发给虔诚的病人或垂死者。可是这些烈性药物并不适合于这些人服用，因为它们往往会加快结束这些人的生命。

值得一提的是，这些山人往往自己练就一些不可思议的技艺，经常是为了"白日飞升"这一公开宣布的目的。他们耳闻"元音"，渴望五色祥云——这是升入天堂的先兆——早点到来。考察圣山文献的现代人会感到惊诧，这些隐士中的绝大部分人并没有因理智消失而被卷入精神错乱的深渊。然而他们塑造的偶像却又表明，他们中间许多人的神智并不健全。

我们无意反对这些有学问的人，他们在动荡不安的日子里，寻求机会在这些僻静的地方过一种冥想的生活。正如爱默生所说："人类对照亮内心世界的要求如此强烈，以至于那些隐士或僧侣对于他们的沉思和祈祷生活有很多辩解之词。"假如更多一些奢侈品，更少一点懒惰，他们在世间的成就本来会更大一些。

无论如何，要完全与世隔绝是根本不可能的。尤其是那些身家富有的隐士，而这些人还不在少数。一句常被引用的老话颇为耐人寻味："富在深山有远亲。"

汉代有个名叫孔元方的人——这个名字令人浮想联翩——生活在曹操的首都（许昌）。他靠喝松脂为生，并能手执拐杖，以头挂地，倒立饮水。后来他来到了西岳。我们希望他在这里能如鱼得水。他认同孟子的话："养心莫善于寡欲。"这让我们想起齐宣王的哀叹："寡人有疾，寡人好货。"以及乔治·华盛顿的话："经济能使家庭幸福，国家健全。"当老一代隐士向新来的隐士传授五种气功的理论和实践，以及辟谷之法时，所有的人学得都娴熟于心。因为当饥荒到来，赤地千里，满目疮痍时，他们就像那些长期练就辟谷之法的老隐士那样生存了下来。所以中国诗人喜欢用以比喻华山五个圣峰的五个翠绿斑点不知不觉地给民众赋予了国运万古长青的意义。有些人绝食的动机微不足道。"楚灵王命令自己的臣子设法把腰变细。他的臣民就一天只吃一顿饭，并且屏住呼吸，系紧腰带。他们不得不一年到头扶墙而走，脸色黧黑，看上去就要饿死了。"很多人就在马到成功时给饿死了，这使人想起一位实验主义哲学家的故事，"他自有一套马儿不吃草也能存活的高见，还演证得活灵活现，把自己那匹马的饲料降到每天只喂一根干草。毫无疑问，若非那匹马在可以只以空气为饲料之前24小时就一命呜呼的话，他早就调教出一匹可什么都不吃的烈性骏马了。"

王褒 24 岁时来华山习道，在山野之中生活了九年。一天半夜，他忽然听到林泽中有人马箫鼓之声。一个仙人从天而降，自称真人，闻其好学，故来探视。他授以王褒《大洞真经》一部。从此，王褒变成了"太素清虚真人"，能够腾云驾雾，飞行万里了。能达到如此境界无疑是众多隐士的愿望，为此他们努力消除自己的一切欲望。王褒的文学杰作现在依然十分有名，依旧被人们奉读。

另一个同样的例子是李翼。他向河上公传授神秘的道，还把《道德经》（老子的语录）五千言传给了他。李翼通晓阴阳造化，能对神秘现象做出权威的解释，还知道世界的起源。他"与鬼神合其吉凶"，打坐沉思时能召唤龙，还能够命令天空打雷："神动而天随。"他能在云雾上行走自如，也能登天访月，还能"挠拨无极"。终于，天帝"授书"，任命他为西岳仙卿。据《姚志》记载，李翼先前就曾被任命为西岳的一个神，但大概没有"授书"。

《神仙传》中写道，燕济曾住在这里的一个石室中。他主要研究音乐，弹琴复歌咏，一个月停下来梳一次头。后来他的德行日增，黄白色的云彩凝结在房屋周围。最后，他驾云而去，从此消失不见了。

傅先生曾在某个石室中沉思冥想，七年后得到了回报。一位仙人前来造访，送给他一个木钻，让他去把一个五尺厚的石盘钻透，只要专心致志，他就一定能够做到。47 年后他终于成功了。随后，他获得了"仙丹"（一种长生不老的炼金药），变成了真人。

更有耐心，回报也更高的是焦公。他住在华山的一座小庙里，无论冬夏，总是穿着同一件衣服。"他能卧眠雪上"。吃的通常是白石。他的养生法还包括从不与女人讲话。他靠这些办法延年益寿，活到 170 多岁。他在这个地方建了一座草庵。有一次，大火四处蔓延，草庵被烧着了，但他却如佛像一般稳坐不动，就连衣服也没有被烧焦。他真的相信《莲花经》上所说的"世界就如一间着火的房子"吗？从那以后，人们都视他为超人。后来一场大雪袭来，把他埋在很深的雪中，但他"乃熟卧雪下，气咻咻如盛暑醉睡之状。沉默良久乃言，'我不知也'"。但在此后的200年间，他时而年轻，时而年老，使那些前来看望他的人十分迷惑。

与此类似的是，长房也获得了不可思议的力量。在学了七天之后，他的师父壶公问他是否愿意继续，他热切地表示愿意。为此他经受了严峻的考验。首先要走过烧红的烙铁，他照做了。接着要他坐在岩石底下，岩石仅靠一根细绳悬于空中。一条蛇爬过来咬绳子。绳子一股一股被咬断，眼看绳子就要彻底断了，可长房依然平静地看着岩石、蛇和细绳。（如果他能够同时看到这三者的话，那条蛇肯定已在岩石下面将绳子盘起来了。）壶公感到非常高兴，拍着他的后背说："孺子可教也。"并承诺只要再通过一项考验就可以了。接着，端出了一碗蠕虫，这些虫子看起来又肥又大，行动迟缓。壶公鼓励长房将这些虫子一个个吃下去。他吃了，却没吃完，所以壶公先生悲哀地摇了摇头，断言说："长房，你学不了多少，你该回家去了。"不过，作为对长房执着精神的一种奖励，壶公借给他一根神奇的小棒，让他闭上眼睛骑在上面。只听见风在耳边作响。停下来的时候，长房睁开了眼睛，发现自己就在家乡的城门外。他下到地上，将小棒掷向天空，小棒立即化成一条龙腾空而去。进了城，他在回家的路上没有碰到一个熟人。回到家中，他发现自己谁也不认识，也没人认识他。当他急切地说明自己的身份以后，人们都断定，长房已经消失了一个多世纪了。他终于明白，自己在华山壶公师父那儿学习一个星期比在家乡城中的一百年还要长。或正如一位诗人所说：

　　山中方一日
　　世上已百年。

在这种情况之下，他再次迈着沉重的脚步，缓缓地走向这座西方圣山，并且在预期的时间里渐渐变为了神仙。中文文献中婉转地暗示，这些修道之人并非"西方杰出之选"。

有些隐士毫无私心，他们致力于研究药物。赤斧是碧鸡祠的主簿，负责分配药石配成的一种红色药剂。由于这种药物的纯度和效果都十分显著，他就自己服用了这种药。30多年里，他一直保持着儿时容颜，而头发慢慢地变成了那种药的颜色。另一种有用的药物是金液，人们对此有很多激烈的谈论。和先生曾得到一剂效力强大的太虚金液神丹，但他得到告诫，如果不想马上升天，就只能先服用一半。过了些日子，他在一个中午服用了另外一半，立即飞升上天了。

黄芦子是住在首水的一名道士。他能不见病人就把病治好。如果有病人从千里以外把姓名寄给他，他也能进行诊断并把病治好。他还有许多别的天赋，尤其是气禁之道：如果他对着一个动物吹一口气，这个动物就不能动了；如果对着鸟儿吹一口气，鸟儿就飞不起来了；如果对着水吹一口气，水就会倒流。他持续修炼，在208岁的时候还能力举千钧。

这些都是传说。每个传说都有其历史依据，都与崖壁上开凿的山洞和石室联系在一起。对于存在隐居之处这样的事实是毋庸置疑的。中原其他地区见不到如此集中的众多人工洞穴，更何况这些洞穴还位于险绝的峭壁之上。也没有哪个地方有如此优美的风景来吸引隐士或失意的政治家。我们可以理解，在这么幽静的氛围中，一旦开辟出可以居住的绝壁石屋，就会吸引那些渴望孤独、艰苦和冥想的人前来。否则这儿就毫无吸引力可言，所有的一切都不利于人们长久居住。高处的许多住所只能通过岩壁上开凿的凹槽才能到达，一些隐士为了不受打扰，只有在耕种自己的田地或者取用信徒供奉的祭品时，才会借助悬挂的链子离开隐居之处。除此之外，他们就会把自己吊上去，蜷缩在某个别人无法到达的石屋里。

我们就这样在颠簸的道路上往前走了五里路。"履石缘溪蜿蜒凸凹行者五里，曰五里关。一夫守之，众无所用矣。两壁直立如削，高千余仞，谷广阔不盈尺，宽或二三寻。谷流转折，随山约五里许，巨石塞口，为'石门。'"《都穆漫游华山记》中的记载真实地反映了实际的情况。

我们并没有仔细察看桃林坪，也没费力去找雾市的确切位置。在卧仙坪根本就看不到"齿发皆完的僵尸"，它曾是朝圣道路上的一个景点。在嘉祐年间（1056—1064年），虔诚的信徒还会把酒洒在那僵尸上面。

时间不早了，我们赶紧越过算场。洞晓浑天仪，曾定夺天元五纪的老寇有一次在这儿计算的时候出了错，可是一位过路的商人不小心碰了一下他的算盘，反而把错误给纠正过来了。

在谷口的陈抟祠酣睡之后，我们没有在希夷岭停留。但为了将来那些洋香客着想——说不定他们会依靠这本书来获取信息，我们将再次引用都穆的游记："旧有金锁可以攀上，见骨盛木函，微红色香，甚有人窃趾骨去（这让我们想起了阿喀琉斯的脚踝）。道士愤之，断其索，自是人不得上！"

希夷岭往前四十步就是第二关，它就像被斧头从中间劈开的一块巨石，以前叫铁门。现在的铁门位于千尺幢之上。二里之外是沙萝坪。我们匆匆忙忙地经过了洞穴和神祠，沿着著名的十八盘回旋而上，到达了云门，门里面就是我们要留宿的地方——青柯坪。青柯坪的译名不统一，或作"青柄坪"，或作"青枝凸起"，或作"青枝坪"。其两侧"一边是陡峰高耸，一边是万丈深渊"。

1882年，杨总督曾在此游览。他在日记中写道："至青柯坪，仰视三峰，历历可数。"青柯坪被东面的山峰分为三部分。"罗列诸峰，屏环渭水。南面水帘瀑布，古华胜概，已得其大都焉。有青柯公署名山阴秀坊。"

"太虚庵在青柯坪东谷中。明羽士高元和养真于其上，后北游京师，慈圣太后令神宗皇帝赐道藏四百八十函，十万余卷。创立太虚庵。至万历（1573—1620年）十八年，复建阁为藏经阁。其地有讲经台……故至，每请善地而藏之。益以秦火之后，变又屡更。断简残碑，古人每爱惜焉。"这使人相信，后人将会在这座圣山几乎无法到达的隐蔽洞穴内发现珍贵的书籍。

高元和的降生不同寻常。在他将要诞生的前一个夜晚，他的母亲梦见有人将一尊老子像作为礼物送给她。第二天他就降生了。他的容貌和体形十分特殊。长大后，他热衷于道家学说，并成为华山的隐士。他一直在寻找适宜生活的地方，最终选择了青柯坪。

太华书院位于青柯坪大殿。300名学生聚集在这个有五个房间的建筑里听课。现在这里建成了一个疗养院。到了这里便不想再往上走的游客可以看到极佳的风景，人称天下第一胜地！"亦以青柯坪为未始有逾者。"在一幅现代地图上，它被标作"青河坪"。不过对于当地的居民和追求精确性的作家来说，"青柯坪"这个迷人的名字有着双重含义。此外"河"这个词意味着河流，尤其是附近著名的黄河，但此地并没有河流，从来也没有过，所以我们认为"青柯坪"是这个著名风景胜地的正确地理名称，进而去欣赏它无以言表的魅力。四处眺望，无论颜色还是轮廓都极其迷人，这气氛令人回想起另一位朝圣者恰尔德·哈罗德所言的名句：

> 哦！山间的空气散发着一种惬意的芬芳，
> 此即病态悠闲所永远无法分享的生活。

"一边是陡峰高耸"，那是巨大的西峰舍身崖，这表明我们走了20里路，共上升了一千尺的高度。和其他诸岳一样，这儿也有一个不幸的传统，这里是适合于厌世者纵身跳崖的地方。至少人们已经有了一个因祸得福的例子。有一个年轻人因父亲得了重病而来向岳神祈祷，请求以

舍身崖、银线瀑。照片的中前边就是朝圣路,背景是美丽的华山。"自空而垂者为瀑布,五千仞,界破诸峰,其悬于诸峰诸坪之上,飞明珠挂玉龙者,如垂绅委佩以待金昊之帝。"——摘自《李楷记》

自己的生命换取父亲的康复，然后他纵身跳下了悬崖。这时有一股强劲的风托住了他的身体，并通过轻轻地摇动而将他催眠了。醒来的时候，他发现自己已经回到家里，而父亲也恢复了健康。人们因此将这个悬崖称为"舍身崖"。然而，《三才图会》的作者加了一条评注："按此事之不可训者，毋宁称之为守身崖。余伯高改为省身崖。"

西峰曾是许多僧侣耍诡计的地方。《华岳志》第八卷讲到，王维桢曾来到华山，站在西峰脚下，他旁边站了一个道士。悬崖平直如壁，上面隐约有题刻。僧人指着那些字说："此太祖鹫山券文也。"王有些怀疑，就让一个人爬上去看个究竟。发现那只不过是一首游山诗。我的中文教师，带着一种会意的眼神评论道："所有的道教故事都是这样的，明明是一首诗，道士却要把它说成是契约。"

我们到目前为止，登山都是靠雇轿夫，这等于是节省了我们的体力，或至少是救了我们的双腿。我们在青柯坪附近东道院里的寺庙中又度过了一个美好的夜晚，丝毫没受附近渠水响声的影响，据说河南的精怪们就是通过这条水渠过来的。

第四章　从青柯坪到金殿

在青柯坪，召唤信徒祈祷的寺庙钟声也让我们早早醒了过来。老杜的诗中写道：

晨钟旷胸臆，
晓磬止心机。

的确应该如此，因为这儿以前是报恩寺。本月第一天是一个重要的节日，铿锵的铜锣宣布礼拜者正在祈求他们神灵的出现。至少这个节日的意图很好，风俗不该被忽视。刚欣赏完节日庆典，我们的目光立刻被山下扇形平原上的景象所吸引，因为"如从不登高望远，你就看不到平原"。平时渭河蜿蜒流淌，犹如一条丝带装饰在青草繁盛的平原上，但是持续几天的暴雨使它有些反常。河水泛滥，土地被淹，众多穷苦的人民承受着这习以为常的灾难。他们多么渴望大禹能再次出现，将洪水引入河道，阻止它们泛滥。

奇怪的是，往昔的故事虽然一再重演，并被人们反复阅读，但在我们看来很明显的教训却很少被汲取。我们都知道禹，他是一个伟大的水利工程师，修建堤岸的成功为他赢得了帝位。然而在整个大清帝国，要想获得官职，无论要进入行政、司法、管理、军事还是工程部门，唯一的通行证却是四书五经的教育。想象一下，在选择总统、内阁大臣、全体法官、海关官员、军队元帅、邮政局长时，所有的候选人无一例外都是大学毕业生。再想象一下，所有的大学课程都完全是由国会根据最严格意义上的门罗主义制定出来的，所以约翰·史密斯上尉①的探险记、爱德华·温斯洛总督②的日记、乔纳森·爱德华兹③的《自由意志》、本杰明·富兰克林的自传、朗费罗和惠蒂尔的诗歌、普雷斯科特和班克罗夫特的历史，都成为所有教育的必读书，是通向所有官职的通行证。但必须明白界定的是，中国的科举考试却严格限制在四书五经、历史和诗歌上。小说并不被视为文学作品，所以从来也不是任何考试的组成部分。中国小说是半白话的，与文言或正规的文学风格完全不同。在过去，没有一位中国官员愿意承认自己读过小说，尽管他肯定读过。

想象一下，一位印第安人事务官员靠死记硬背凯特林或瑞格·威廉姆斯的著作来获得自己的职位；想象一下，一个陆军上校是以熟读1694年波士顿出版的蒙默思郡公爵操练法来获得晋级的。然而直到大清帝国的末期，取得官职的唯一途径就是古典文学的训练。很少有人想到古人往往是具有独创性，并注重实际的，能够应对紧急事件并创造先例。所以当洪水泛滥时，很可能就会派来一个戏曲审查官和科举考官去修筑堤坝。但是应该记住，未经训练的人永远不能被委以重任。由于缺乏技术性的准备，他们经常会展示出几乎不可思议的编造才能。

这种对文学的热爱也有实用的地方，我们在预备早饭——为我们继续从政客之峰的华山向位于山顶的金天宫的攀登做准备——时想到了这

---

① 约翰·史密斯（John Smith，1580—1631）是著名的英格兰探险家。他于1607年在北美登陆，并于第二年成为詹姆斯敦殖民地的首领。1625年，他发表了《新英格兰记》一书。

② 爱德华·温斯洛（Edward Winslow，1595—1655）是1620年乘"五月花号"船来到新英格兰的英国人。作为普利茅斯殖民地的创建者，他曾于1624—1647年间三次出任马萨诸塞州的总督。

③ 乔纳森·爱德华兹（Jonathan Edwards，1703—1758）是北美清教徒中最著名的神学家和哲学家。他毕业于耶鲁神学院，在马萨诸塞州担任牧师期间，完成了《自由意志》（1754年）这部经典著作的写作。

一点。赵秉文对游览进行的研究就是一个精心准备的好例子。这要上溯到金代，他在给朋友元裕之的一封信中写道：

> 我从秦川来，历遍终南游。暮行华阴道，清快明双眸。东风一夜翻作恶，尘埃咫尺迷岩幽；山神戏人亦薄相，一杯未尽阴灵收。但见两岸巨壁列剑戟，流泉夹道鸣琳璆。希夷石室绿萝合，金仙鹤驾空悠悠。石门划断一峰出，婆娑石上为迟留。上方可望不可到，崖倾路绝令人愁。十盘九折羊角上，青柯坪上得少休。三峰壁立五千仞，其下无址旁无俦。巨灵仙掌在霄汉，银河飞下青云头。或云奇胜最高顶，脚力未易供冥搜。苍龙岭瘦苔藓滑，嵌空石磴谁雕镂。每怜风自四山下，下不见底惟闻松声万壑寒飕飕。扪参历井上绝顶，下视尘世区中囚。酒酣苍茫瞰无际，块视五岳芥九州。南望汉中山簪如碧玉抽，况秦宫与汉阙。飘然聚散风中沤，上有明星玉女之洞天，二十八宿环且周。又有千岁之玉莲，花开十长藕如舟。五鬣不朽之长松，流膏入地盘蛟虬，采根食实可羽化。方瞳绿发三千秋，时闻笙箫明月夜，芝𫐄羽盖来瀛洲，乾坤不老青山色，日月万古无停辀。君且为我挽回六龙辔，我亦为君倒却黄河流，终期汗漫游八表，乘风更觅元丹邱。

尽管有那么多危险的警告，这封信还是唤起了我们热切的期盼！为了更好地对付困难，我们利用一种比长生灵药金液更普通的东西坚定自己的内心。在这个怀疑的时代，人们难以理解那股追寻鲁长老的仙桃、生命的根源、救世长生不老药的热潮。下面的数据说明了这种追求长生的狂热程度：在9世纪中，至少有五个皇帝因笃信由那些巫师和占卜者炼制的仙丹而相继中毒死去。

我们于早上7点半从青柯坪向东进发，"沿着一条迂回狭窄险峻的小路向左攀登"。更确切地说，我们于八点一刻来到了距青柯坪一里远的回心石，上面刻有很多告诫我们无论从内心还是从外表都要自律的话。"游客最好摒弃所有的恶习，因为这也许是他最后的机会。"

心平路正。

岩石上镌刻的两种字体的汉字似乎在大声地宣布着一个坚决的命令：

勇者向前！当思父母！

据古代文献的记载，畏惧华山险峻的登山者大都从这儿折返。

从回心石再向前走二里，就到了距离顶峰20里的千尺幢，整条路全都要走岩石阶梯和抓紧旁边的铁链。

千尺幢在青柯坪东上三里。南至天井才容人穴空，迂回倾曲而上，可高六丈余。上者皆所由，更无别路。一峰单抽，壁立千仞，中惟一罅，如刀刻锯曳，左偃右覆，阔不盈尺。挨排尻眷而上千余级，见圆隙如盘盂，曰天井。形如槽，持金绳探窦以上，或时晦瞑如在鼠穴木空也。

到了千尺幢时，我们便开始明白赵秉文的意思了。道路的坡度陡然变大，旁边悬挂着巨大的铁链，这样香客们就可以恢复远古灵长类动物的习惯，手脚并用地往上攀爬。不久小道转入一个峭壁。它的名字形象而贴切，叫千尺幢，更高处还有百尺峡，无论是谁都觉得十分形象。这是一块巨大的天然岩石，并没有被苔藓或地衣所覆盖。"你的魂掉入了

中国画"缘链登山"图。这个景点的位置就在回心石正上方

你的草鞋。"当游客"抓紧铁链",气喘吁吁地往上攀登的时候,就会明白这句话的意思了!石阶变成石梯后,两边和中间的铁链证明这一切毫不奢侈,而是不可或缺的。和其他人一样,我们抓着铁链攀上了危险陡峭的千尺幢,艰难而缓慢地登上了莲花峰。

一位英国女士生动地描述了一个背着小女孩,手抓铁链上山朝圣的母亲。"我们往上爬,勇敢些!""天好暗啊,妈妈。""到山顶天就亮了,再抓住铁链用力拉。""可是,妈妈,天好冷,你已经上气不接下气了。""到山顶就能看到神了,亲爱的。"

这种不屈不挠的精神激励着部分游客,这样的希望也鼓舞着他们去走完艰难的旅程,拉紧铁链坚持到最后。我们盘旋而上,"如在鼠穴"。数到第394级台阶时,我们到达了真正的铁门,这儿还有很多碑铭。通道非常狭窄,肩膀紧挨着刀削斧劈似的岩壁。此时此刻,使人回想起小时候翻越岩石的情境,因通过锻炼,终于战胜了困难而感到快乐。但是在这儿,人们显然还会有其他的想法。铁链没有生锈,而且我们被告知,每天晚上这扇门都会关起来。这是登顶的唯一通道,从军事角度看,它们肯定牢不可破。即使没有门,只须一两个人不时地滚些石头下来,就足以守住这道关口。铁门关闭时,下面的人都会感到束手无策。不时有强盗在不太平的平原上作乱,也正是由于这个原因,中国仍然是一个城市有围墙的国家。不久前,由于山下酷热难熬,陈巡抚还到这儿来避暑了。正如我们所指出的那样,这是一座政客之峰。1916年,陈巡抚在铁门旁边修建了一座石寨,供其军队驻守。每晚不仅铁门关闭,而且还有一位士兵站岗放哨,以隔离这个小小的居留地。"从铁门向南的道路仅能容一人。"

上午9点,我们偶然遇到了一名道士,他正在修缮媪神庙,一般人常常会把这个地方错叫作"瘟神庙"。因为"瘟"与"媪"的字形相近,所以这两个名字很容易混淆。到达车身谷,翻过黑虎岭,再向东北

第四部分 白色的西岳华山 | 317

千尺幢上的朝圣铁链通道

图中：1. 百尺峡；2. 千尺幢

方向攀上 450 级台阶，朝圣者就到了媪神洞。无论该庙的位置如何，也无论该庙的名称叫什么，道士声称修缮要花 5000 两银子，他的这一说法跟他后来给我的药丸一样令人难以"下咽"。他说自己并不炼药，但能提供"治愈证明"，这令我们吃惊。对我们而言，这是一个新的想法：治愈证明。可为什么不呢？我们刚刚坐下，想看一下事态的发展，他就递给我一粒防瘟疫的药丸和一本载有处方的小册子。药丸的直径有 1 英寸，像一粒斑点山胡桃坚果，据说其中含有 20 种成分。这个药丸代表着五色祥云。于是我就问他，隐士死的时候，五色祥云是否真的会出现。他说他曾两次见到过五色祥云，最后一次是在光绪三十一年（1905 年）八月的"一个下午"。他已经记不得五种颜色的相对位置了。华山历来都有五色祥云五年一现的说法，那时"这儿有天下最适于飞升上天的空气"。在这样适宜的日子里，完成飞升上天大约要 9 个月，跟一个小孩孕育出世的时间差不多。

不过，我们感兴趣的是攀登圣峰。一走出瓶颈，我们又进入了另一个稍短一些的通道，接着有一里长的峭壁小路。我们必须紧贴着石壁行走，以避免"飞升上天"，突然跌到深渊下面的嶙峋岩石上。这条路通向北子山（Pei Tzu Shan），再往上的老君犁沟起点也是在这里。这儿仍有圣人的铁犁，不过我们没有去看，也没有去寻找李凝阳①的铁拐杖。我们一直坚持走大路，忽略了两旁的风景，这样的景观我们已经错过了很多。

毛女洞是为纪念暴秦时期宫中的一位妃子而命名的。为了不被强大的征服者所活埋，她隐居于此，在青松和山泉中孤独地死去，最后被浓密的绿草覆盖。后人自然会追寻她。现在，洞里还不时有音乐声传出。如果有人因为这些传说而想去寻找毛女的住处，我们提供以下的指南：

---

① 李凝阳就是民间传说中的"铁拐李"。

第四部分　白色的西岳华山 | 319

从北峰俯瞰上山之路，右边是北峰。林德夫人 摄

从青柯坪向右前进到北斗坪，不要将两个山洞弄混了。老丈洞在毛女洞的下面，后者位于北斗坪的北面。再往北是灵芝石。老丈是秦朝生活在骊山的一位劳动者，要想得到更有趣、更准确的历史资料，读者可以参考笔者的《中国长城》一书。"毛女是秦朝宫里的一位嫔妃，皇帝死后，所有的嫔妃都要被活埋在骊山，她得计脱逃，来到了华山，隐居于此。"

我们也没有考察铁牛台北面的猢狲愁，那里悬崖高耸，悬崖顶上据说有四只铁猴子蹲在铁牛台的路旁。"月之三八日，猿千百旅自上方后水帘洞出，遍满溪谷，至此辄回，盖自是境逾险，虽猿猱亦难超越矣。"要进一步了解猢狲，读者可以参考《三才图会》。受到如此鼓励，我们继续前进！

我们没有去攀登公主峰。据说，南阳公主为避汉之乱，曾隐居在这里，十分安全。她家里似乎也发生了"内战"，因为她丈夫来找她时，她拒绝相见。经过反复寻找，除了一只红鞋，她丈夫什么也没有找到。他无法安慰自己，等到想取走鞋子时，发现那只鞋子已经变成了石头。他由此推测，她尘世的一生已经结束，到天上做仙女去了。

另一条醒目的道路沿苍龙岭一直延伸。那是一条非常高的石路，夹在两座大山之间，其中一座就是雄伟的南峰。我们没有收集到任何令人感到刺激的故事：即苍龙是如何从一座山爬到另一座山的，它又是在什么时候被魔法固定在石头里的。幸运的是，对它的崇拜并没有阻碍人们在上面开凿阶梯，人们建造石柱并用铁链连起，这使游人不论什么天气都能在过岭时走稳，或者消除游客对两侧万丈悬崖的恐惧。这些经历使我理解了古代学者的评注：读一篇登山的报道，如夏日冷饮，冰凉透心，"足以使一个疯狂的人冷静下来"。当然也可能出冷汗。

以下描述苍龙岭险峻的资料选自五本著作，其中包括《水经注》：

> 自日月崖转西南行三里为山脊，胡趋寺南历夹岭广才三尺余，

第四部分　白色的西岳华山 | 321

一位隐士的居所，出口通往山上的峭壁，距离山下的平原有数千尺。要靠在绝壁上凿洞插入木桩，然后再铺上木板，才能够到达那儿。

朝圣道上危险的"刀锋峡"

图中：1. 苍龙岭；2. 退之投书处；3. 飞鱼岭。

两厢崖数万仞,窥不见底!祀祠有感,则云与之平也,然后敢度,犹须骑岭抽身,渐次以就进,故世俗谓斯岭为搁岭矣。岭凡两折,中突旁杀如背色正黑。古无栏砌,今可平视徐步岭中,……岭以一线削成四方,之上盖非是则几于天不可升矣……(既然像是在攀登到天国的阶梯,那也没有什么需要害怕的。)

岭尽为龙口,冒以大石,名逸神崖。有镌曰:韩退之投书所。度苍龙岭至其巅,路忽绝,由崖下凿石折身反度曰:鹞子翻身。

多年来,在通过可怕的窄梁时,由于头晕眼花,肯定有很多人跌入了旁边的无底深渊。石柱坏了,铁链也不见了,也许从岩石上脱落了,似乎没人关心有多少无辜的香客惨死在悬崖下。我们停顿了很多次,不是为了回头看,而是意识到前人们所面临的危险,直到有一个好心人建造起保护性的"栏杆"。

和下面一样,这些更高的平台或斜坡上也有无数的洞穴和石室。多数适于居住,有很多显然是人工开凿的。这是人类生活长期以来不安定的证据,以至于成百上千的人还要躲到这遥远而僻静的高山上。一些人肯定是来此修炼冥想的,但也不乏政治避难的官员,后者从混乱的平原被放逐。那里的强盗公然抢劫,官员们则暗中搜刮勤劳的人民。有些来此避难的政客均是勇敢、具有爱国精神和意志坚定的人。他们在此生活,希望有朝一日能重新参加战斗。《山志》的第二卷都是有关他们的记载,篇幅往往都很短。编纂者试图将他们分成三组:"高贤、隐士和仙真。"这些有关成仙的妄想,一方面使人恼怒,另一方面也为整个故事增添了很多情

通往苍龙岭的上天梯

图中：4. 阎王砭；5. 三元洞；6. 金天洞；7. 日月崖；8. 上天梯。

趣，也许他们的生命也和别人一样真实。但要是发现科顿·马瑟①、梭罗②，以及瑞普·凡·温克尔③也和他们一样，都是出于同样严肃的目的，感觉上依然会觉得很突兀。那些只能靠垂直的铁链才能到达的洞穴让我们浮想联翩。

（汉）杨宝，字稚渊，年七岁，行至华山见一黄雀被伤坠地，为蝼蚁所困，怜之因收于巾笥中，采黄花饲之，旬日疮愈，旦去暮来，忽一朝变为黄衣童子，见宝下拜，持玉环四枚，赠曰：俾君子孙洁白，位三公有如此环。

杨震，字伯起，宝之子也，少好学受欧阳尚书于太常桓郁，明经博览无不穷究。诸儒为之语曰：西夫子。（当你想起孔子有东夫子之称的时候，这一称号的意义也就不言而喻了）隐华山牛心谷，教授生读，学者如市，其谷多槐，因称槐市。常居湖，有冠雀衔三鳝鱼飞集讲堂，都讲取鱼进曰："蛇鳝者，卿大夫象数（从那时起大学者的讲堂就被称为鳝堂）三者，三台先生自此升矣。"

（杨震）年五十始仕至太尉，（他成了朝廷三个主要的人物之一）以谮愤饮鸩死。露棺道侧，行路皆为陨涕。顺帝即位，谮者服诛，以礼改葬于潼亭。先葬十余日，有大鸟高长余，集震丧前，俯仰悲鸣，泪下霑地，葬毕，飞去留翎于朝阳山后，人谓之留翎岭。子秉官太尉，秉子赐官司徒，赐子彪官司空，果如黄衣之言。

---

① 科顿·马瑟（Cotton Mather，1663—1728）是美国新英格兰地区的著名科学家和作者。他共出版了400多种著作，并因《美洲志异》一书而获得了英国皇家学会会员的称号。

② 梭罗（H. D. Thoreau，1817—1862）是美国著名散文作家。他为了实践超验主义理论，特意于1845年在沃尔登湖畔自己搭了一间小屋，并在那儿过了两年自给自足的简朴生活。

③ 瑞普·凡·温克尔（Rip Van Winkle）是19世纪美国作家W. 欧文同名短篇小说中的主人公。他喝醉了酒之后，在梦境中跟一帮怪人玩了一盘九柱戏，等他醒来回到家里时，发现人间已经过了20年。他的妻子已经去世，小女儿已经长大成人，而且已经认不出他来了。

壮丽的南天门景色，位于华山这座政治家之山的莲花峰顶附近。

张楷是另一位伟大的学者。他放弃了城市生活,隐居华山。无论他到哪儿,追随他的学者都很多。他学到了做五里雾的本领。一些著名的精神领袖,虽然他们中间有些人面目已经有点模糊,还是吸引了众多来自偏远地区、想从他们演讲中受益的弟子。莲花峰几百年来见证了许多对艺术和科学有造诣的人聚集在这儿,此外还有那些声称熟知青囊的人。现存关于许多这些领袖的奇闻轶事中,有些不乏传奇色彩,但很可能所有的故事都仍然有一些历史的根据。例如下面这则故事就真假参半:

辛缮,字公文,治春秋谶纬,隐居华阴山中……光武征不起。有大鸟高五尺,鸡头,燕颔,蛇颈,鱼尾,五色备而多青,栖缮槐树,旬时不去。弘农太守以闻。诏问百僚,咸以为凤。太史令蔡衡对曰:"凡象凤者有五:色多赤色者凤,多青色鸾,多黄色鹓鶵,多紫色者鸑鷟,多白色者鹄。今此鸟多青,乃鸾,非凤也。"

皇帝肯定了他的结论!郭文也曾来到此地。他住在华山的时候曾在神虎体内获得了"真紫元丹",后来在乾符年间(874—879年)被封为灵曜真君。

我们自己阅读这些山人的故事或者倾听他们的业绩时,一点也不感到厌烦。所以斗胆再添上一些记述概略却饶有趣味的传记:

杨伯丑在隋代的时候名气很大。他喜欢研究《易经》,选择在华山终生定居。一次,皇帝召他到京师去。他在和公卿大臣们交谈的时候,拒不遵循礼仪规则,无论对方爵位高低他都以"你"相称。皇帝赐给他衣物,他在朝堂上当着皇帝的面就穿上了!当有一个人与他谈论《易经》时,他的解答详尽无遗,令人叹服。于是那人就问起他渊博学识的来历，他回答说："在华山我曾受教于伏羲。"

这些历史记载的不足之处就在于此。它们数量丰富，多是奇闻轶事，真假难辨，让人弄不明白究竟杨伯丑从伏羲那儿学到了些什么东西。但总体说来，这也表明每个王朝的人们都相信这些传说。这些地方志具有不可估量的价值。人们从中可以看到千百年来历史的动向。第欧根尼①的浴盆，苏格拉底的灯，柏拉图的公鸡使他们广为人知。但是希腊人都明白，这些人不是江湖骗子，他们留下了自己真实的学说。很多中国隐士也是如此。感谢这些记载，不过，我们并没有计划要详尽无遗地展示与这些大师有关的文献。

大学者顾亭林于清朝的时候曾在这里居住，并且建起了一座寺庙。大约1650年，他在给侄子的信中这样写道：

> 新正已移至华下祠堂（指朱子庙）。书院之事虽皆秦人为之，然吾亦须自买堡中书室一所，水田四五十亩为饔飧计。秦人慕经学，重处士，持清议，实与他省不同。黄精松花山中所产，沙苑蒺藜祗隔一水，终日服饵便可，不肉不茗。今年三月乘道途中之无虞及筋力之未倦，出崤函观伊洛，历嵩少，亦有一二好学之士闻风愿交，但中土饥荒不能久留，遂旋东而西矣。彼中经营方始，因不能久留外也。

他是华山上的大忙人，也是一个杰出的学者，伟大的作家。即使在晚年，他的书法依然十分有名。同时代的所有学者都很尊敬他。他遵守

---

① 第欧根尼（Diogenes，？—前320）是古希腊犬儒学派的代表人物。他反对传统的价值，号召人们回归简朴的自然生活。

了自己许下的所有诺言。在陕西逝世后，儿子将他的棺材运回了故里。

一些华山学者对流行的迷信活动十分反感。《诗集》中有韩愈的一首讽刺诗，题为《古意》。原作的优雅只有诗人才能再现出来，但其论点则很容易明白，原诗如下：

> 太华峰头玉井莲，花开十丈藕如船。
> 冷比雪霜甘比蜜，一片入口沉疴痊。
> 我欲求之不惮远，青壁无路难夤缘。
> 安得长梯上摘实，下种七泽根株连。

这位伟大的诗人认为，任何对人民有利的事物，都应该让那些需要的人容易得到。即使是神也应该这样做！

其他几卷是关于历史的，但是编纂者的前言从著名的历史学家司马迁谈起。司马迁对于《山海经》一书，疑之而不敢非，不敢信其有，不敢谓其无。人们不禁要问，为什么他要致力于那些自觉力不能及的工作呢？但我们很明白，这就是中国学者所习惯表达出来的谦虚。

三位国君来华山封禅的故事是"纪事"之中很好的例子。

> 始皇祭于华山。秦并天下，令祠官所常奉天地名山大川鬼神可得而序也，华山春秋沣涸祷赛（如东方名山川）而牲牛犊牢具珪币各异。
>
> （北周）保定三年，大旱。敕武（同州刺史达奚武）祀华山庙岳。武年逾六十，唯将数人，攀藤援枝而上，晚未得还。即于岳上籍草而宿，梦一个白衣人至，挽武手甚相嘉。武遂觉，益祗肃。至旦云雾四起，俄而澎雨，远近沾洽。帝闻之，玺书劳武。
>
> 开元十二年冬十一月，立碑于华岳祠南之通衢（原因是上幸东

都）。至华阴，上见岳神迎谒。问左右莫见，遂召诸巫问之，有阿马婆者奏如上所见，上加敬礼，诏先诸岳，封为"金天王"。自书御制碑文，命勒石于华岳祠南之通衢。十三年七月七日碑成，其高五十余尺，宽丈余，厚四五尺，天下碑莫大也。

西岳之神并不是最高的神，这从刘元真的故事里可以看出来，他是一个很有洞察力的人。他和几个朋友一起散步时，有个人骑马过来，他对那个人祈求道："幸以吾民为念。"当那人离开之后，他向朋友解释说，这就是华山之神，因为百姓们不爱惜粮食，所以上天派他来收取十分之二的收成。他催促朋友们在下雨之前赶回家。刚到家一会儿，就下起了大雨，后者毁坏了两成的庄稼。

西岳之神在那一次身着便衣。但在正式场合，他身披白袍，头戴白色高帽，服太初九疏之冠；佩开天通真之印；乘白龙，领仙官玉女4100人。

我们从峡谷、裂缝和刀锋峡中走出来，穿过南天门，从避诏崖走上了通往峰顶的道路。那儿没什么引人入胜的壮丽风景，也没有碰上瓢泼大雨。我们更像是貌相威严的地方长官，昏昏欲睡，随时准备欢迎在梦中出现的所有神仙。

第五章　参拜白帝的最佳场所——山顶

金天宫高悬着一块木匾，上书"白帝参拜处"。在这个建筑群的前面，我们受到了两种不同宗教代表的欢迎，他们一起以非常得体的礼节欢迎旅客的到来。其中一批人是来自中国内地会的瑞闻生夫妇和他们两个漂亮的孩子。他们就像候鸟一样，只是为了躲避夏季平原上的酷暑才上到这一英里多高的地方来的。另一批人则是一群道士，为首的是道观的住持。无论春夏秋冬，他们都住在这儿。那位传教士和道士们一起护送我们登上钟楼和鼓楼之间的台阶，进入了方形的金天宫庭院。金天宫不但是华山庙宇中位置最高的一个，也是香客们的目的地。他们带来自己的旗帜，盖上这儿的印记。这样在以后的岁月里，他们就可以向别人展示这面旗帜，以证明他们已经朝圣过华山，不仅仅是到达了城里的主要庙宇，也不仅仅是包括了谷口福地，还包括穿越刀锋峡，翻过令人目眩的苍龙岭，一直抵达南峰长亭，到达真正的南峰。

我被安排住在入口左边的一套房子里。入口处的题词是"于人富足"。这句话看起来非常含糊，让我们想起了贴在旅馆房间里的那些价目表。不过，我们的道士房东却真的非常殷勤，他很快就捧来了一个圆盘，每一格里都放着许多糖果。这里的视野的确非常开阔，我们从这里就可以看到棋盘石。秦始皇或者他的一位祖先曾在那里跟神仙下棋，赌注就是华山，结果还是秦始皇赢了！从那以后，道士们就宣称，他们拥有华山的所有权。说真的，或许那位神仙自己也很想得到它。

眼前的景象足以使特纳①心驰神往：

> 北山白云里，
> 隐者自怡悦。
> 相望试登高，
> 心随雁飞灭。

这是孟浩然的诗。开元年间（公元713—742年），他因得了痈而丧生。恭思道②（文学硕士）将其收入了他自己翻译的一本非常精致的中国诗歌选集，题为《来自中国的小花环》。

在其他名山大川，我们也听到过许多关于秦始皇的传说，但在这里，我们可以找到充足的证据来证明他的存在。即便他和神仙的比赛不那么令人信服，显示他伟大功绩的遗迹也还是不胜枚举。从西一直往下走，就到了当初他统治的中心地带。秦之前，这里是周帝，更确切地说是周王统治的区域。周把领地延伸到了渭河以北。今天当我们把目光投向那边的时候，可以看到洪水依旧在泛滥。周王的都城如今叫作镐林，这个名字让我们马上联想起这儿古老的陶瓷艺术。这个地方现在只是一个非常普通的三流城市，但它对于英国浸礼会传教士和意大利圣方济各会的修士们来说，却是一个非常值得占领的要地。周王觉得这个地方做统治中心有点偏，就把都城往东南方向迁移，选定了河南的洛阳作为新都。即便如此，他们对王国的控制也在逐渐地衰弱，各诸侯国越来越自行其

---

① 特纳（Turner，1775—1851）是19世纪英国最著名的水彩画家之一，以风景画而著称。

② 恭思道（Thomas Gaunt，1875—？）是1899年来华的英国传教士，隶属于英国圣公会。

是，这就跟奥地利、巴伐利亚、萨克森的公爵们以及勃朗登堡和汉诺威的选帝侯们逐渐从神圣罗马帝国皇帝手下独立那样。现在，这些诸侯国中最伟大的秦国就展现在我们脚下，它的疆域从这儿一直延伸到日落的地方。秦侯断绝了自己与周王朝的宗主关系，并自立为王。他的继承者青出于蓝，不但重组了国家，而且进一步提高了秦国的地位。关中成为秦的首府，从这个角度看，它几乎就在我们脚下，现在它被称为西安。我们在《中国十八省府1910》一书中对它进行了描述。现在，我们将从这高耸入云的山巅继续我们对它的沉思。

当我们俯瞰这座曾经遍地烽火的历史名城时，只希望有办法描绘出这座城市的兴盛和沉浮。那些老隐士曾经目睹了太多的世事沧桑，对他们来说，两个世纪简直微不足道。又曾经有过多少来自遥远国度的异邦人，曾对着朝代的兴衰抒发过他们的景仰之情。早在唐代，中国就出现了来自波斯国的景教传教使团，他们还随身带来了许多书籍。当他们按照唐朝皇帝的要求把这些书籍翻译成中文的时候，他们是否曾来过这里，是否曾攀登到山巅以求清静呢？当他们在清晨、中午和晚上吟唱圣歌时，这些山峰可曾回应过他们的低吟？他们是否选择了一些洞穴，供他们的隐士来居住？要是能去探究一下这上百个悬崖居所，看看有没有什么花卉图案的装饰，后者是这些波斯传教士在马拉巴尔和马德拉斯以及在波斯和中国留下的足迹，那将是很有意义的。皇帝命令雕刻的那些刻有景教圣经译文的珍贵石碑也许被塞在了哪个墙缝里，或者被放在某个古老道观藏经阁最深的壁龛里，可它们也许还是会被人挖出来。经历了许多冒险和逃亡之后，也许能在西安城下见到他们竖立的纪念碑，上面用中文和波斯文镌刻着长长的铭文，讲述他们是如何被巴比伦的大主教派遣到中国，又是如何在朝廷里取得成功，如何使当地的信徒皈依，以及他们如何训练了中国的神职人员。

我们有理由猜想，横匾上的题字"白帝参拜处"多少透露了遗存的

被称为藏龙的自然堤道。从某个角度讲,这是美丽华山进香道路上最危险的部分。

一点点景教教义。我们知道,道家学者鲁某受到了景教教义的影响,赋予道教独特而又不完善的景教色彩。作为创始人,鲁为各个秘密教派制定了教义,并且建立了很多秘密团体,隶属于这些团体的成员都必须崇拜一个白脸神。无论我们的猜想是否正确,这个半空中的山巅庙宇的确是参拜白帝这一大神的一个绝佳场所。

景教教徒们的身影刚从我们眼前消失,又出现了另外一群人。有一个是鞑靼基督教徒,一位大臣的儿子,他选择了隐居生活,并在一个洞穴里住了下来。从河中府来了另一个修道士,他们决定一块儿去耶路撒冷朝圣。皇帝把礼物和一份对他远在西方的家族的委任状交给了他们。他们离开了故土,取道西南,经喀什到了亚美尼亚、格鲁吉亚、君士坦丁堡、那不勒斯、罗马、加斯科涅,最后回到了波斯。他们在那儿获得了大教堂里最高的职位。一个鞑靼隐士居然成了巴比伦的大主教!

接着,我们看到从遥远的西方来了一支威尼斯商人的往返商队。他们到了哈拉和林,[①] 发现这个伟大的鞑靼汗还有别的访客,其中甚至有一个名叫巴兹尔的英国人。他是否酷爱登山?他是否登上过这个悬崖,满怀渴望地眺望遥远的家乡呢?

光线暗淡了下去,这些基督教堂与它们在幼发拉底母教堂的所有联系被切断了,黑暗吞没了一切。当我们再次观察脚下的这座城市时,这个一度兴盛的基督教运动没有留下任何痕迹。另外一个景象出现了:一个意大利人从海边来到了这里,惊奇地注视着这座圣山,并且对那块牌匾的记载产生了怀疑,不相信900年前这儿曾经有过一群波斯人。随后,我们眼前不断地跳动着各种各样的图像,直到我们看到匆匆忙忙的信使到来和全力以赴的准备工作。西安府再次成了首都。一个凶残的皇太后,出于对死亡的恐惧,从禁宫里逃了出来,赶到了这座圣山,并向华山之

---

① 哈拉和林(Karakorum)是古蒙古帝国的旧都。

神祈祷以求帮助。这个帝国兴起的地方，正好是它结束的地方！当一个历史学家兼探险家来到这座高山时，还有什么能比看到两个宗教团体的代表站在一起欢迎他更让人开心呢！要知道，这些年来为了争夺对中国的控制权，这两个宗教团体之间的斗争从未停止过。

当我们站在这儿从容地注视着这片中国最伟大的地区之一时，很容易联想起古代的圣人。我们脚下就是这个帝国的发源地：就像阿尔弗莱德王的温彻斯特，迈尔斯·斯坦迪什①的新普利茅斯一样。除了这些联想，从这个天然摩天大楼的顶端看到的美景确实是语言无法描述的。一片雨云从窗前卷过，遮住了眼前的美景，我们的注意力完全被闪电在云层之上的表演吸引住了。"神雾"散去，夕阳的余晖又一次闪现在眼前。老子对"道"的描述同样也适用于华山的夕阳。

　　致虚极，守静笃！

"华岳"图告诉我们，陈抟就是在这座山峰上"养静"。地球上恐怕再也没有比这更好的养静处所了。希夷的题字如下：

　　一片野心都被白云留住，
　　九重宠诏休叫丹凤衔来。

不远处就是静笃殿，"一个道士的肉身坐在神殿上，一点都没有腐烂，穿衣著履，就像一个活人般立在那里"。我们没有见到他，也没去参观宽8寸、长100尺的"长空栈道"。"人走在上面，就像走在半空

---

① 迈尔斯·斯坦迪什（Miles Standish，1584—1656）是新英格兰普利茅斯殖民地的军队领导人。

中一样。"一个去过的人对它的描述是如此有趣："一对锁链悬下来，人下到锁链的尽头，那里有楔进悬崖的长铁钉，上面铺着一块窄窄的木板。齐胸的高度横着一条锁链，香客面向悬崖，张开双臂，双脚同时横向移动。这条路的尽头就是安静的避难所！"

要知道，我们现在所在的南峰是华山的至高点，也就是华山的顶峰，而且"山顶上笼罩着一个厚厚的光环"。南峰位于另两座山峰之间，"如人危坐而双引其膝"。峰顶的池塘就像一个摔破的水瓶，池里的水清澈见底。南峰上有五个排成一线的突出部分，中间是落鹰峰，东边是松桧峰。老祖洞就在南峰的最高处，又叫至高洞。李白登上了落鹰峰山顶之后说："此山最高，呼吸之气想通天帝座矣，恨不携谢朓惊人句来搔首问青天耳。"南峰诸峰中的落鹰峰最有名，但最高的却是松桧峰，正好就在诸峰中间，被称为南峰之主。

金天宫是白帝的祠堂，位于松桧峰山腰。从祠堂后面往上，向东就可到达南峰的最高峰，《姚志》中是这样说的。我们发现这个记述没错。只是我们没有见到住在净天池里的那条龙。我们还有许多地方没有游览，不过我们参观了摩天崖。

暮游南峰之巅进一步证实了我们的最初印象。如果离开了寺庙庭院，我们就能看到我在18个行省所欣赏过的最迷人景色。五座高耸的山峰构成了美丽的背景，其中的四座山峰环绕着我们所在的第五座山峰。到处都是茂密的植物，其色彩很像是热带植物，然而要更为温和一点，因为海拔高度补偿了纬度。这个地方就像天堂一样，金天宫的环境更是无与伦比，令人流连忘返，难怪各个朝代的隐士都会聚集在这儿，与自然和谐共处。这儿的大自然是多么美妙啊！除了野草莓之外，这里似乎找不到什么能吃的东西，我们曾期盼这儿有欧洲越橘和其他山区的其他特产，但结果没有找到。上述《华山志》里列出了57种不同的山区特产。不过，我们可以尽情欣赏兔铃、紫罗兰、荷兰石竹以及山谷中洁白的百合花和白桦树。与蓟混生的大量的欧洲蕨让人联想起苏格兰、瑞典等北欧国家。对隐士们来说，这里是一个非常安静的聚集地，他们可以在这儿抑制那些爱慕虚荣的思想。

对于陈抟这样的睡仙来说，这里非常适于睡眠。我们发现华山是一个绝佳的睡觉天堂，不幸的是，虽然睡得很好，可却几乎无梦。我们本来希望能做些好梦的。我们也做过一次梦，可仅仅梦到在美国宾夕法尼亚州《多伊尔斯顿日报》上发表了文章而已。我们本来应该可以见到西岳之神和他的4000个仙女来访的，可我们没有，而仅仅梦到了一份《多伊尔斯顿日报》！尽管我们一心一意想做个好梦，可我们的热情还是无法与甘宝相媲美，他昏睡了七天七夜，醒来之后把自己在另一个世界的所见所闻写成了一部书。

我们所住的地方在最高峰，但并不是在这座山峰的顶点。山顶的那块平地离我们只有一臂之遥，人们当然不会满足于让它这么简朴而自然地矗立在那里。一个小小的石头牌坊构成了通向一个小神龛的入口，这里有一个南阳池，还有一个浴月池，周围的岩石上铭刻着各种各样的题词。我们把它们全都抄了下来，希望通过研究这些刻在这个最神圣山峰绝顶上的象形文字，或许可以窥视人性深处的一些东西。下面是27个题词中部分内容的译文。

> 高石路通金神（秋神）。水池。后殿。殿内。北西庙（这个名称非常奇怪，因为中国人习惯于说西北），南阳（池）。石门。高亮。杨庆书于白昼。高峰群集。峰登巅抵。太华头。辛亥之秋（1911年）民国兴。三重天。袖梯天生。仙境外景。民国五年六月初六（1916年7月），安庆陈树藩题："天地奇景，圣灵特成。"

南峰和西峰之间有一条巨大的堤道相连，这条堤道只比苍龙岭稍微安全一点。西峰极为孤独和神秘，就像莲花的花瓣那样覆盖着一个悬崖。它的下面就是一头石龟，伸着腿，昂着头，像是要走的样子。据《华岳志》记载，西峰寺的下面就是著名的舍身崖。我们在从青柯坪向上攀登的途中曾见过那可怕的崖壁。《鸣钟记》将连接西峰和南峰的堤道称为"回龙道"，它跟苍龙岭一样蜿蜒曲折，但要比苍龙岭宽一倍。

中峰的神宫恰巧位于一个盆地中，可免受暴风雪的侵袭。我们去那里主要是为了和吴泰周①夫妇会面。他们也把自己那个害羞的小家伙从黄色的墙壁、黄色的街道、黄色的尘土中带上了山，让他在鲜活的绿色中振作起来，以便使他们还能继续在冬天的潼关工作。潼关是黄河拐弯处的一个要塞，距离这里不到15英里。

7月的某个星期日，17名道士在位于圣谷的中峰神宫聚会，"各派"道士都派出了自己的代表。这天是祭祀火神的日子。在这个星期日，由于祭品太多了，使得灰烬飘满了庭院，也弄得祭祀者满身都是灰。这些道士在聚会时讨论些什么是他们自己的事情，或至少是跟华山有关的事务。他们多久才会进行一次跟日常生活无关的宗教性会谈呢？这么多的教会、典礼或学说等问题消耗了道士们的大部分精力，而时代的伟大运动和未来的趋向却常常被忽略。基督教教会的会议和聚会是否也会给一位中国参观者留下这样的印象呢？

我们的住所算是这儿主要的大建筑了。在夏季，这儿每天都挤满了香客。不但有强壮的男人，还有小脚女人，她们的小脚踩在特别为她们凿出的凹坑里，靠铁链把自己痛苦地往上拉。随着夏季的消逝，这儿的道士就会去参拜六个墓穴，然后检查自己的粮食储备，以确保自己的储备在必要时可以维持3年。朝圣的人群渐渐散去，夏季的寄膳者也打起包裹下山了。群山披上了银装，给人另一种可爱的感觉。因为雪从9月

---

① 吴泰周（J. E. Olsson）是1910年来华的内地会传教士。

会一直持续到来年5月，所以山路无法通行时，道士就会在自己的冬季隐居所安顿下来。在此期间，他会进行雕刻、修理、给神像镀金，还是为了信仰而专心研读经书？他会不会去审视自己的灵魂，看看自己是否相信那些零售的和学到的教义？他的拜访者从遥远的斯堪的纳维亚带来的书籍会不会引起他的阅读兴趣？另一个宗教的捍卫者在阿拉伯独处的三年中才发现自己的知识是多么匮乏。

在那个"于人富足"的房间里美美地睡了一宿之后，凌晨4点左右，我们就被破晓的晨光所唤醒。在峰顶逗留的时间有限，最好不要浪费每一个小时，因为时间过得实在太快了。我们在海拔如此高的地方漫游，攀登峭壁，探索庙宇，很快就搜集到有关这个鲜为人知的疗养胜地的大量珍贵资料，足以写出整整三卷书。在这儿还必须补充几个例子。

神炉殿，又称老子炼丹炉，就在西峰的西南方向，落鹰峰的西北方向。这炉子有10英尺宽，甚至超过了10英尺，高约6英尺。走廊上雕刻的一个小小的蓝色神像是这座道观的标志，该神像描绘的是"阎王"。道观里有奇怪的三个雕像组合：观音（这名字的意思是倾听祈祷的人）、老子，还有一头牛。事情也许是这样的：这位哲学家从前确实曾骑着一头牛渡过一条涨水的河，虽然这个联系有点奇怪，但也许我们还记得另一位最伟大的智者[①]曾经骑着驴穿过汲沦谷的事情。不过仔细一想，也可能是老子曾用此牛耕过田，可是香客们并没有去崇拜那头牛。这个神殿的特色在于，将硬币放在这个神炉里加工，然后再在神烟中熏过之后，就可以用相当于等量金子的价格卖出去，把它挂在小孩脖子上，"这样他们就不会得病了"。在人们都受过教育的今天，一想到这种披着宗教外衣的虚伪之事，确实让人感到恶心。

但这个神炉的作用并不限于此，道观的这个神炉正在加热一个大锅

---

① 即耶稣基督。

华山绝顶薄雾中的神炉殿。相机架在浴月池旁,请注意刻在天然岩石上的那些大字。盖洛 摄

炉，那里面是长生丸。我估计，跟丹一样，中国的长生不老药会准时在满月后的一分钟炼成。我们没能去参观中央湿地，长寿百合就长在那儿，我们真应该选择去看它而不是那个长生丸。

别忘了那个被称作"华山头"的巨石——可是谁又能忘记呢？《万志》中称其为劈斧石，有100多英尺长，正好位于西峰的顶端。它被分成了三块，传说是被一把斧子劈开的。为了找到观看这个华山"斯芬克斯"像的最佳视角，我四处漫游。这个巨大的人头像不是人工雕刻出来的，而是由一种自然的——或不自然的——岩石形成的。穿过"峰谷关"，南峰金天宫的钟楼是观看这个头像的最佳地点。在那儿，你可看到一个被勒杀巨人奇妙而神秘的幻象——张着嘴，吐着舌头。

这儿的闲暇使我们有机会从香客那里获取了一些信息。在其他地方，我们都曾看见过这些香客紧锁眉头，带着急切的表情上山，或者欢快地迈着大步，心情舒畅地下山。在这儿，我们看到这些香客在自己朝圣的关键地方有了片刻的空闲。他们中的有些人显然属于"缺少美德的人"。吴泰周先生说，有许多香客声称，他们登上圣山是为了逃避麻烦。无论这种麻烦是来自政治、经济还是罪恶，对他们追根刨底显然是不明智的，因为我们知道，在任何时候，避难者都会把这儿当作一个避难所。一个满脸愁苦，穿着补丁衣服的香客吃力地往上爬着，他谢绝了所有的普通食物，啃着他自己从半山腰找来的根茎和野草。他也是在逃避麻烦，难道是消化不良吗？那些隐士来到这儿同样也是在逃避麻烦：五云峰附近的道观里有一个富家子弟，他跟家里人闹翻了，家人除了枪子儿什么也不会再给他了；可他在这儿是安全的，而且他会一直待在这儿。我们和道观里一个卖香兼打扫的道士攀谈了起来，他穿着侍者的衣服，挽着道士的发髻。他曾经是个学者，还当过地方官员，但是为了逃避麻烦，他离开了自己的职位、家和家庭成员，到这里过起了卑贱的出家人生活。

外在的麻烦可以通过到山上躲避或通过调节社会来消除。但神怪是

站在华山顶峰金天宫御阶上的道士,金天宫是所有香客的目的地。瑞闻生夫人 摄

否真能在玉泉院驱走麻烦？"铁门"是否真能把麻烦拦在外面？或者神炉是否能把麻烦熔化？其实并非靠改变地点，而是靠改变心境才能带来宁静，并消除那些源自内心的麻烦。让我们从大量的记录中再选两三个例子，来看看那些到这儿来躲避麻烦的香客吧。

裴元仁很小的时候，一个算命人就说他的眼睛很像北斗星，后背以下很像星神河魁，他在仕途上会一帆风顺，并能成仙。这个算命人还教给他五条神诀。随后的11年里，他坚持按照神诀修炼，最后练成了夜视眼，能在夜间看见东西。23岁的时候，他被任命为一个州的主簿，后来被提升为冀州（今天直隶、山西和河南三省的一部分）刺史。一天，一个神仙骑着白鹿翩然而至，来到他的房间。这个神仙就是赤松子，一个著名的隐士，即传说中的帝王神农时代的雨帝。了解到裴在道术上取得的进步后，他特地前来鼓励裴，给了他一些帮助，并许诺只要坚持练下去的话就一定能达到目的。裴辞职上了华山，在一个石室里沉思了23年。最后五个古人来到这里，裴向他们磕头。第一个穿着绿色的长袍，戴着绿帽，拄着绿杖，佩着绿符，这是东方之星（木星），泰山的山神，他送给裴一套绿色的书。第二个穿着白色的服装，白帽，拄白杖，佩白符，这是西方之星（金星），华山的山神，他送给裴一根白色的草药，还有三套白色的书。第三个穿黑衣，戴黑帽，拄黑杖，佩黑符，他是北方之星（水星），北岳之神，他送给裴四套黑色的书。第四个穿着红色的衣服，戴红帽，拄红杖，佩红符，他是南方之星（火星），南岳之神，他送给裴两套红色的书。最后这个是中央之星（土星），嵩山之神，穿着光芒四射的黄色衣服，戴黄帽，拄黄杖，佩黄符，他送给裴八套黄色的书。裴元仁再次磕头谢恩，并接受了这些礼物。他吃了草药，钻研这些五彩书，学会了飞行，还可以隐身——这对政治家们来说可是一个很好的技艺——去环游世界，在不知不觉中窃听私人谈话。最后，他遇到了另一位仙人，后者送给他最后一套法书。他上了天堂，成为清灵真人。

在《云笈七签》中不是有记载吗?

现在把这个古代的故事和关于陈阐德的现代故事做一个比较。陈是河南省临颍县的一个地主。这故事是一位令人尊敬的传教士贝恩霍甫女士告诉笔者的。上世纪末,陈在某县的一个集市上听到了一种新学说,他入了迷,就四处打听在哪里可以经常听到这种学说。之后,他每月一次步行90里到中国内地会的一个传道站去听演说,最后他登记接受洗礼。接着就发生了义和团运动和大屠杀,所有的外国人都被迫离开了。他担心自己也会受到袭击并被杀死,对没能接受洗礼感到非常沮丧,因为他也许不能获得永生了,而且现在再也没有外国人来介绍他入会了。虽然在传教使团的驻地并没人告诉过他,为了获得拯救就必须经过洗礼,但他却已经有了这样的猜测。有一天,他要过一个渡口,从船上跳上岸时,他失足掉进了水里。"我湿了半身,这是上帝给我的一个启示。到底是什么在阻拦我给自己洗礼呢?"于是,在那些乘客的哄笑声中,他唱着一首赞美歌,在河水里连续浸了三次,然后回家了。在路上,他高兴地想,假如他现在被杀死,也一定能够升入天堂了。但是,在重新考虑了这件事之后,他开始对这件事的正确性发生了怀疑:毕竟事情是缘于一个偶然事件,并不是他刻意去给自己洗礼。因此,他又选了一个日子,先在家里作了祷告并唱了赞美歌,然后来到那条河,举行了正规的洗礼仪式:唱歌、祈祷、以圣父、圣子、圣灵的名义把自己在河水里浸了三次。这以后,他的心安定了下来,也找到了平安——内心的平静安宁。自从找到了自己新信仰的真谛,他立刻开始着手拯救自己的朋友和邻居。他把自家的前房改成了讲道厅,在每个礼拜日传道。他还经常祈祷传教士能够再回来,办一个真正的福音堂。后来,那些外国人真的回来了,而且在铁路边的郾城兴建了一个教堂。这样,陈去那儿就只须步行60里,而不是90里了。陈说,这就是上帝对他的仁慈。在第一次交谈中,他表达了加入传教队伍的愿望,他的美丽故事也就传播开了。

在经过询问之后，所有的困难都解决了，他受到了传教士们的热烈欢迎。现在他的工作就是探索灵魂。因为要去市场和集市传道，他经常把自己的农活撂在一边。有一年，他的庄稼长得特别好，他觉得这是伟大的神的恩赐，贮存了足够3年用的粮食，他就可以把自己全部的时间用于传播福音了。在驱使人们皈依主的过程中，他表现出了极大的热诚。后来，出现了他一生中最大的一次考验，看他是否在家里也一样保持着自己的信仰。他的老婆去世了，他又娶了一个年轻的女孩。当然，他对她的灵魂也非常关心，发现她热衷于说闲话之后，他非常苦恼。他曾经以为她的灵魂被魔鬼占据了，所以把她在家里关了整整三天，为她斋戒并为她祈祷，这感动了她，之后他对她的担心少了一些。后来他做了一个梦，这个梦让他感到非常不安。他梦见世界末日来临了，当七个魔瓶的水都倾注到地上时，他看见自己的妻子待在一个很深的陷阱里，他够不着她，所以向她扔土块，好把她赶出陷阱，而她只是在黑暗中退缩，水从瓶子里涌出来，很快她就不见了。在极度痛苦之中，陈先生把这个梦告诉了传教士，当得知这个梦境针对的是他而不是他妻子的时候，他大为惊异。"如果你的一只狗掉进了洞里，你向它扔石块，这狗会出来吗？带上一块肉，把狗引出来不是更好吗？你那样对待你的妻子并不能解决问题。回家去，用爱和友善，引导她变成一个基督徒。"陈先生真诚地接受了这个建议，果然使他的妻子皈依了基督教。人们经常为他的认真而感到好笑，并取笑他。但是他死后，他的祷告应验了，同村的很多人以及他的邻居们都信了基督教，而且声称"他身上的确有清楚的标记，表明他是被上帝选中的人"。

借助五彩书和仙丹可以消除麻烦吗？只要有足够的剂量，这些丹药足以杀死一头大象。在某个安息日，我们在山顶看到了同样的尖锐对立。道士们焚香，敲锣，在自己的神像面前鞠躬，念念有词地进行着自己也不明白的宗教仪式。与此同时，也是在金天宫，正在举行一场基督教仪

从进香索道上看到的美丽华山，距下面酷热的平原有几千英尺高。盖洛 摄

式，那古老的西亚圣经手稿用我们都能听懂的语言来进行诵读，人们吟唱着洋溢着圣徒的抱负和欢乐的颂歌，就连一个简短的演说也投入了全身心的真诚。当我们这样振作自己的心灵和表达了我们的崇敬之后，我们又用中文举行了礼拜，以便所有期望在这里得到拯救的人都有机会倾听真理的启示，这儿没有用神像、鼓声和香气来迎合人们的感官，只有质朴和有尊严的诉求。

我们怎么能忘得了这两种人的热情欢迎，以及当我们要返回平原时他们的依依惜别之情呢！这些如此好客和友善的道士何时才会停止他们那种空虚的生活，并不再重复那些古老的仪式呢？这个幽静的顶峰，这个与世隔绝的美丽华山头上何时不再会有隆隆的鼓声和铃声响起呢？金天宫何时不再成为一个崇拜白帝这个山河之神和全球之神的地方，而变成一个尊崇精神和真理的最佳场所呢？

第五部分
黑色的北岳恒山

恒山

信足以昭圣代之典章，还山灵之面目，非徒向所谓貌与文与，粉饰附丽者也。

——大同府知府嘉祥

第一章　乘坐牢固的马车

我们朝山进香的旅程进入了最后阶段。很久以前，汉人曾横渡黄河，经过要塞潼关，然后沿着大路上前人留下的车辙向东北进发，穿越山西，到达太原，然后翻越五台山，经过内长城，抵达圣城浑源。然而对现代的朝山香客来说，绕远路反而走得更快，一旦乘上火车，很快就能到达郑州。到达了铁路主干线之后，火车便载着朝山香客穿越正定府——很快——穿越直隶到达首善之区（北京）。再往前，朝山香客没有选择从中国北部通往蒙古的五条邮路之一，而是选择另一条路线，后者或多或少与那些通往蒙古的大路有些重合："一条充满难忘回忆的大路。"在这条路上，骆驼队与钢铸铁轨并行，我们的列车车厢就在这条铁路上隆隆前行。

舜帝"要去恒山祭祀，可他的仪式是在远处举行的。因为雪下得太大，他无法到达那里"。舜帝！他每个眼睛里有两个瞳孔，并发明了惩戒学生的教鞭，哪位老师不会鞭笞一个借口下雪而不到学校学习的逃学男孩呢？舜首次在地方官的官府内使用了鞭子，哪位官吏会接受原告关于遇到暴风雪而不能出庭的借口呢？舜帝并非普通的旅行者，他还非常虔诚，曾到他帝国的很多地方去祭祀过，为何他在前往北岳恒山的道路上却畏缩不前了呢？

即使对帝王来说，采用一种新的礼拜方式也是非常大胆的行为，很可能被后人作为一个先例，即在远处举行祭祀的先例。然而舜并没有顾虑这座圣山对他的革新是否认可，因为神圣的北岳真的派出了自己的一

北岳恒山之印

部分来接受远处的献祭。"突然一块石头从恒山飞来，落在舜帝面前"，也就是离主峰东南 140 里的地方。这块石头落在了曲阳。舜帝喜出望外，立刻封其为安王，这就是当年舜帝在远方献祭时接受祭品鲜血的那块石头。

这个故事引发了很多问题。难道恒山以前是一座火山，能够把一块巨石喷射到大约 50 英里远的地方？难道这个故事是术士们虚构出来，以掩盖某种政治变化的吗？恒山位于内长城以外，多次被异族所统治。完全可以理解，有时候信徒不可能到那里去，建立另外一个祭祀中心会更方便些，只要使这个祭祀中心与原来的中心有某种人为的联系即可。爱利亚·卡皮托林纳占据了耶路撒冷，颁布法令，禁止犹太人进入耶路撒冷周围五英里的范围之内，提贝里亚斯不就变成了每个虔诚的以色列人的中心了？当麦加人驱逐了穆罕默德以后，后者又设法在麦地那建造了一个新的礼拜地。当主教们觉得罗马人过于狂暴时，阿维尼翁便成了他们的避难所。所以，当外来的野蛮部落占据了内长城以外的所有地方时，曲阳是否就成了北岳恒山的一个临时替代品？

虽然我们并不准备完全接受这一说法，而且有些中国学者对此也表示怀疑，因为《州志》第十卷一开始就有这样的话："顺治十七年，谕令在浑源建一座庙。人们一致认为这非常重要，因为千百年来的错误一下子就得到了彻底纠正。"如果，这位作者的年表是正确的，那么，从汉代到大约1660年期间，真正的恒山一直难以到达。只有到长城外的满人征服了中国后，才使中国人有可能方便而安全地再次前往古岳，而不是去境内的替代地。

这很有启发性。欧洲的朝圣者以前习惯于前往拿撒勒，可是当撒拉逊人使朝圣变得极为困难时，天使们便把"圣母玛利亚在巴勒斯坦出生的家搬到了伊利里亚的特尔萨特镇，三年以后，这个房子在天使的帮助下又搬到了安科纳附近，最后，按照上帝的意志，它在现在的地方安顿了下来"，这个地方就是劳莱顿。1894年之前，这种记载得到了一个又一个教皇的认可。有鉴于此，上述舜帝朝山的故事例证详细，易于理解，谁又会怀疑将恒山的一部分运到曲阳实际上就是为了给舜帝提供方便呢？这位虔诚的先帝是盲人的儿子，活到110岁时仍然去朝圣。他的德行不可磨灭！更重要的是，他发明了这种"在远处"遥拜北岳的仪式。如今我们很容易改善他的这种祭祀方式，那就是通过无线电，倾听华盛顿或别处的圣歌，从布道一开始就听，快到募捐时轻松地关掉机器。舜是大众的恩人！

一千多年以来，在真正的恒山举行封禅仪式一事也提出了另一个问题。在此期间，有谁记得哪个是最初的那座山？这很重要，从公元326年耶路撒冷发生的一个事件中就可以看到这一点。海伦娜皇后在一个知道内情的犹太人指点下，在一个地方挖出了三个十字架，这三个十字架被依次抬到一位生病的妇女那儿。前两个十字架毫无作用，但第三个十字架治愈了她的病。为了进一步证明此事，人们挖出一具尸体，分别放在这三个十字架上，结果，第三个十字架使她复活了。此外，在第三个十字架上还能见到铭文。这就是"发明十字架"的重要传说。它向我们表明，虽然过去了千百年，但是我们可以通过试验来确定最初和真正的

云阁虹桥

北岳确实就在恒山!

总之,结论似乎很明显,在夏、商、周这三个古老朝代期间,最初的北岳就在山西,献祭就在那儿进行。直到北部领土丧失以后(在 10 世纪被契丹占领?),献祭才改在了直隶的曲阳举行。即使在那个时候,浑源附近的山峰仍然被视为圣山。这个观点在明朝仍有人提出来。

《山海经》中有几条注释似乎值得在这里复述一下,还有沈先生的《笔谈》:"浑源州恒山距阜平大茂山三百余里,峰峦相接。盖恒山周三千里。"大茂山经常被当作北岳。《福地记》认为恒山高 3300 丈,方圆 20 里。《名山记》确认了这一数据。也就是说,在周长 1000 英里的范围,有两个相距 100 英里的山峰都曾被称为北岳。更被人们接受的那座恒山,也就是我们要去朝圣的那座山,方圆约为 7 里,高达 33000 尺!喜马拉雅山脉中的珠穆朗玛峰还没有那么高,因此我们感觉并不轻松,肯定不能指望爬到山顶,而是打算像当年的舜帝一样,爬到一定的高度就退回来,在远处拜祭!关于山的高度如何测量,我们已经在其他地方解释过了。

恒山的不同部分有五个不同的名字,所有这些名字都是吉兆:华阳台、青峰埵、福地山、大茂山、兰台府。由于汉文帝的字号里有"恒"字,所以他下令使用"恒"字的同义词"常",这两个字都是"长久"的意思。这表明了东西方人心态上的差异:一个西方的伟人对于自己的名字被用于一座山峰、一个城市或一所大学,会感到非常高兴,他喜欢通过地理名称而使自己变得不朽,可是东方人更喜欢保留自己名字的版权,不愿被别人模仿。试想,如果有位罗德岛州州长的名字碰巧也叫罗德的话,他会下令把这个州改名叫作斯特里特[①]岛吗?

[①] 罗德(Rhode)是"道路"(road)的谐音;"斯特里特"(street)意为"街道"。所以这两个词是同义词,就跟"恒"与"常"一样。

另一个名字更有意义。唐朝的一个皇帝为它赐名镇岳。这与我们发现在中国流行的风水思想无关,而是反映了真实的军事位置:因为该山脉位于内外两道长城之间,清楚地表明了边境的重要性。对于这一点,可以看一下张崇德在将恒山与其他各岳比较时的详细论述:

> 山以泉石幽奇,物华丰美,则恒诎;以攻守要害,障蔽邦国,则四岳亦诎。衡山僻在南服,非用武必争之地;岱宗特起东方,绝不包络郡邑;南徐、北青以为望,而不以为固也。洛阳之守在虎牢,不在嵩;长安之望在潼关,不在华。独恒山南苞全晋,东跨幽燕,西控雁门,北缠代郡。都之南以肩背扼边疆,都之北以嗌吭制中原,形势甲天下。

马汉①重视海洋的力量,福煦元帅②重视陆地的防御工事,而这位张先生则从军事战略的角度来评价五岳。

北岳还有比这更突出的一个特点。沈先生告诉我们,它距离大茂山 300 里远。这里的大茂全称是菩提达摩,是 Bodhidharma 的中文写法。后者是印度佛教的第 28 代宗师,于公元 520 年来到中国,九年后在洛阳去世,那儿至今还陈设着他面壁时所坐的石头。看来他的名声在北方传播得很远,他的名字被用在了"常"山山脉的其他山峰上。克里斯托弗·哥伦布本人的足迹并没有遍及整个南北美洲,可是前往阿肯色州、佐治亚州、伊利诺伊州、堪萨斯州和其他 15 个州的游客却可能会草率地认为哥伦布曾到过这些地方,更别提南美洲和斯里兰卡了。大茂山虽

---

① 马汉(A. T. Mahan,1840—1914)是一位历史学家和美国海军军官。他是海上霸权理论的早期倡导者。
② 福煦元帅(Marshall Foch,1851—1929)是法国的陆军元帅和第一次世界大战中的协约国著名将领。

第五部分 黑色的北岳恒山

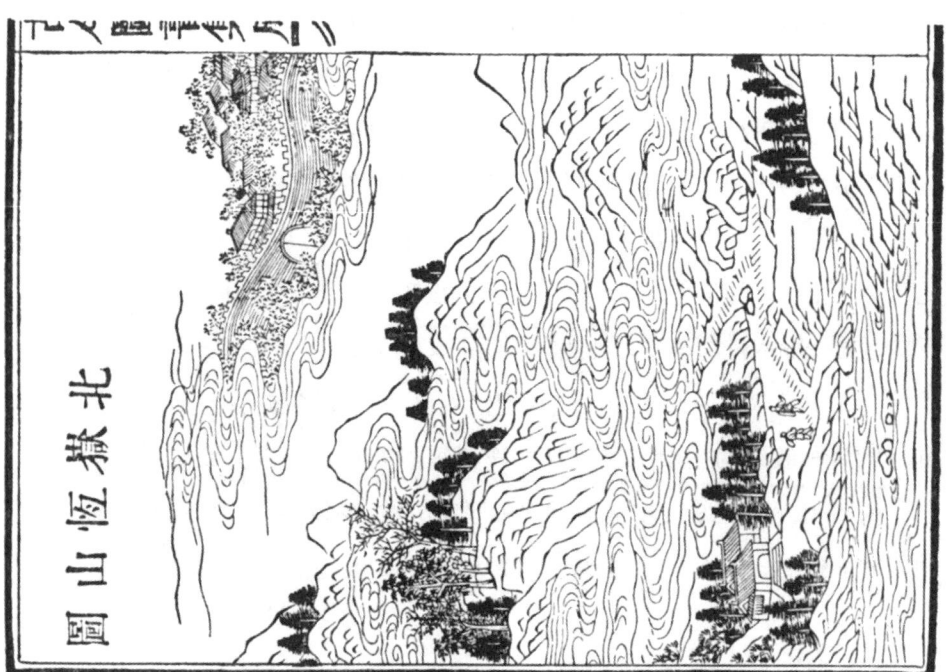

北岳恒山图：方舆汇编山川典第四十一卷恒山部汇考一之二。

然并不能证明那位背井离乡的印度人曾在那里居住过，可是却能证明在道家的北岳附近有很多"佛教"信徒。

《恒山志》进一步注明，恒山北连玉华峰，东连柏山，南连枪峰岭。这座山的主脉来自阴山，延伸穿过北部平原，向西、向东到达夏屋、书厓；然后突然折向南，形成了恒山，从南面形成了太行。这种描述实际上还见于《元史》，说明当地的地理学家能够做出清晰地描述。

我们的火车穿越了南口关，两侧各有五尊佛像，我们在《中国长城》一书中对此有过描述。接着，火车把我们送到了山城大同的北门，那里是著名人物张果的故乡。晚上8点，我们发现还有十里路要走。这使我们想起了舜：难道我们只能从远处看看这座山峰吗？可以考虑乘坐骡车再走50英里。不过，我们抵住了诱惑，当天晚上和车主谈妥，第二天把我们送到圣山。

在大同的时候，我们要特别说明，北岳恒山在宋代被称为安天元圣帝。明代则将它改名为北岳恒山之神。它主宰扬子江、黄河和淮河，以及所有跟四足驮兽有关的事物。我们不仅跟车主订了契约，还与警察进行了谈判，结果给我们派了一个侦探。由一个陌生人去打搅这座山峰将会是一个坏的先例，而指派这样一个厉害的保镖则更简单一些。

那天晚上，我们住在约翰·格沃蒂·基尔的名花旅店。侦探委婉的暗示和店主名字的含义①都预示，明天的旅程一定会非常热闹。一个车把式赶着一辆乡村马车按时到达，车轮子又大又结实，这是为了经得起颠簸，而不是减轻颠簸的程度。我们沿着马营街隆隆前行，穿过正在进行维修和装饰的木质牌楼（这些牌楼每隔五年都要进行修缮），来到了南门街。这座城市完全被通常很厚实的城墙所包围，只有通过锁钥门才能进出，这个名字好像刻意令人想起长城上的北门锁钥。我们

---

① 基尔（Kill）在英语中的意思为"杀死"。

拐入宽阔的巷子，两端都有栅栏门，两边都是高耸的石墙，在上面还有须仰视才见的城墙。谁能够忘记，这样的碉堡在1900年会成为少数欧洲人的死亡陷阱呢？当时的大同有一群苏格兰人、爱尔兰人、英国人、加拿大人和瑞典人在传教，他们用自己的鲜血完成了自己的誓言，就像在佩思的战场上一样，一人倒下后，总会有"另一个人来面对赫克托耳"，现在这里又有一群出色的人投入到为这座城镇谋福利的传教工作之中了。

我们从南关向左转，经过东门离开了南郊。一离开城墙环绕的坚固堡垒，情况就不一样了，因为我们进入了开阔的乡村耕地。打谷场讲述着农民的勤劳，路边新栽种的一排排树木所引起的询问证明了我们的一个看法，那就是山西的总督比较新潮。他最近发布了一条法令，每年每户都要栽一棵树，并照顾好它。砍树很简单，却很少有伐木者想到要种一棵小树苗来为子孙后代谋福利。当地人都称赞这位长官造林的做法，而且他声称要敬畏三件事——这种说法无疑使人们回想起孔子。倘若这位地方官员有时间来关注其他部门，我们就可以私下建议他整顿公路监督员。当然，地面的道路是弯弯曲曲的，人人都明白道路必须尊重家族的墓地，可是这也并不意味着路面要崎岖不平。也许有一条地下的龙，它的脊椎骨对地面的构造有些影响。如果没有这类既得利益必须得到尊重，也许已经采取一些措施来让旅行者更舒适些了。道路似乎没有尽头，但是一想起恒山在古代的时候被称为常山，就可以聊以自慰了。这对于一座山来说，也算是一个长处，还有什么比一座不恒久的山更令人气馁呢？我们返回的路上，又遇到了一场倾盆大雨，以至于大约一半的骡子陷在泥泞之中了。

然而，所有的好事都会结束。我们最终到达了"八角形的水城"浑源，也就是北岳的圣城，属水。该城的居民对于来这里的朝山香客非常热情。这个城市显然被一些昏庸的地方官员统治着，用季任（Ki-jen）

从大同到恒山的路上，一个无名客栈里没有减振弹簧的骡车。盖洛 摄

的名言来说，他们的政策是"顺其自然的管理方法"，也许这是米考伯①式的人物。官僚阶层中存在着大量的裙带关系，在遥远的菲律宾，官员们也总是把事情推到"明天"。若是有一个异族人来到这里，用五年的时间在运河区消灭历史悠久的黄热病，或者用五个月的时间让耶路撒冷居民能用上新鲜淡水，那该是多么惊天动地的事情！我们发现浑源的灰尘很多，但这也不能归罪于能干的地方官员。我们在此暂作停留，并且在一位"塾师"和一部地方志的帮助下，掌握了当地的详细情况。与此同时，我们听说了关于正定府的一个故事，正定府是朝山进香传统路线上必经的一个城镇。

正定府附近的和尚们决定塑一尊壮观的佛像，就到乡间各处搜集铜器。在一个地方，有户富人很大方，给了很多金银和戒指。那个和尚太高兴了，以至于拒绝了一个丫鬟给的一些铜钱。模具做好了，铜也化好了，人们还进行了祷告。可是模具打开以后，塑像裂开了。和尚们都不承认自己的行为有任何过失，他们又试了一次，结果更糟糕。于是对每个募捐者都进行了仔细的盘问。最后发现这个和尚曾因为对自己所搜集铜的质量和数量洋洋得意而曾拒绝过一件礼物，就这样找到了失败的原因。接下来，寺里派出了一个重要的代表团，跟着这个和尚很客气地去讨要那些曾经被轻视的铜钱。第三次铸造完成了，和尚们感激姑娘的爱心，把铜钱庄严地放了进去。模具打开时，出现了一尊非常完美的佛像，一枚铜钱在那尊大佛的胸口闪闪发光。

---

① 米考伯（Micawber）是19世纪英国小说家狄更斯的名著《大卫·科波菲尔》中的一个老是梦想着走运的乐天派人物。

第二章　八角形的圣城，儿童的都市

在别的圣城里，我们都曾找到了相关山峰的方志，但是这座北部圣山似乎千百年来都相当衰落。舜帝开创在远处拜祭的先例，已经湮灭了有关这座山的所有历史记载。当时我们根本就找不到有关这座圣山本身的任何著作。这对一个美国人来说并不奇怪，因为我们并没有专门论述落基山脉、怀特山脉和劳伦系岩层的书籍。可是，在游览了其他诸岳以后，我们发现北岳与我们期待的大不相同。

退而求之的是《浑源州志》。经过多方打听，我们知道当地居民私人手中有两本，我们租用了其中一本。书中有精美的插图和地图，包括极为精确的中国星图。在我那位塾师的帮助下，我们仔细阅读了这本书，对与这座山有关的所有资料我们都做了摘要。后来，经过交涉以及支付了若干鹰洋以后，我们从承租人变成了这些孤本卷册的主人。再后来，我又获得了珍贵的《恒山志》！

从《浑源州志》中，我们很高兴地得知，在登山之前，我们用一个小时就可以走遍周围的平地。这里以前有 200 座庙宇和神龛，还有大量的题词碑刻，说明这里曾有大量的朝山香客，既有官方的，也有私人的。每个来这儿的皇帝为了纪念自己的到访，几乎都要给圣山留下某个封号或新名称，因此，整个地方的名称显得非常混乱。

官方的拜访似乎随着清朝政权的倒台而终止了，可是在编写《浑源州志》的时候，这儿每年 5 月仍然要举行集会。尽管这些活动名义上以宗教为根本动机，但方志编写者认为，在有些寺庙上演戏剧还是有必要的。而有些人则坦率地承认，他们来这里只是为了躲避平原的酷热。还是不要让《浑源州志》的作者因为宗教的衰落而感到沮丧吧。宗教虔诚在即将消失之前总是显得陈旧；可是它的根却深深扎在人们心里，而且每个时代人们都在追寻上帝。

至于其他信息，似乎与现在人们所熟知的差不多：各种风景名胜，各种各样的古董，举这两个例子就足够了。"古时候，有两股泉水，一股是甜的，一股却是苦的。苦的那股泉水现在干涸了；那股甜水自一个违法的人喝过之后，也干涸了"，也许这就像我们西方的"朋友"坦塔罗斯①喝过的泉水一样。"石脂图有许多鸡蛋状的石头，上面有五种颜色的条纹。"我们见过这种石头，孩子们喜欢玩的很多弹子都是用这种石头做成的。但这五种颜色！中国人是否只能识别五种颜色？即青色、朱红色、黄色、黑色、白色。他们能否识别其他颜色，如橙色和紫色？这些问题当然都是题外话。我们已经习惯说七种基本颜色，就是光谱中看到的颜色，虽然我们也不明白为什么不是 20 种颜色。现在我们的老师告诉我们，其实只有 3 种颜色，即红色、绿色和蓝色。至少汉人在颜色上只认红、黄、蓝。

这个地区总是容易受到北方人的侵扰，所以防卫问题就凸现出来。元朝时期，一位著名的军械士，即孙拱，曾在这里住过。

有一年，他制作了 280 套盔甲送给皇上，也许他有一座工厂，里面有几个帮手，这实在是棉衣制作史上一件了不起的事。后来，他设计了一种新的款式，也许是受到巴利帕努的启发，后者曾送给哈里发一顶帐篷供士兵宿营，但这种帐篷可以折叠，便于搬运。孙威的儿子孙拱，就像拉美西斯二世一样，设计出一种新的铠甲，既可以当铠甲穿，又可以

---

① 坦塔罗斯（Tantalus）是希腊神话中的一个人物。作为宙斯的儿子，他过于放肆，触怒了诸神，所以在冥间受罚：他虽然站在水中，但却口干舌燥，每当他俯身去喝水时，水就会退去。

折叠和搬运，这可能属于十字军东征时期极为常见的锁子甲一类，现在苏丹人仍然在使用这种铠甲。至元十一年间，他制造了可以折叠的盾，这让世祖皇帝非常高兴。皇帝用钱和丝绸奖励了发明者。后来，这位发明人被任命为诸路工匠总管，于元贞九年又一次得到提拔。

孙拱的父亲孙威也是著名的军械师，他制作了一件由"蹄筋翎根"组成的"铠甲"呈给皇上。进行试验时，最强的弓射出的箭也没有穿透这种"铠甲"。皇帝非常高兴，可是突然又大怒起来，因为在回答"汝等知所爱重否？"的问题时，那些将军没有提到孙威的发明。天子奖励孙威"金符和一个新名字"。学习《圣经》的人会联想到假玻璃宝石，或者特塞拉式的款待，以及在拔摩岛书信中提到的新名字。

艺术或技术被认为是神的礼物，这种说法用于"北方的保护神"恒山是恰当的，因为在这里出现了发明盔甲的天才。

方志中还有关于北岳不再被用作拜祭之山以及重新恢复的可能性等记载。下面我们选取了明初马文升这个疏来看当地人的典型感受：

> 皇帝过去常常祭拜12座山，其中包括五岳。在秦汉隋唐时期，他们也祭拜四海的神，黄河的神以及扬子江的神。唐以后，黄河以北的山都丢掉了。宋代时候，他们无力收复，因此宋朝无法拜祭北岳，所以他们在来自北岳的石头面前祭拜。明朝已经征服了这些地区，我们应该到北岳来拜祭北岳。我恳求陛下把这件事作为国家大事，命令官员从税收中拨付一部分给浑源州，用以重建和修复北岳诸庙，还要派大臣来为纪念碑撰写碑文，以便后代明白陛下做了些什么。从今往后，希望陛下能到北岳封禅，以修正几百年来的错误。

这个故事与隐士库斯伯特林，林迪斯法恩主教兼修道院长的故事非常相似。当丹麦人占领部分沿海地区时，七个僧人抬着他的棺材游走，棺材停在哪里，就在哪里建起一座教堂来纪念他。可是停下来的地方总是林迪斯法恩教区的总部。这些教堂一直维持到丹麦人的灾难过去。如果不是这位圣徒用奇迹来表示他更喜欢在内陆选一个地址的话，林迪斯法恩也许早就被收复了。

在结束对《浑源州志》的研究时，我们检查了"书目"和嘉祥写于乾隆癸未年三月的序言，以及他在"芝亭"所盖的两个印章。[①] 这个亭子的名称很高雅。因为"芝"是一种令人快乐的植物，可能是一种真菌，能使人长寿。序言中对于曲阳篡夺北岳的荣誉感到有些不满，但承认北岳最终还是恢复了称号。皇帝钦差的正式祭祀推动了新版州志的产生。至于其他事情，让第一篇序言中的文字来描述吧：

> 五岳为万山之长，而北岳之功最巨；大同为神京门户，而北岳又为大同之门户。限绝中外，表率边疆，如古大臣气象，岩岩谔谔，以调和镇静为功，有令人望见无不生畏敬者。以故崇隆巀嶪，岁崛巇岩，山之貌也；洞穴窈窕，林阜蓊郁，山之文也。楼观遏乎云霄，颙颥镇于风雨，阴阳昼夜，鲸鼍逢镧，山之粉饰而附丽也，而岳俱无庸焉。
>
> 然岳自虞舜在位，名即见乎书史……以舟车所万不克至者，莫不思骋其辙迹，而停骖于岳者卒罕。即学士大夫家，神游梦幻之境，往往行诸翰墨，托为诗歌，而岳纪篇章不少概见……信足以昭圣代之典章，还山灵之面目，非徒向所谓貌与文与，粉饰附丽者也。

大同府一位名叫嘉祥的官员为人们不愿来这儿而感到悲哀。那些文人来这里也没有什么收获。看如今，北岳的名声居然吸引了一位来自远

[①] 前言的其他作者是：第二篇：桂敬顺，1763 年。第三篇：和其衷，1764 年。第四篇：张崇德。第五篇：赵开祺。第六篇：蔡永华。——原注

方的热心旅行者，他带着欣赏的眼光仔细阅读你的著作，打算当尘埃落定时，沿着你的足迹爬上山腰，想要在一个远方民族的文献中描写这儿的景色、这儿的山峰、这儿的村镇，以及人民的勤劳，所有这些可能会再次得到赞誉。

  州民托福荫远，雨旸时若，岁屡降康。偶有凶灾，亦祷辄灵应。戴白垂髫，岁时歌舞，不少间焉。迩来声明文物，远迈前代，是神之大有造于浑源，若独厚焉者。

  显然，这座庙非参观不可，因为它一定吸收了北岳的神圣影响。值得注意的是，泰山的圣城在山南，恒山的圣城在山北。古史中明确说道，这条山脉的影响力覆盖了太行和巫闾之间的所有地区，还有一位非凡的学者竟然说作为京师门户的恒山还在保卫并支撑着国家，因此，它的作用无与伦比。走近这座庙宇的时候，我们的皮肤微微有些发麻，但很遗憾，我认为它作为守护者的影响并没有使我们受到很大的触动。

  在从入口牌坊下面经过的时候，我们开始意识到，那位老作者写得要比他所了解的更好。在现代，这座庙宇对这座城市的恩赐也在增加，其方式则是他当时难以预料的。路上，车夫跟我略微谈起过一些变化，现在这些变化都得到了确证。这个地方以前有祭拜者伴着熏香，在泥塑菩萨面前跪下来，或者不那么迷信地面向距离平原上的八角形城市有十里远的恒山顶峰，并不那么虔诚地跪下。而现在，这儿却聚着一群前来学习的孩子。他们不是简单地吟诵古老的儒家经典及其注释，而是开设了更新更广的课程，教师们都很关注新学问。车把式曾告诉我们，镇上有很多孩子，他们都在这庙里上学，所以有些街道空无一人。父母和年轻人都看到了良好教育的价值。

  我们仔细观察了恒山庙的这个新起点，或者说地图上的名字——北岳行宫。它很和谐地位于这座城市小小南郊的南端，在郊区的边上。它和城市之间排列着密密麻麻的房屋，可是朝着山峰那个方向，乡村却很开阔。因此对离开这座庙的祭拜者来说，没有更多的东西可以吸引他们。在大门的上方是用大字书写的古老称号：

崇明广德宫

最里边的建筑物里有一座石碑，上面竖写着几个大字：

北岳恒山老君

前庭院内一个面向北岳的牌楼上是一句祷文，说的显然是恒山本身：

护国卫民

可是新精神的出现非常明显，不仅表现在大量香客的消失，而且还有许多男孩到这儿来上学。在入口处牌楼的旧名称下面，是一个新的公告："学校在此上课"。而且学习的需求似乎非常迫切，白天和晚上都安排有课程。此外，在同一座牌楼上还有天足会分会的一个布告，倡导破除迷信和陋习，反对抽烟喝酒。这几乎不可能是为女孩子们规定的，因为这座庙里没有女校。又一想，我们觉得在男孩子的学校进行宣传对于天足协会来说是很自然的。中国母亲为自己的女儿裹脚，好让她们更具有吸引力。这是新思想长期的道德宣传，已经被有些妇女接受了，并在公众的注意下坚持这样做。如果美国妇女为节制饮酒和举止正派做了那么多事情，那么天足会为什么不能通过公告和家庭内的个人劝告来这么做呢？与此同时，庭院四周都是男孩子们的教室，使得它成为男孩子们

朝山香客离开北岳恒山脚下的磁峡后，路上遇到的第一座牌坊，上书"神功翊运"。盖洛 摄

一流的操场。

在这之前,车夫已经跟我们说了这件事。他说,民国建立以后,庙宇变成学校是非常普遍的事情。假如变化真如他所说的如此广泛,那么古老的希望就真的能够实现,以后的幸福还是要靠这些地方来保证。学者们从不同的立场肯定了车夫的说法,他们也许会为经典的消失而感到遗憾,正如一位拉斐特学院的老毕业生所感到的遗憾一样,然而,他们看到了在民间广泛传播知识的前景。我们看到其他一些庙宇也正在改成学校。在华山,我们有幸住在一座庙里,顺便说一句,这是一个古老的习俗。这里圣城中也有几座庙宇保留着同样的用途。以前只是向香客提供食宿,现在任何旅客都可以得到庇护。庙里的一幅画很有象征意义:僧人躺在那里奄奄一息,而他的棺材已经在门廊里等着了。

我们参观了一些庙宇。这里曾一度有200座庙宇,州志的最新版本中提到了60座,这可能包括了城市和乡村地区的全部庙宇。庙宇中最古老的似乎始于唐代,该庙坐落于北部一块孤立的岩石上,是专门奉献给音乐的。太和元年,有人在这个岩石上休息时听到了动听的旋律,旋律消失的时候,传来了这样一个声音:

律吕,律吕,上天敕汝是月二十五日行硬雨。

然后听到无形神仙离开的声音。他回到家把这件事告诉了乡亲们,村里人都去收庄稼。到预言的那一天,一切都已安全入库。预言真的实现了,天气突变,下起了倾盆大雨。"皇帝听说了这件事,就下令建了这座庙。"这是音乐力量的一个有趣例证。音乐具有感化野蛮人的魅力,这是一个经过证明的事实。音乐还能引来老鼠和孩子，哈姆林[①]有很好的理由来了解这一点。可是音乐能让云彩追随自己，并通过下雨来表达感激，却又是提供了一个新的证据。

"礼"卷中记载了一些古代在类似背景下使用的礼拜仪式。这是否为了表达对岳神带来充足雨水的感激呢？

> 入夏久旱，麦秋不登。军有脱巾之虞，民怀纳沟之惧。爰陈苦状，告急于神。惟神至明，有祷必应。倒悬斯解，灾沴潜消。吏民欢腾，感颂无已。敬陈薄奠，仰答神庥。愿施无倦之仁，俾获有年之庆。尚享。

这样的祷词对普通的农民是有益的，当然，还有源自明代的另一种记载，其表达方式更适于那些有权人。

> 惟神赵代雄镇，毕昴萃精。风云吐纳，品汇文明。阴终阳始，道久成化。珪璧效瑞，蓬藁向荣。势凌霄汉，采映松棚。标奇朔野，熙育苍生。神蛇列阵，昌容擅名。北镇边塞，南卫帝京。振古祷应，咸有颂声。我朝崇重，庙貌峥嵘。岁遣天使，时荐特牲。曲阳望秩，礼典视卿。楫谬司边储，久仰精英。今获拜下，俨若登瀛。肃洁蘋藻，用供粢盛。神其不昧，鉴此寸诚。尚享。

下面的描述也不仅仅是一篇文学作品：

[①] 哈姆林（Hannibal Hamlin，1809—1891）是1861—1865年间的美国副总统。他在副总统任期内，曾经主张解放黑奴和武装黑人。这儿所说的"音乐还能引来老鼠和孩子"，可能就是指哈姆林所见到的黑人社区的情景。

成化戊戌岁，自暮春抵中夏，旱魃为虐，累月不雨。赤地千里，草木憔悴，禾稼枯槁，民方以为忧。都宪李公奉玺书抚是邦，遇灾而惧，忧形于色。乃率属侧身修德以自责曰：酷政虐下与？处事乖方与？律己不廉，有以致之与？冀回天意，而尤叩山川灵祠能兴云致雨者。

久之，弗获感应，阖境皇然无措。佥请于公曰：北岳为朔方之镇，素灵异，有求辄应如响。愿公积诚以祷之，庶获其报。遂以身先之，即日薰沐斋戒，居外寝，自为祀祠，遣官赍礼币诣祠宇，至诚恳祷。须臾，甘澍随布，三日乃止，四野沾足。枯者苏而仆者起，室家胥庆。非惟喜有秋之野，而尤喜其可足边饷之供。公之为民忧国之心为何如？佥曰：是功也，伊谁之功与？归之于公。公不自以为功，归之于神。神乃奉上帝命以福斯民，亦不自以为功。然非都宪公之德足以格天，曷克臻兹？而都宪公卒以功归诸神。公讳敏，字公勉，河南襄城人。由名进士任监察御史，历廉宪左右方伯，而升今职，在在有声。大同守安陆周侯，正恐其事久无传而湮没……勒诸坚珉，以纪其胜。

我们已经被乔宇写的一些随笔吸引住了。粉红色的桃花覆盖了山的两侧，令他欣喜若狂。"从者云，是岳神所保护，人樵尺寸必有殃，故环山之斤斧不敢至。"可是有些胆大的恶徒就是不惧灾祸，因为乔宇当年所描述的松树今天已经所剩无几了。他说，早先曾梦到过北岳，来到这里以后，发现它真的和梦到的一模一样。当然，很难相信"那块飞到曲阳的石头留下的大洞依然存在"这样的话。我们也不想验证这个说法，因为我们没有测量过安王石，所以无法检验它和这个洞的尺寸是否一致。另外，我们也不想调查有关上曲阳和下曲阳的争论，下曲阳在元和年间，也就是806—820年间，曾受到祭祀。

城市东北不远处是龙角山，人们在那里建了一座庙，来纪念孟姜女。在残暴的秦始皇修建长城时，这个女子为死去的丈夫哭得很厉害，以至于部分长城都倒塌了。

沿着这些时代变迁的标志，我们沉思着走回到了住处。其他诸岳并未显现出人们信仰的衰退，可这里的庙宇却明显地消失了，并且没有人为此感到遗憾。在16世纪的北欧，许多闲置的古老修道院得到了很好的利用，剑桥的一个女修道院荒废以后被改成了供青年人求学的学院。我们也在辽阔的中国目睹了这一过程，但我们不希望教育会驱走宗教虔敬。下面这段祈祷文的精神似乎还是正确的：

> 惟神宅幽、并之土，钟昴、毕之精。擅一方而独秀，与四岳而齐名。论其基则盘纡磅礴，语其势则博大雄浑；望其峰则崒嶙硧兀，玩其泉则瀎沸潎洌。兴云出雾，凝露降霖。兆民由是而阜殖，庶类借之以化生。是诚宇宙之奇观，华夷之巨镇也。我国家正祀典，锡以崇称，爰构正殿，旁列连楹。门垣饰以黝垩，栋宇杂以丹青。值岁时而祭享罔忒，遇灾患而祷祀攸兴。所以报神之德而祈神之休者，亦甚殷矣。何乃近岁以来，物产不育，民生不宁？是岂惟人之所痛，抑亦神之所矜？我惟神告，神其听我：广含宏之德，惟好生之仁；登年岁于大有，跻民物于咸亨。是岂惟人之有幸，抑亦神之有荣也！神其念哉，神其歆哉！尚享。

若想读到皇帝献给北岳之神祈祷文的中文原文，请见"帝"卷第54页。

第三章　获得《恒山志》的那天晚上

运气越来越好！我们不但拥有了浑源城两部重要编年史中的一部，更重要的是，我们有一天晚上得到的快乐是无与伦比的。乾隆二十八年，也就是1763年，《恒山志》被重刻成木版，从那以后一直保存在州衙门（或许我们可以称之为州法庭？）。显然，从那以后，《恒山志》就再也没有被重刻过。不过如果需要，这些雕版还可以拿出来再印刷书籍。另一方面，1763年的编者保存了早期的各种资料，包括写于200年之前的一部长篇专题论文，还有更早一个版本的序言。它就像一本百科全书，100年里出了10个版本，每个版本都从前一个版本继承一些有价值的特点。可是序言的数量最令人难以置信，书中居然有8篇不同的序言，其中两篇是手稿真迹，一篇是用现代的白话文写的，其余都是用各种古文写的。整个著作分为五个题目：乾、元、亨、利、贞。如果我们停下来了解一下这些资料，也许能窥探到中国人的精神。

这五个字是五经之首《易经》中开头的五个字。首先要指出的是，《易经》作为五经之首，主要是一部关于占卜的著作。它的语言正如人们所料，是玄妙费解的，因此出现了探讨这部作品本质的各种理论。《易经》整个系统的基础就是一组64种不同的虚线和实线。

这五个字的顺序在汉语中可能是最常见的，就像我们在地理中排列各大洲的顺序一样——欧洲、亚洲、非洲、美洲、大洋洲。所以对一个中国儿童提起"乾"，他很可能会马上接着说出"元、亨、利、贞"。因此，这些山志的作者在整理材料时，知道自己必须把这些材料放进五卷书中，于是他便想到了用这五个字作为标题。

撇开这种随意的分类，仅仅把这些材料作为参考，我们发现了下面这些资料——几张"真形"图，上面有对五岳的注释；用红色印刷的清朝皇帝的诏书，尤其是康熙的亲笔签名；附有昴宿图的《星志》。以上是乾卷。山脉的地形，有关（恒山）名称和祭祀的记载，有关分封或授予爵位的记载，庙宇的名单、特产、动物、逸闻、溪流、各种来源的注释、隐士和古迹。所有这些杂录组成了元卷。浑源州地方官员摘录的道教经典组成了亨卷。祈祷文、纪念文、碑铭题字、庙宇的记录、请愿书、序言、一名香客的日记，这些都是利卷的内容。贞卷所收的全部都是诗歌，这一卷也是全书的最后一部分。

了解了这部汇编的真正特点之后，我们感到自己就像一个苏格兰人面对着羊杂碎布丁一样两眼放光。也许我们更像是号手杰克，躲到了一个最舒适的角落，一页页地翻书看，不时地拿出一个话梅塞进嘴里。我们从浩瀚的书卷中选出了一些关于妇女的故事，还有一个老隐士的故事，以及一个大杂烩似的简单附录。

浑源的地方官员贺澍恩是《浑源续志》的作者，他用了大量篇幅（十卷）来记录妇女，并写了一篇精彩的序言：

> 夫松柏劲正，不争桃李之芳。冰雪严凝，讵绚云霞之采。在易，坤道成女，含章守贞，或激而为义烈，或发而为孝慈。阐扬幽隐，扶植纲维，守土弗亟。责将焉，谊第采访，不厌其博，记列维求其实，志乘所以传信也⋯续列八百七十八人⋯⋯

他忠实地记录了乾隆之后妇女的众多德行，并在序言的最后表达了自己的愿望：

> 庶得永光泉壤云尔。
>
> 姜氏，年二十一，抚棺号哭，昼夜不已。服除，母劝之嫁，氏曰："未亡人忍死须臾者，不过为姜氏养老抚遗孤耳，遑问其他。"母意乃止。后家益贫，缝衣易粟，奉姑食子，自餐秕糠。姑病，脱裙布延医，祝天，愿以身代。教子勤笃。每涕曰："吾为儿家妇，几历风霜，备尝辛苦，儿当努力，勉为端人。"

她52岁时去世了，那是乾隆五年，为了纪念她，专门建起了一座牌坊。

先霖先生有三个女儿，最小的是赵小姐。她15岁就成了广东程公的第二个妻子，或者说箈室。程到处做官，因此她不得不跟着他到各种陌生的地方去：

> 凡可以佐程公利民济物者，脱簪珥典质不恤……匪徒……扑城者再。氏常以利刃自随。比围解，程公见刃，问曰："若胡为者？"氏曰："脱当日有变故，岂能从草泽间求活耶？"
>
> 后……贼匪数千人直捣……县城。城陷贼入，公拔刀自刎，食颡破，流血被面。氏见程公谅无生理，痛哭大骂，以利刃剖腹……乃死……死时年二十八岁……旨着于山西原籍建坊入祠。

这种故事还有很多，大约有564个故事赞扬的是那些保护自己贞洁（也就是拒绝再婚）的妇女。我们开始分析剩下的314篇故事，想弄明白贺澍恩到底最欣赏妇女的哪种品质，可是好像一切都归结到对自己的丈夫如何念念不忘。找到哪种妇女对编年史作者有吸引力是非常有趣的一件事，更有趣的是发现哪种男人对她最有吸引力。若不是可以把塞维涅侯爵夫人①跟圣西门②相提并论的话，我们又怎么能说了解法国人的生活呢？

到了大清朝雍正二年的秋天，恒山下起了大雨，城里的"水位突然上升"，洪水有几十尺深，人们利用绳索爬到高处逃命。有一个姓贺的寡妇和她婆婆住在城西，她的婆婆"双目失明"。这个可怜的老太太没法逃命，因此贺背着她爬上了一堵矮墙。当洪水上涨时，贺安慰她的婆婆说："毋恐，妇守姑，生死于此，必不相舍去也。"后来，洪水消退了，所有的房屋都被冲垮，唯独贺家的房屋安然无恙。人们都说这是因为贺的献身和忠贞。

郭氏，或郭夫人，为死去的丈夫白知恸哭，"哀毁骨立"。她说自己不想再活下去了，可是想到年幼的儿子，她就感到了一丝安慰。家里非常穷，她不得不"身亲舂磨"，她的儿子则在旁边跟着她学习古籍。儿子偷懒的时候，她就用鞭子打他，儿子哭了，她就扔下磨杠恳求他："不过望儿为读书人耳。""闻者，咸为酸鼻。"她很同情一位病重的老太太，给她送去食物和衣服。她的小侄子没了母亲，她就像对待自己亲生骨肉一样"乳之"。因此，这位母亲年老的时候，她的儿子对她非常尊敬并精心地照料她。

现在妇女已经有了足以感到骄傲的地位。我们翻阅书卷，发现其中提到了五位隐士。我们略去了其中的四位，他们所占的篇幅不到描述一位普通妇女所占篇幅的10倍。但果老却是一个民族英雄，就像罗宾汉一样出名，所以我们选了几个与他有关的故事。这些故事不一定是编者亲自调查的结果，实际上，其中一个故事的日期好像是在13个世纪

---

① 塞维涅侯爵夫人（Mme de Sévigné，1626—1696）是法国著名女作家，生于勃艮第贵族世家。她写给女儿的信札因其内容丰富和行文之美而成为不朽的文学作品。

② 圣西门（Duc de Saint-Simon，1675—1755）是法国最著名的散文家之一。他一生的经历十分丰富，长达41卷的《回忆录》奠定了他在文坛中的崇高地位。

恒山的6月，毛驴可不是张果老的那头！

北岳恒山土地神的守护者。盖洛 摄

之前。

"果老"是张果的绰号。"他住在恒山蒲吾县晦乡。他得到了长生不老的秘诀。"于是，果老骑着一头日行千里的驴子到处旅行，他休息的时候，就像折纸一样把驴子折起来放在帽盒里；想骑的时候，就把纸驴子展开，用嘴往上面喷一口水，那个纸驴就又变成了一头真驴。因为"北岳之神主四足负荷之事"，所以有关这头著名驴子的这段闻名遐迩的故事发生在这个地方似乎非常合适。

果老经常被邀请进宫。一次，当武则天女皇请他去的时候，他却宁愿死去，当然是暂时的。当时正是大暑，因此"他的身体生出了蠕虫，散发出臭气"。女皇不得不放过了他。几年以后，他在恒山复活了，可是当另一位皇帝的钦差大臣又来请他时，他立刻"咽气"了。那位大臣"焚香宣天子"，也就是说，他烧了香并把这件事报告了天子。根据以往的经验，烧香是一种很好的卫生预防措施。第三次是两位大臣前来邀请，他们还带着皇帝的亲笔信，上面加盖了玉玺。果老接受了邀请，坐在一顶轿子里接见了王公大臣。他没有回答皇帝的问题，什么也不吃，只是屏息以待。可是酒触动了他，他说自己只能喝两大杯酒，他的一个徒弟可以喝十大杯。在皇帝的要求下，他的徒弟也被叫来了。这徒弟从天而降，突然来到了他们中间，看上去大约16岁，是个面目清秀的男孩。皇帝看到他一口气喝下了一大壶酒很高兴。当这个徒弟一口气喝了大约十大杯以后，果老说："不可更赐，过度必有所失。"这些话只是让龙颜上出现了一丝笑容，明皇（对玄宗皇帝的通俗称呼）催促他再喝一些。突然，酒从那个徒弟的头顶冒了出来，流到了地板上，与此同时，那个男孩变成了一个金榼。皇帝和他的后妃们见到道士的徒弟消失了，只有一个金榼站在他们面前，都感到非常震惊和疑惑。经过检查，发现这个酒樽来自集贤院（就是皇帝接见果老的地方），正好能盛十大杯酒。

经历了许多其他奇遇后，皇帝带着果老去打猎。在咸阳附近，皇帝捉到了一只鹿，命令厨子烹之。果老说："此仙鹿也，已满千岁。汉武帝元狩五年，臣曾侍从，畋于上林，获此鹿，乃放之。"玄宗不相信他的话，认为这么长的时间里，它一定会被别的猎人捉住。可是果老在鹿的左角后面找到了一个约有两寸宽的铜牌，上面显然有保护它的符咒，除了皇帝以外没人能伤害它。

玄宗对这个故事与武帝有关表示怀疑，就询问那次打猎的日期，果老马上告诉他是 853 年以前，叫来天文官一算，这个日期是正确的。最后，这位隐士以年老多病为理由请求引退，皇帝给了他 300 匹丝绸，派人把他送回了恒山。后来，皇帝又派人去请他，可是果老厌倦了宫廷生活。他死了，被徒弟们埋葬了，后来他的尸体消失了。为了纪念他，皇帝修建了栖霞观。

上述的一切都发生在唐代。1000 年以后，在清朝，"无忧无虑的"李御在科举考试落第以后，"冒风雪"从千里之外赶到了恒山。他以三件事而著称：饮酒、赌博和幽默。他写了三本书，其中一本是《张果驴迹辩》。因此，果老在数百年里始终没有被人忘记，现在的文章里还提到他的名字。李御的另两本书的名字很有品位，一本是《三十三松记》，另一本是《烧雪夜钞》。他肯定有独特的个性，因为他把自己在寺院里的房间命名为宝叶，饮酒的时候唱悲惨的歌，害得听到这首歌的人痛哭流涕，"思母"并回家了。

朱万宝（Chu Wan Pao）有一段解答有关恒山疑惑的文字。说来也怪，他表达了自己对于部分细节的怀疑，例如对果老的驴子。"这是我的职责，既然我在大同府任职，就应该揭示这座山的真相。"那么就让我们从不朽的虚幻中转开，看看下面的内容吧。

皇帝一次又一次地拜祭，不是在遥远的地方，而是派一名侍卫官代表皇帝宣读祷词：

>神圣的北方之神，
>
>统治着北方，
>
>和昴星相配，
>
>统治着汉朝的领土。
>
>在上帝的授命
>
>和你的保佑下，
>
>我成了皇帝。
>
>特派侍卫官前来献祭。
>
>如果你接受它，
>
>我将感到非常荣幸。

操练士兵的一种阵式叫作恒山长蛇阵，有两个头和一个身体。如果一个头受到攻击，另一个头就会相救；如果中间受到攻击，两个头就会相救。按照当地官员的引证，军事家孙子就是这么说的。孙子在他的《孙子兵法》中提到了率然，一种行动非常突然而又迅速的蛇。北岳早就被认为是守护神，因此在那里发现的蛇也受到尊崇。

恒山的名字直到汉文帝（公元前179—公元前157年）即位时才发生了改变。改变的原因是为了避讳文帝的名字，因为他的名字叫刘恒。宋代真宗皇帝（998—1022年）在位时，这种事情再次发生。

北岳恒山的其他名称也许应该受到关注，《舜典》中称北岳，《禹贡》中叫恒山，《周礼》则称镇山。唐代元和年间（806—820年），恒山的名字变成了镇岳，《水经注》中又改称元岳。4世纪的时候，它也被称为阴岳以及茂丘。根据唐代历史，820年恒山被正式命名为镇岳，第一座北岳庙便建在了曲阳。

最后，我们读到了序言。最早的序言是王浚初撰写的，他使用的是四六句，每句交替使用六个字和四个字。这种精致的诗歌（或是散文？）

形式我们无法复制,可是我们能够简要介绍一下开头几段的要点:

> 盖闻天辟洪蒙之宇,五岳并奠坤舆。人传浑噩之书,千载犹推晋乘。惟冀州与青、雍、荆、豫,同据上游;故恒山偕岱、华、衡、嵩,咸称重镇。十有一月之望秩,肇自有虞。

就像我们先前指出的那样,中国人在几百年间统治着这座山所在的领土,但是在后晋时期(936—947年),这块领土落入了鞑靼人手中,宋朝时又被蒙古人夺取。从此便有了飞石的故事。我们并没有对《恒山志》失去信任:

> 明禋久阙于冬巡……乃以登高作赋之大夫,谋及穷愁著书之寒士,猥承授简,勉事操觚。《地志》《水经》,颇肆搜罗之力;山臞野老,不辞咨访之劳。思倍苦于含毫,技实穷于刻楮。仅同寒日,幸及杀青,削藁非惭,灾梨是惧。……倘有如椽之笔,弁以珠玑;讵惟敝帚之藏,荣于华衮;山灵其永有耀哉!

我们叹息着放下了这部地方志,躺下睡觉了。我们觉得吃下去的那些非常难以消化,作品会给我们带来一个可怕的梦魇。明天我们就要登山,并亲自去探索。

第四章　攀越神溪

终于到了 6 月，这一天既没有尘土也没有云彩阻挡视线，看起来是个仔细观察恒山的好机会。旅店老板也向我们保证这是一个吉日。无论这对于一个丝毫不懂风水的西方人来说多么微不足道，可是对陪同人员来说，这意味着没有什么凶兆。想象一下，如果请一个水手在 13 日星期五那一天出航，你就能体会到这一点，除非有紧急情况或事故，他很难听从你的安排。因此，我们的旅行队有了一个好风水。

这肯定是对一头骡子而言的，因为它在这次远征中是个中心人物。我们发现需要把鞍子卸掉，因为发现了骡子身上有 7 处伤口。赶骡人对此没有异议，交涉是必要的。如果有 5 个伤口，对这次旅行来说是个吉利的数目，但是 7 却是一个不祥的数字，至少对骡子和骑骡人是这样的。因此，我们要了一头新骡子，装上了新鞍子。

我们后来喜欢读杨述程的日记，山西的总督前来巡视的时候，他是本地的官员。杨不得不陪同省里的长官走遍整个地区，令他感到高兴的是，总督想去爬山，这样杨就有了期待已久的机会。总督不慌不忙地上了马，"我牵着他的马"。杨随时准备交谈、提供信息和接受命令。那本日记可以当作一流的旅游指南。

由于我们没有总督的官衔，所以不能命令当地官员来牵骡子的缰绳。不过我们总算有一支颇具规模的旅行队，相当符合这个边疆地区的特点。一支由士兵组成的卫队使探险队具有了一些军方和官方的性质，民间生活的一面则是由一位侦探来代表的。他是否要审视每个乞丐并确

北岳恒山脚下的第二座牌坊,标志着进香道路的起点,牌坊上的四个字是"屏藩燕晋"。《图书集成》的恒山那一部分中曾经提到过这座牌坊:"山门距离庙有十里远,靠近磁峡东侧的入口。"

前往神圣的北岳进香道路入口处的神殿和牌坊。盖洛 摄

定他们的真实身份，我们从来也没有弄清过。与泰山形成巨大反差的是，我们在攀登恒山的过程中没有遇到一个乞丐。只有现在我们才想到，也许他们知道自己最好不要让一个侦探看见。

因为装备这队人马耽误了时间，太阳已经升起来了。我们从永生客栈出发去赶那十里平路，时间是5点40分。这条道路真是再普通不过了，没有一位开明的总督曾命令在这里修建大道。路上没有牌楼、牌坊、六边形的大门或者任何类型的纪念物。走了八里路以后——这里既没有里程碑，也没有路标，我们到了一个通往唐泥村的转弯处，杨的日记里把这个村庄定为磁窑口。杨先生心里感到了温暖，因为有几个特点让他想起了远在四川的故乡：陡崖旁边就是深谷，水流奔腾而出，像瀑布一样越过了几个小障碍。这条溪流曾经冲毁过这条道路，一位捐助人修好了路，附近的居民非常感激，就立了一块碑。我们希望在这里能找到一些历史资料。

水淋淋的骡子现在转向西北方向，进入了一系列"西里西亚门"中的第一个。这些峡谷都是因季节性洪水而形成的。在这个季节，基本上没有洪水，可是道路上的情况却说明了洪水曾经多么猛烈。第二个峡谷里也有一块纪念道路修建者的石碑，他来自大陶庄，可是敌对村庄的一些恶棍对此很嫉妒，把碑上的名字凿掉了，这种破坏行为将会阻止以后的每个捐助人做善事。这条路的最好路段看上去一点也不繁华，这儿的进香业将很难复苏。

我们来到一个小小的开阔地带，停下来观察山脉。大山投下的灰色十分醒目，我们惊奇地意识到自己已经开始进入神溪。这个名称可能是因为它发源于圣山，但这个名字也反映了人的乐观本性和宗教精神。接着，我们来到了名叫水车谷的第三个峡谷。人们总是了解水利的价值，我们饶有兴趣地观看了动力间，观看旋转的轮子。我们估计不可能见到电力装置，哪怕是阿拉巴马州黑人用来驱动棉纺机的那种小设备也不可能有。不过我们真的相信这里可能有一套磨面的石器。可是，这个名字好像只剩下水车了；假如说是洪水把它冲走了，那也没有人有足够的胆识来修复它。

峡谷在一个地方变宽了，我们看到岩石峭壁一侧有一些格子状的东西以及一个弧形的屋顶。我们想当然地认为那是磨房设备的一部分，但发现那是悬空寺以后，我们都非常吃惊。第二天，我们在元卷中发现了一些与这座寺有关的东西。

> 悬空寺，在磁峡上，为北岳门户，相去尚十五里。壁岸无阶，岑楼自得。希见晞景，攒虚藉晖。中有如来弥勒跌龛，骑牛负剑仙人之居。榱角斗凑，妙绝根寻。时牵制栏槛，翘仰南崖，如江海巨泛，因风欲掀。又如万载攒倚，审顾掷向之势。忽聆空诵，烟雾咿唔，风扰谷虚成籁也。飞鸟默度，攀猱废缘。

上述引文也解释了我们另一个有关磁峡的疑惑。虽然它并没有暗示这个名称的来历，而且我们的手表走时依然非常准确，磁崖好像并没有产生任何影响。这条沟是魏朝道武帝命令开凿的。天兴元年（公元397年），他在这个地区打仗，返回京师的途中要驻扎在恒山，所以决定开凿一条从铁门到首都的道路，为此他动用了一万人。也许是后者误解了他的命令，结果开凿了一条隧道或地道。参与挖掘的士兵们出现了一些不满情绪丝毫不令人感到惊奇，"几年以后，恒山发生了一次地震，道武帝也被刺杀了"。

据一本古代地方志记载：

> 前魏道武皇帝天兴元年克燕，将自中山北归平城，发卒万人凿恒岭，通直道五百余里，硖之始基也。

悬空寺

峡谷的两侧是陡峭的岩石，谷底则是深不可测的泥沙。很容易想象春汛的时候神溪会是什么样子，那时，旅行队能做的事情也很清楚，就是只能待在家里。可这只是现代人的懒惰，因为在峡谷最窄的地方我们的注意力被峭壁上的一些方形洞穴吸引住了。我们的结论是，这些洞穴中曾经插有木头，上面建起过一座高架桥，洪水在桥下无奈地泛着白沫。这种装置在瑞士很常见，塔斯马尼亚朗塞斯顿的一个著名峡谷中的设施表明，这种构思在很多地方都出现过。我们的前辈杨先生曾经亲眼看到过这座桥："川之东，凿石累途，草桥木磴，又大类吾乡连云诸栈。上有石窟架阁，蠹剥欲尽。"他指的正是栈桥坍塌的地方，那时候，如果一个地方出了问题，并没有人去定期维修。一万名士兵也许可以完成这项工作，或许对他们来说，修桥比军事操练要好。但地方官更多的情况下是把拨款据为己有，并收买督察员，向上报告说这里一切都好。从杨先生的年代以后，那条高架路就彻底消失了。谁会在意朝山香客的减少呢？应该建立一个恒山改良委员会来修复道路，并大举宣传：如果不到北岳，朝山香客的功德是不圆满的。设在磁口的十字转门就足以偿还一座桥的贷款利息，并能为偿债基金注入资金。这儿需要有一个小小的美国公司。

换个角度看，这个如此险要的关口也可以被充分利用，使它成为重要的战略边境。"据说在宋朝，军队驻扎在三个这样的地方，以保卫国家。"这种山地有利于军事部署。外长城在北面，内长城在南面，这些预示着战争中的各种好运。我们已经注意到，宋朝熙宁八年（1075年），契丹派来一名使者，声称恒山一带应该是他们的领土。虽然许多爱国者对此感到愤怒，但是这项要求还是被满足了。边境后撤了200里。虽然这令人感到非常耻辱，但是新边境上的战略防御能力也许更强了，因为我们了解到杨业将军安排军队驻守三个大门（很可能是三个关口），在半个多世纪的时间里，北方外族始终没能入侵。

攀登北岳恒山途中的观音庙院落一角

北岳朝山进香的途中。千百万信徒曾经沿着这条狭窄的壁架寻求平安,这条路现在几乎被废弃了。盖洛 摄

穿过那个狭窄的关口，我们进入了耕种地区，在那里可以看到远处像绿色金字塔似的另一座山峰。这里有两座神殿，东边的火神庙是一间简陋的小屋；西边供奉的是被神化的武士关羽。一开始仅有一块质朴的石碑，后来有了小小的庙宇。

穿过二里宽的耕种带，在"磁水东壁，有坊耸峻，金碧辉煌，题曰：高山仰止"。这似乎是绝妙的建议，虽然多少会让人想起在拥挤的路口看到的警告。我们不但停下来亲眼看了看，而且还用照相机为这美丽的风景区留下永久的纪念。这是通往进香道路的正门，名为岳远门。到目前为止，我们一直走在世俗的道路上，与普通的游客擦肩而过。

很奇怪，圣路的吸引力好像更小一些，而且更多地被用于工业用途。真的，恒山上的玫瑰正在绽放，令我们赞叹不已。我们随后看到了一种生长在恒山上的香草"神护"，"置之门上，每夜叱人"。我们并没有看到这种植物狗，可是在元卷第14页有上面的描述。三四里之后，道路突然拐弯，并且变得很陡，为观察山脊、斜坡、悬崖、峡谷提供了非常好的视野。这条山脉蕴藏着丰富的煤，因此我们很快就碰到了驮畜，满载着沉重的"送暖材料"。这些矿山已经开采了数百年，杨先生的日记里也提到了这些矿山。香客和煤炭工人掺杂在一起，令人感觉十分奇怪。乔治·史蒂芬森[①]不就是在贾罗那个著名的朝圣区里见识了矿山和铁路，并发明了他的蒸汽机车吗？难道圣库斯伯特的伟大遗产不是跟煤矿工人紧密联系在一起，而且达勒姆教区的税收成为英国主教们后盾的吗？坎特伯雷的南部中心不是已经意识到煤炭将改变其周边地区吗？

道路变得更加崎岖、陡峭和狭窄了，到了七里以外的老君庙，我们才想起，这里是有钱的香客沐浴和换乘轿子的地方。一座建于明代的庙宇让我们意识到距离山顶还有十里路。人所能到达的每一块土地都被开

---

① 乔治·史蒂芬森（George Stephenson, 1781—1848）是英国铁路机车的主要发明者。

垦了，不能耕作的土地就用成群的绵羊把草变成羊毛和羊肉。这是相对于往昔所发生的一种变化，因为即使在如今被留给绵羊这种脚步稳健动物的荒芜陡坡上，仍然可以看到昔日香客频至的神龛，或是隐士们住过的石室。用于建塔和寺庙的石头地基随处可见。"风亭露台"。可是现在谁会到这儿来呢？书中共列出了26个景点，可是谁会参观它们呢？在主寺庙里只有四个艰难度日的僧人，他们一方面作为僧人给别人提供精神服务并收取费用，一方面为游客提供食品、饮料以及所需的材料，还为庙里的博物馆和庙外的风景充当导游。我们发现坐在墙脚会觉得山风刺骨，所以身上还得披上毯子。

庙里有一口非常有用的水井，它的水源是由一个自然而且自动的神明在管理。如果没有香客，井水就会干涸；如果香客少，那水也会少；如果有许多香客，水就足够所有人用。我们没有付钱给僧人来探究其中的机制，但觉得事情是否应该这样来说：如果没有水，就没有香客；如果有少量水，就有少量的香客；如果有充足的水，就会有很多的香客。

对于这条路还能多说些什么呢？它最多只能算是一条供骡子走的路，一条上山的马道，在危险的地段进行了某些维护，但这到底是驮煤骡子的主人们还是僧人们干的，没有石碑对此进行说明。经过果老拴驴的地方时，我们并没有停下来看驴子是否被折叠起来放进帽子里。

得一庵不再具有吸引力，可是在"山腰"的一个宽阔地带，每个旅行者都停了下来。我们的书面导游杨先生非常喜欢这儿的鸟鸣声，泉水潺潺，红云映照着松树，这一刻，他想在这里做一名隐士，特别是当他听说悬崖脚下的彩石可以解决隐士大部分的进食问题之后。著名的五色石就出产在这里的一个山洞，这种石头被用来炼制长生不老的丹药。可是干这一行的徒弟越来越少了，因此这些石头资源也被废掉了。我们甚至没有进洞去看一看，阳光下似乎更适合吃午饭。

百步之外是贞元殿，是恒山上所有庙宇中等级最高的。这座庙宇面朝南方，因此向左边望去，可以看到五台山，当地的一些爱国者曾在那里向镇岳跪下宣誓。一侧的山坡上是灰色的松树。在悬崖的那一边上有一些石碑，记载了自尧舜以来到过这里的皇帝。这儿只有字数很少的几种碑文，不像有些山岳那样所记载的详细细节。下面这两段许愿碑文也许足以说明问题。

乾隆三十七年，乾隆皇帝给恒山铭刻了如下的许愿碑文：

惟神灵标朔土，位镇燕都。毕昂应乎星躔，河海为其襟带。奇花异草，纷披岩岫之间；石窟云堂，合沓烟霞之内。兹以慈闱万寿，懋举鸿仪，敬晋徽称，神人庆恰。仰灵祇于恒岳，殷荐惟虔；涌秀色于微垣，群峰咸拱。爰将祀事，用迓神厘。

乾隆四十一年六月，乾隆皇帝又给北岳写下了这样的祷词：

惟神巩翊黄图，环维紫极。仪天比峻，星辰符毕昂之精；拔地称雄，疆域亘幽燕之界。朔野之雄封永峙，坤舆之厚载弥崇。兹以两金川小丑削平，大功底定。戢干戈于退徼，神贶斯彰；颁牲璧于大庭，灵承有自。敬展钦柴之典，虔申昭告之文。荐此馨香，伏惟歆鉴。

嘉靖三十五年九月的最后一天，大同的地方官员宋莅在四个人的陪同下来到了浑源。事情发生在1556年。皇帝想要一些灵芝（我以前介绍过的一种吉祥菌类），可是在曲阳的恒山没有找到。然后皇帝命令这些人到浑源的恒山去找，为了纪念舜，那里的恒山被封为神。这五个人都是山西人。

> 以九月晦日登岳庙，斋宿厥明。十月朔旦，具牲醴祭告，令防守官兵，沿山谷遍索之，果得真芝十二本，状如云锦。……随上之两院。两院上之朝廷，诏礼部收用。是后，岁岁取芝，莅任其事。然不若初求之难，亦不若初芝之异。……

人们普遍相信，食用灵芝可以延年益寿。

十年后，宋莅调到了太原府，他途经浑源州，"再登此山，追惟往昔，倏尔十年……敬书此……刻之山石，以识岁月云。"

那是很有趣的。找到了灵芝并送给皇帝，宋莅当然要升官，他也的确升了官，从大同调到了太原府。我们很想复制一份他第一次来北岳时的祷词，还想知道第二次他是否祈祷了。

离该庙两三里处，在西北方向靠近虎风口的地方，有一扇红门，从那里可以进入会仙府。我们并没有事先打招呼，也没有进行预约，结果那里什么也看不到，只有色彩斑驳的石头。接着是一间石屋，即天巧洞。这间屋子还有一个令人伤心的故事。在一次叛乱的时候，许多人逃到这里，藏在里面隐蔽的地方，把狭窄的通道都堵住了，他们确实很成功。士兵们搜查了外洞，他们不像我们一定要带个侦探，所以没有发现藏在里面的人。过了很久，又有人对这儿进行了一次善意的搜查，石头被搬开，露出了通道。这条通道一直通往一个空山洞，再往前是一个无人能够攀登的悬崖。没有留下任何信息来解释这一切，能够推测的就是秘门被堵上了，或者墙上的灰浆变硬了，因此这些难民无法出来。等待他们的只有慢慢饿死或者跳崖，他们一定像梅察达[①]最后的守卫者或者韦尔

[①] 梅察达（Masada）是以色列东南部的一个古堡。公元 70 年，犹太人在此抵抗古罗马军队，曾坚守了两年之久，最后全军覆没以后才失陷。

多教派①的有些人一样，跳下了悬崖。

山顶留给了自然，特别是母牛。一名游客这样记录下了他的印象。

> 礼毕称觞，直指公对坐嗒然，忘此身之在尘世也。已而，夕阳落照，霞采盈山，将乘兴为悬空寺游。返渡神水，冲骑暖泉，听西壁峭陡，楼殿架叠，灿如来宝像，真所谓空中楼阁。鸟道一系，攀而上矼，奇绝亦险绝。沙弥三四，清磬捻香，供茗作礼，酷似羲皇山人。余亦恍游羲皇世矣。月影半明，更漏三滴，甫抵州署。

我们发现时间就这样逝去，和尚们已经不再高贵。我们对于见到昔日辉煌的残留景象之后，还能够及时折回自己的脚步而感到满意。

---

① 韦尔多教派（Waldenses）是12世纪起源于法国的一个宗教流派。由于被罗马教廷视为异教，韦尔多派的教徒们受到了残酷的迫害和杀戮。

第五章　从永生旅店到黑门

　　梦想也许是奇妙的，可是对梦的解释更有价值。法老和尼布甲尼撒也是这么想的，这儿所有的香客在沉思自己的经历时也是这么想的。我们抄近路下山，回到尘土飞扬的平原，经过由神溪冲刷出的峡谷，穿过单调的平地回到浑源。付钱打发走侦探、骡子和赶骡人以后，我们马上就开始记下我们见到的一切。中国客栈的里里外外不很适于人们进行思考。瑞典人汪林先生回到了他的总部，马上邀请我们搬到他的黑门，住进他福音堂里的贵宾房这样一个干净的基督教环境里。从很多方面来讲，不论是从身体上还是精神上，从永生旅店搬到黑门后的这种变化简直就像是从地球到天上那么大。

　　不仅这些方面的气氛不同，而且我们进入了一个全新的情绪氛围。20年来，这里已经成为基督教的一个前哨，其结果虽然还有待于验证，但这已不是孤立的个别现象，而是一个具有独自信仰和经验的社区。在这里可以遇到出生在恒山旁的男男女女，他们年复一年地看着成群结队的香客，看着这些香客慢慢减少。而他们自己也在远处祈祷，在山洞里外嬉戏，在节日期间到寺庙郊游，白天赶着驮煤的驴子辛勤工作，也曾在战乱时期躲避过强盗，还帮助拆除过神像并把寺庙改造成学校。不仅如此，他们还见到外国人坚定而耐心地生活在他们中间，经常被误解，却誓死忠于自己的信仰。他们曾经从自己的官员那里听说过这些外国男人、女人和孩子的死曾给他们带来过什么样的好处。"如果你们能给我们雨水，我们就不杀你们"，村民们对在北平城附近抓住的两名外国人说。"只有上帝可以下雨，我们不能"，传教士这样回答；然后他们就被当场杀死了。"麻烦首先是由极度干旱引起的。在浑源，不断有求雨的祈祷和游行，有传言说外国人用黄纸做的扫帚驱散了这里的云彩。"北岳在很久以前就被认为是主江海之山，想起这一点，也许就更容易理解这种情况的意义。村民们把白人看作是道士，拥有驱散或招致雨云的魔法。地方官员也同样会把这些外国人和丰收需要的雨水联系起来，但是他们的想法与村民有些不同。恒山山脉的另一端坐落着保定府，直隶省名义上的首府。那里有三个不同的传教士团体，医生、教师和牧师。除了一个苏格兰人和一个英国妇女以外，其他全都是美国人，其中一个人已经在中国待了27年，而另外两个刚到中国。他们所在的城镇是铁路建设的一个总部，这似乎特别会冒犯中国人，最早的义和拳暴动之一就发生在那里。建造铁路的工程师们聚集在一起，且战且退，逃到了海边。传教士聚集在一起，相信自己在群众中的口碑，尤其对自己在官僚阶层中所做的工作充满信心。可是危机变得严重时，法官、督统和军官们都拒绝为他们提供保护。传教士团的驻地被攻破，传教士被活埋或砍头。就在第二天，当地的最高长官很高兴地看到大雨倾盆，他起草了一份文件，叙述他如何把这些外国人当作了祭品，而且马上被上天所接受，他的祈祷得到了回报。他到处散发这个传单，并建议天津的同事们也这么做，以便能有一个好收成。

这种想法多么奇妙，人们获得真理的逻辑有时候会有多么奇特！罪孽只有流血才能赎清，血越宝贵，献祭的效力就越大——这就是他的思路。至少他不能否认，他自己的等级要比被杀死的那15个人还要更高，那么，在他和两个罪恶的同僚被斩首的时候，他们也是在为自己赎罪，也许还为老百姓赎罪。但是这样用人做祭品的做法真的非常少见，一般都是用牛来进行祭祀的。

每年的同一个月份，恒山这儿都会有宰牛献祭的场面。挑选的牛要好，没有杂色；允许有白色，但这些白毛要没有卷曲；如果没有杂色，红色的牛也是可以的；但是深黑色的牛显然最适合北岳这座黑色的山峰。皇帝派人送来一个特制的碗，夜里最黑暗的时候，牛被牵出来，用刀杀死。部分血盛在那个碗里，庄严地献给山神，剩下的血流进土里。那把因为沾了牛血而变得神圣的刀子被献祭者装在木箱里，在黑暗中秘密地埋在庙区。献祭的效力持续全年，每一份祷词都根据这样的血祭而写成。

现在来谈谈这种仪式近年来是如何进行的。这碗过去是皇帝送来的，僧人有时候受委托来代表皇帝，但是现在没有皇帝了，民国成立以后，再也没有给恒山献过牛，也再没有进行过血祭的仪式。好多年来，那些古老的祷词似乎没有发生过效力。这件事很重要，这也是香客人数锐减的原因之一。与此同时，献祭赎罪、圣血免灾、需要祭品保持纯洁等等古老的想法，很容易被用在新的地方。越来越多的人选择了新的方向，人们正在恭敬地倾听着新的宗教教义，许多人开始信奉新的宗教。

有两股力量正忙着破除恒山的迷信，那就是圣城里的学校和南郊的基督教传教使团。我们应邀对这两者都进行了调查。在这个过程中，我们接受了地方长官的邀请，答应在最大的学校礼堂进行一次演讲，可是因为全部学生都要参加，人们都想听得更清楚，所以我们改变计划，把演讲设在一个改造过的阅兵台上举行。听众们都很聪明，并且很有欣赏力。

与那些集合在讲坛周围的著名士绅道别以后，我们动身前往黑门，看到那儿的小教堂里挤满了热切而聪明的听众，决心要获得那位最伟大的亚洲裔教师（西方文明普遍承认耶稣是一切时代中最伟大的教师）所说的通往神秘世界的一条线索。我们发现下面这首短诗的描述是非常真切的：

> 虽然庙里还有很多神像，
> 但古代的信仰已经消失，
> 僧人们都站立在祭坛旁，
> 其目的只为了一片面包。

我们相信新中国将会完全压倒旧中国，中华民族将会崛起，陈旧的偶像将会被学校所取代，黑门的传教使团将会压倒对于黑色山峰的崇拜。基督教教会将成为新的恒山，因为人们对永生的渴望是永恒不变的。

后　记

现在，在本书行将结束之时，我想要引用景日昣的话，即他在袖烟堂里写下的一段文字作为结语。他写这段话的日期为康熙五十五年五月五日。

如是者五阅岁，裒然成帙……夫一睫之力，疏漏殊多……简缀已久，不忍删弃，收拾成幞，用备束刍……行望首丘于嵩，不过闲人之随笔，以志征客之永怀耳。